华夏万卷®

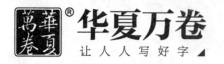

让人人写好字

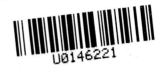

U0146221

柳公权《玄秘塔碑》精讲精练

书法等级考试培训教材（升级版）

华夏万卷 编

湖南美术出版社
全国百佳图书出版单位

图书在版编目(CIP)数据

柳公权《玄秘塔碑》精讲精练 / 华夏万卷编.—长沙：湖南美术出版社,2019.8

ISBN 978-7-5356-8755-5

Ⅰ.①柳… Ⅱ.①华… Ⅲ.①楷书-书法-等级考试-教材Ⅳ.①J292.113.3

中国版本图书馆 CIP 数据核字(2019)第 085226 号

Liu Gongquan Xuanmi Ta Bei Jingjiang Jinglian

柳公权《玄秘塔碑》精讲精练

出 版 人：黄　啸
编　　者：华夏万卷
编　　委：倪丽华　汪　仕　王晓桥
责任编辑：邹方斌
责任校对：彭　慧
装帧设计：华夏万卷
出版发行：湖南美术出版社
（长沙市东二环一段 622 号）
经　　销：全国新华书店
印　　刷：成都勤德印务有限公司
（成都市郫都区现代工业港北片区港通北二路 95 号）
开　　本：880×1230　1/16
印　　张：6
版　　次：2019 年 8 月第 1 版
印　　次：2020 年 1 月第 2 次印刷
书　　号：ISBN 978-7-5356-8755-5
定　　价：22.00 元

邮购联系：028-85939832　邮编：610041
网　　址：http://www.scwj.net
电子邮箱：contact@scwj.net
如有倒装、破损、少页等印装质量问题,请与印刷厂联系斢换。
联系电话：028-85939809

编者的话

《精讲精练》丛书是根据广大考生和书法爱好者的学书需要，结合考级特点精心编写而成的。丛书以历代最受欢迎的经典法帖为范本，从实际出发，在内容编排上，遵照循序渐进的原则，对范字的用笔特点、结字规律，书法作品的结体规律、章法布局、落款方法等都做了较为详细的临习指导。

本丛书的楷书范字选自欧阳询的《九成宫碑》，颜真卿的《多宝塔碑》《颜勤礼碑》，柳公权的《玄秘塔碑》，赵孟頫的《胆巴碑》；行书范字选自“书圣”王羲之的《兰亭序》《圣教序》；隶书范字选自汉代名碑《曹全碑》。这些经典的作品最能代表书法大师的风格，也是后人择帖的首选。

本丛书精选原碑中的范字，同时进行适度放大并在笔画中用白细线勾画其运笔方法。这种直观明了的呈现方式，使学书者更容易领悟该书体的特点，以提高书法基础训练的效果。

本丛书范字精选自原碑帖，对集字作品中无法从原碑帖找到的字，则选取了原碑帖其他字中的相关部件，以原碑帖的法度和神韵为基础，通过计算机设计组合协调而成，再反复斟酌比较，做到既源于原碑帖，又不生搬硬套，以此引导学习者举一反三，加以变化运用，以达到事半功倍的效果。

为让大家更好地把握各碑帖的法度和神韵，本丛书为读者提供了大量的范字书写视频，作为教学过程中的辅助参考。

《精讲精练》丛书分为《欧阳询〈九成宫碑〉精讲精练》《颜真卿〈多宝塔碑〉精讲精练》《颜真卿〈颜勤礼碑〉精讲精练》《柳公权〈玄秘塔碑〉精讲精练》《赵孟頫〈胆巴碑〉精讲精练》《王羲之〈兰亭序〉精讲精练》《王羲之〈圣教序〉精讲精练》和《汉隶〈曹全碑〉精讲精练》八册，以供广大考生和书法爱好者选择自己喜欢的书体进行书法临习和考级，为进一步的书法创作奠定良好基础。

目 录

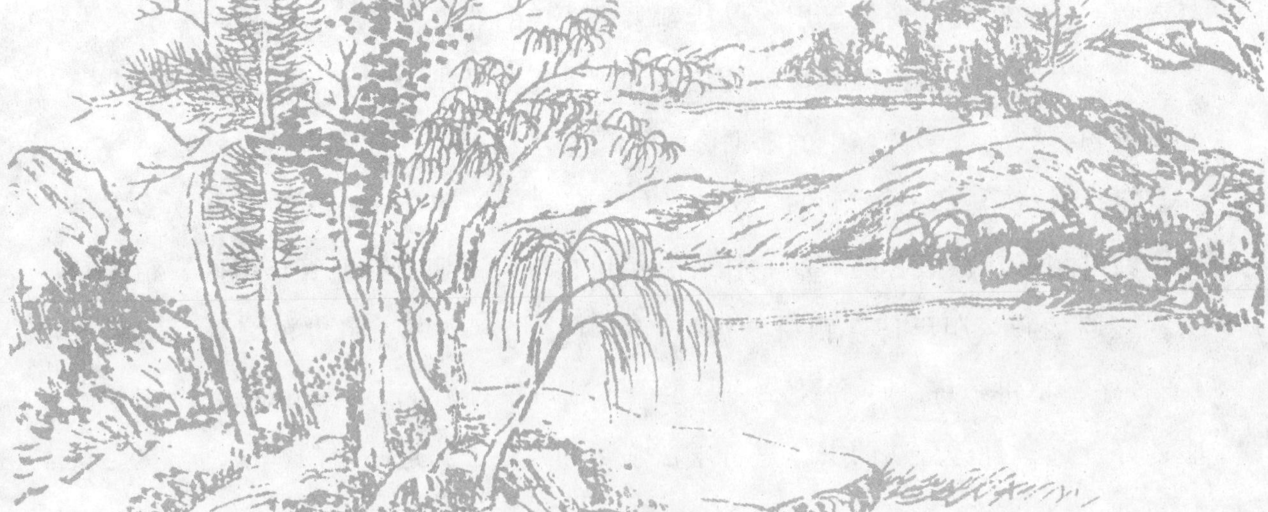

第一章　概　论

一、柳公权及其作品简介

柳公权（778—865），字诚悬，京兆华原（今陕西铜川）人，生于唐代宗大历十三年（778）。一生历唐宪宗、穆宗、敬宗、文宗、武宗、宣宗、懿宗七朝，享年87岁。他自幼好学，12岁即能吟诗作赋，被誉为“神童”，31岁便考中进士。他为人秉性刚直，不畏权贵，官至太子少师，是晚唐时期的大书法家。其“用笔在心，心正则笔正”的谏言兼为书诀而广为流传。

柳公权博览群书，对《诗经》《尚书》《春秋》《左传》《国语》都很有研究，是一位极有才学的政治家、文学家，更是唐代有名的书法家。他酷爱书法，写得一手好字，对真、行、草三体都有很高的造诣，尤擅正书。

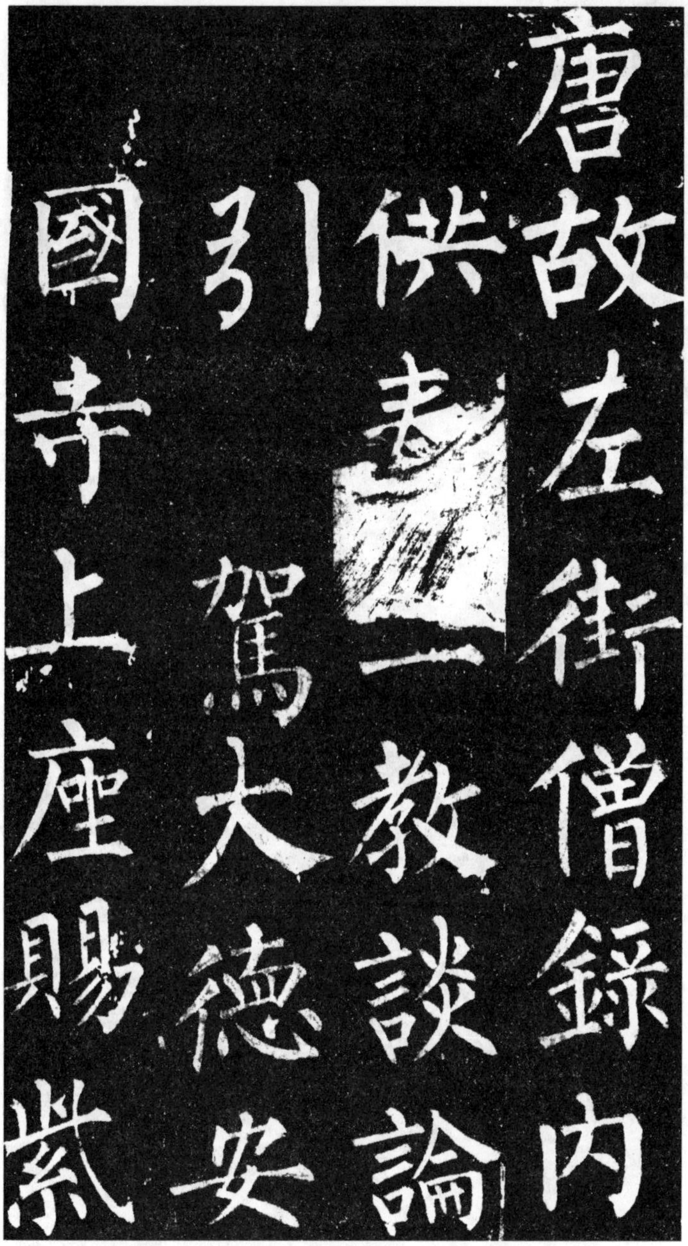

柳公权《玄秘塔碑》（局部）

柳公权书法初学王羲之，后以颜真卿为主，并融入初唐欧阳询等字的特点，形成既圆润厚重、开阔舒展，又刚劲挺拔、法度森严的特点，用笔方圆兼备，富于变化。他的书法独到之处就是建造了挺拔的骨架，其体势劲媚，自成一家。其与颜真卿以“颜筋柳骨”并称于世，各有千秋，不能舍此亦不能去彼。柳公权与欧阳询、颜真卿及元代的赵孟頫被世人誉为“楷书四大家”。柳公权的传世作品有《玄秘塔碑》《神策军碑》《金刚经》等，其中大字楷书《玄秘塔碑》和《神策军碑》为其代表作品。

《玄秘塔碑》全称《唐故左街僧录内供奉三教谈论引驾大德安国寺上座赐紫大达法师玄秘塔碑铭并序》，又称《大达法师玄秘塔碑》。唐会昌元年（841）十二月刻立。裴休撰文，柳公权篆额并书。28行，满行54字，共1500余字。原碑现存西安碑林。此碑字体端正峻丽，挺拔刚劲，结字中心收紧，四向舒展，充分体现了柳体以方取势、方圆并用、引筋入骨的特点，历来被选为初学楷书的范本。

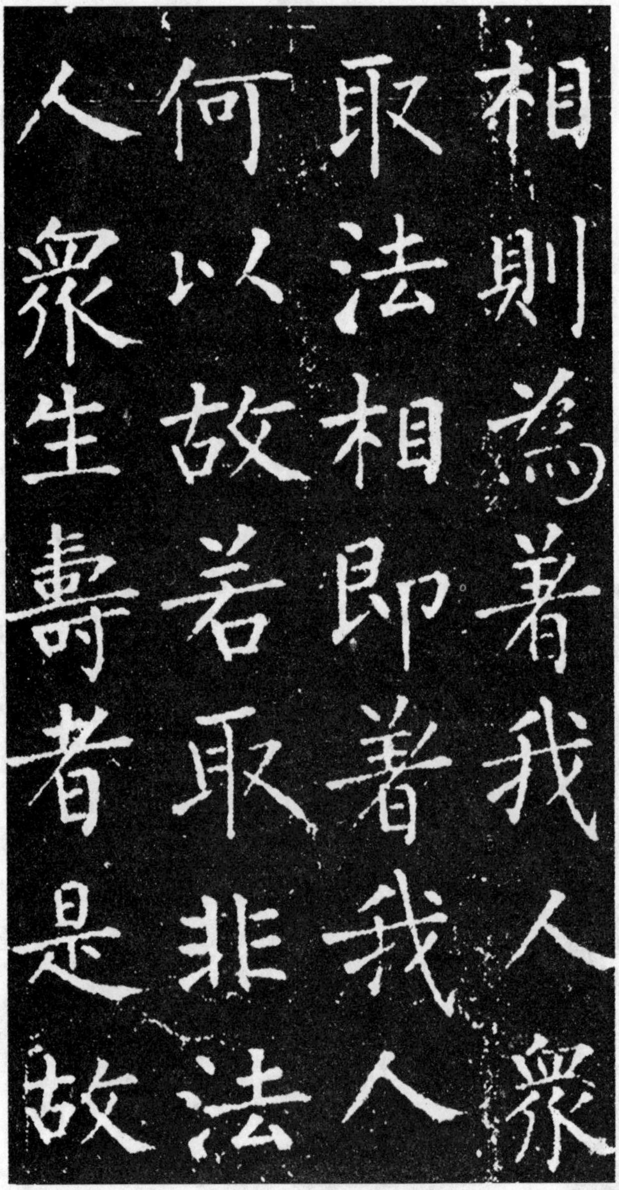

柳公权《金刚经》（局部）

著名的“敦煌三唐拓”中，有一件就是《金刚经》，原石已于宋代被毁。此《金刚经》是已知柳公权最早的碑刻书法作品。《旧唐书》本传记载柳公权书“上都（京兆）西明寺《金刚经碑》，有钟、王、欧、虞、褚、陆之体，尤为得意”。柳公权早年曾博采众家之长，而且特别注意向前辈书家学习。

从《金刚经》中，我们可以看出他取法诸家的痕迹。《广川书跋》云：“此经本出于西明寺。柳书谓有钟（繇）、王（羲之）、欧（阳询）、虞（世南）、褚（遂良）、陆（柬之）体。今考其书，诚为绝艺，尤可贵也。”此语基本上道出了此碑的艺术价值，对于研究柳公权楷书的形成过程及发展线索，无疑是很有帮助的。

《神策军碑》全称《皇帝巡幸左神策军纪圣德碑并序》。此碑于《玄秘塔碑》书后两年，即唐会昌三年（843），由崔铉撰文，柳公权65岁时所书。碑文记述了唐武宗李炎巡幸左神策军之事。神策军在唐代原为戍边的军队，后为皇帝的卫队，分为左右神策两军。

《神策军碑》原石久佚，仅宋拓孤本存世。传世仅宋贾似道旧藏本上半册，现藏北京图书馆。《神策军碑》是柳公权的代表作之一，较后世熟知的《玄秘塔碑》，其书体风格更具特色。此碑是奉敕而书，故柳公权书写时十分着力。全篇大小纵横，各随其体，结构紧密中见舒展，运笔劲健中见洒脱，是现存柳书中最为精彩的一碑。

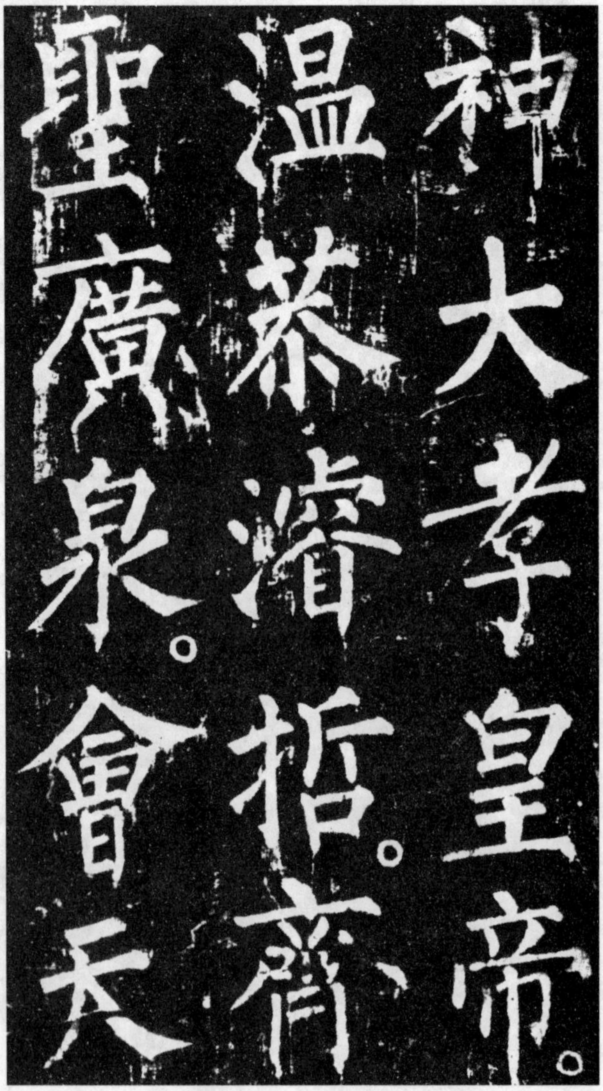

柳公权《神策军碑》（局部）

二、书写工具和材料

我国传统的书写工具和材料，主要有笔、墨、纸、砚，俗称“文房四宝”。

（一）笔

从不同的性能来分，毛笔大体可分成三类：

1. 硬毫

以弹性较强的狼毫、兔毫制作，其特点是写出的笔画挺拔劲峭，但易出现浮骨枯瘦、有骨无肉的毛病。

2. 软毫

以弹性较弱的羊毫、鸡毫制作，其特点是写出的笔画浑厚、圆润，但易出现媚软、无筋骨的毛病。

3. 兼毫

以硬毫为主毫、软毫为副毫，其特点是软硬兼备，适合初学者使用。

此外，按笔锋的大小有大楷、中楷、小楷之分；按笔锋的长短有长锋、中锋、短锋之别，初学书法者可选笔毫不短于 3 厘米的兼毫长锋大楷。

好的毛笔，其笔杆要直，粗细适中，笔毫聚拢时笔锋尖锐；笔锋发开后笔毫长短整齐；笔肚坚实，周围均匀饱满；笔锋劲健，弹性适度。

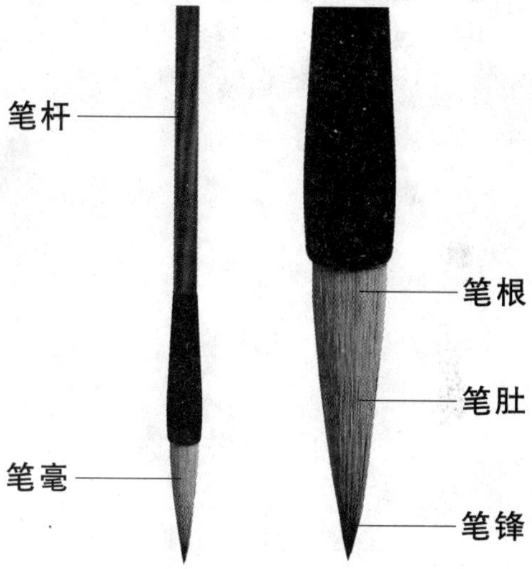

使用毛笔还应注意正确保养。使用前要用清水浸润，使笔毫全部发开，除去散毛；使用后要清洗干净，然后用手顺笔根至笔锋挤出水分。放置毛笔最好悬挂，以免笔锋受损。

（二）墨

墨是书法的主要颜料，大体分为油烟、松烟墨条两种。墨条在砚台中和水研磨即可成墨汁。机制墨汁在当前更为常见，优质的墨汁书写时同样可达到理想的效果，装裱时不会渗化。

（三）纸

纸的种类繁多，书法用纸要求选用宣纸、皮纸等，利于表现。平时练字只要求纸面不太光滑，可用一般的毛边纸、白纸和旧报纸。

（四）砚

砚，又称砚台、砚池，是用特种石材雕凿而成的磨墨和掭笔的器具。选砚应从实用出发，初学者练字，选用石质细腻、发墨快、砚心深、储墨多的一般砚就可。使用瓶装墨汁，可用陶瓷碟碗代砚。

三、书写姿势和执笔方法

（一）书写姿势

正确掌握笔法，首先要端正写字的姿势。一般来说，不管是坐着书写还是站着书写，一定要做到头正、身正、手正。

1. 坐姿的要求

写不是太大的字，均可以坐着书写，身体要端正，头要正，两肩要平，胸不贴桌，背不靠椅，两脚分开平放于地，不可悬空（因为写字需用全身之力送出，脚不着地，则写字无力），双肘外拓，左手压纸，右手执笔，笔杆要正。

2. 立姿的要求

写较大的字时，坐着书写会受到不少限制，身体的活动范围较小，视野不开阔，所以需要站着写。立姿与坐姿基本相同，只是书写时两脚自然分开，上身可略向前倾，腰部不要挺得太直，全身略为放松，且左手压纸以支撑身体，但不能用力过大，右手腕肘悬起，运气挥毫。

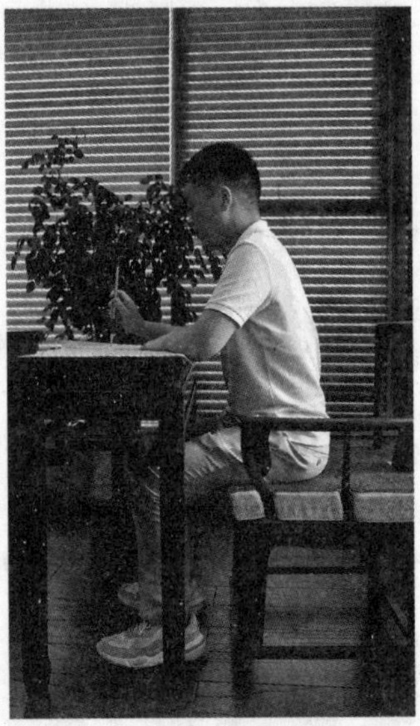
坐　姿

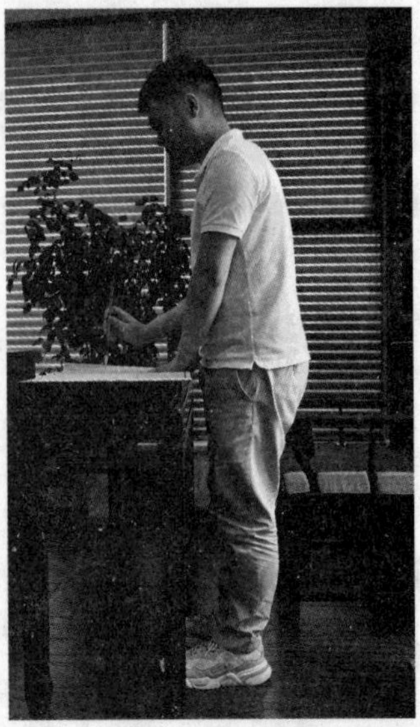
立　姿

（二）执笔方法

古人说：“凡学书者，先学执笔。”掌握执笔是学习书法的第一步。

这里介绍一种较为常用的执笔方法，叫“五指执笔法”。五指执笔法是用“擫（yè）、压、钩、格、抵”五个字来说明每一个手指的执笔姿势和作用。

擫，是说明拇指的作用。执笔时，拇指要斜而仰地紧贴笔管，力由内向外。

压，是说明食指的作用。用食指第一节斜而俯地出力，贴住笔管，力由外向内，和拇指内外相当，配合起来，把笔管约束住。

钩，是说明中指的作用。拇指、食指已经捉住了笔管，再用中指的第一节，弯曲地钩着笔管的外方，以加强食指的力量。

格，是说明无名指的作用。就是用无名指甲、肉相连处从内向外顶住笔管。

抵，是说明小指的作用。小指要紧贴无名指，助一把劲，顶住中指向内的压力，但小指不要碰着笔管和掌心。

五个指头就是这样把笔管紧紧控制在手里，以此法执笔既让人感到牢固有力，又感到自然轻松。其中，执笔主要靠大拇指、食指和中指的力量，无名指和小指起辅助作用。

书写中执笔位置的高低，其实没有绝对的尺度。通常而言，写三四厘米大小的字，执笔大约掌握在“上七下三”的部位，即上部约占笔杆长度的十分之七，下部约占十分之三。写小字，执笔可略低些；写大字，执笔可稍高些。写隶书、楷书，执笔宜低些；写行书、草书，执笔宜高些。

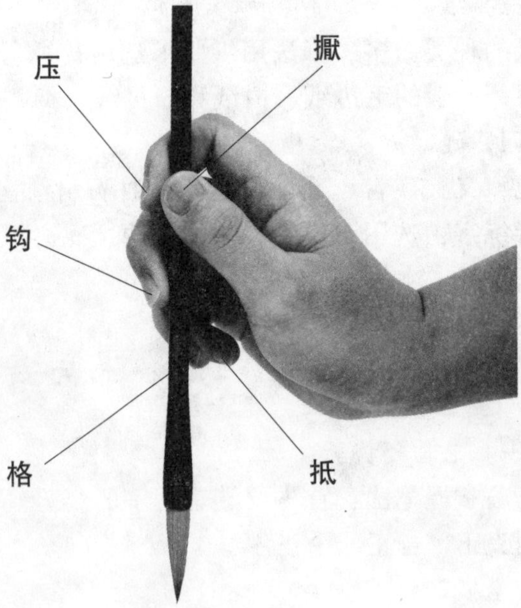

四、运笔方式及基本笔法

（一）运笔方式

要学会运笔，就要弄清楚指、腕、臂各个部位的作用及其相互关系。一般来说，指的作用主要在于执笔，腕、臂的作用在于运笔。在书写字径 3 厘米以下的小字时，点画间距较小，动作细微，就用五指协调行笔。如果书写拳头般大小的字，由于运笔范围扩大，应以用腕为主，指则辅之。再大些的字，就必须用臂来配合腕共同完成书写。

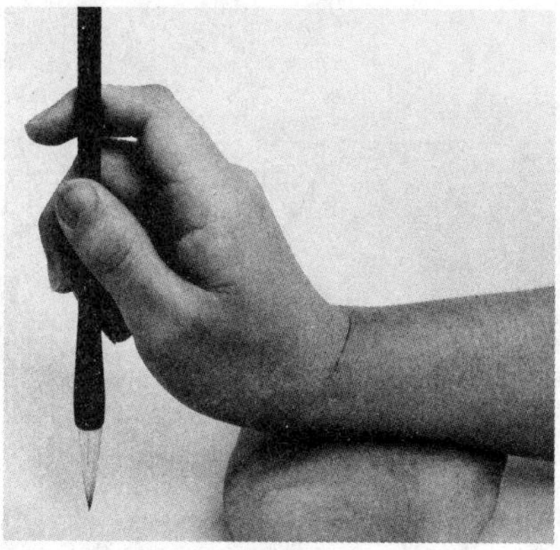

枕 腕

枕腕能使腕部有所依托，因而执笔较稳定。枕腕较适宜书写小字，而不适宜书写大字。

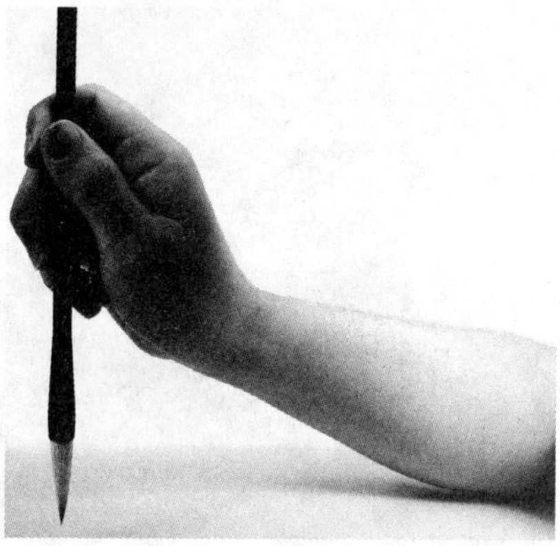

悬 腕

悬腕比枕腕扩大了运笔范围，能较轻松地活动手腕，所以适宜书写较大的字。但悬腕难度较大，须经过训练才能得心应手。

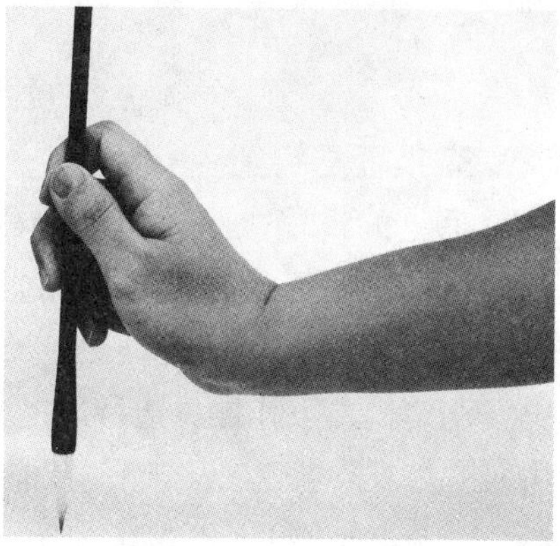

悬 臂

悬臂能全方位顾及字的点画和笔势，能使指、腕、臂各部自如地调节摆动，因此多数书法家喜用此法。

（二）基本笔法

1. 逆锋起笔与出锋

在起笔时取一个和笔画前进方向相反的落笔动作，将笔锋藏于笔画之中，这种方法就叫“逆锋起笔”。即“欲右先左，欲下先上”，落笔方向与笔画走向相反。（见图1）

点画行至末端，应将笔锋回转，藏锋于笔画内。收笔回锋要使点画交待清楚，饱满有力。（见图2）

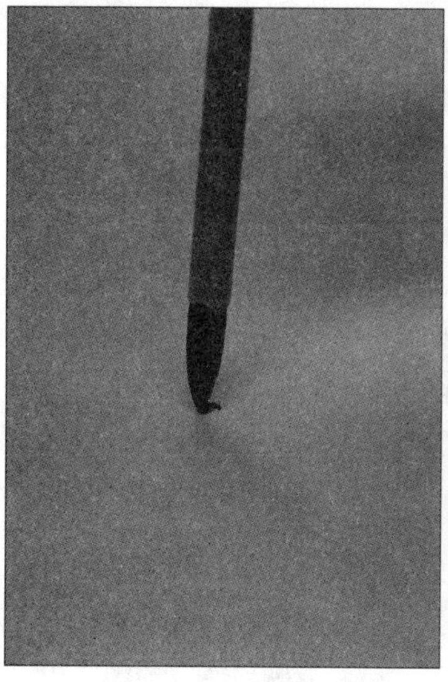

图 1 逆锋起笔

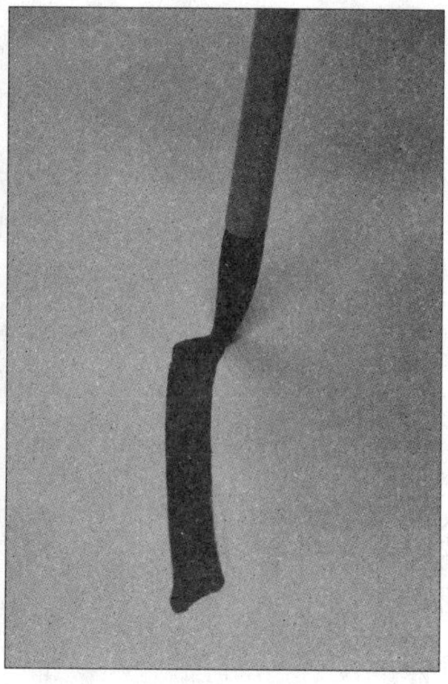

图 2 回锋收笔

2. 中锋运笔

中锋又称正锋，是指书写时笔锋始终在点画中运行，笔毫铺开，笔画圆润饱满。它是书法中千古不易的笔法，是各种笔法中最基础的，提按、藏露、顺逆等都是在中锋基础上变化的。由于笔锋在点画中间，因此在向下一笔画过渡时，能够做到“八面出锋”，使点画之间气脉贯通、顾盼有姿。（见图3、图4）

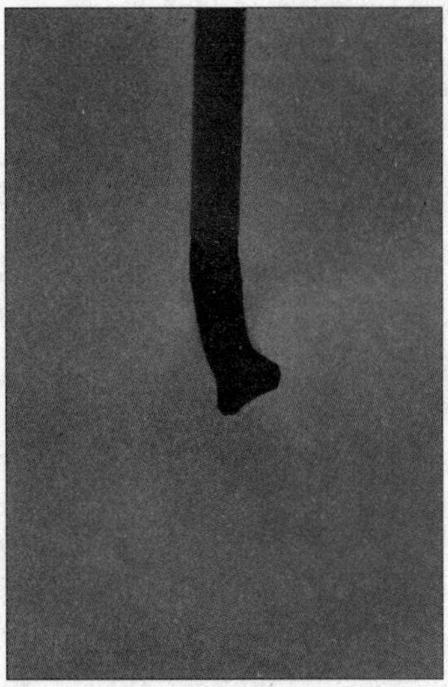

图 3 中锋写横

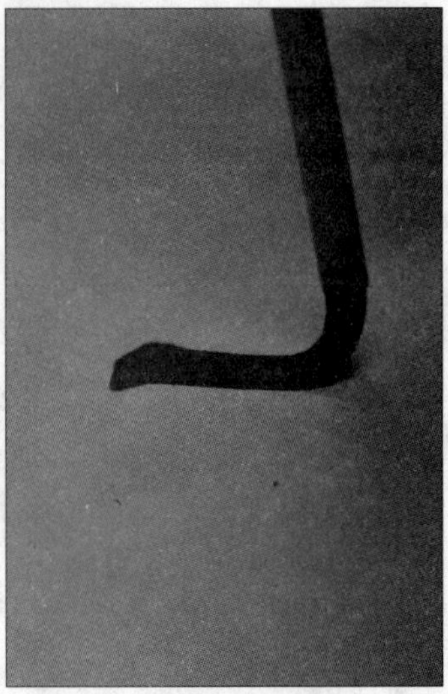

图 4 中锋写竖

3. 提笔与按笔

毛笔的性能之一是富有弹性，运用提按动作可以产生丰富的变化。提、按为用笔的上下运动。

引笔向左下作撇，边行边提，笔画由粗变细；除收笔外，笔锋不可完全离纸。（见图5）将笔下按谓按笔，如写捺，在行笔中笔画由细变粗。（见图6）

提与按是书法运笔最基本的技法，是创造书法艺术形态的重要手段，书法的点画，线条的粗细、浓淡、节奏等变化就是在提与按的运笔动作中完成的。

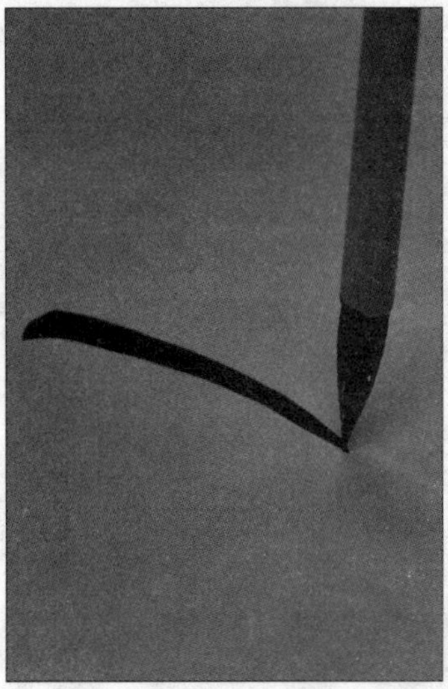

图 5 边行边提作撇

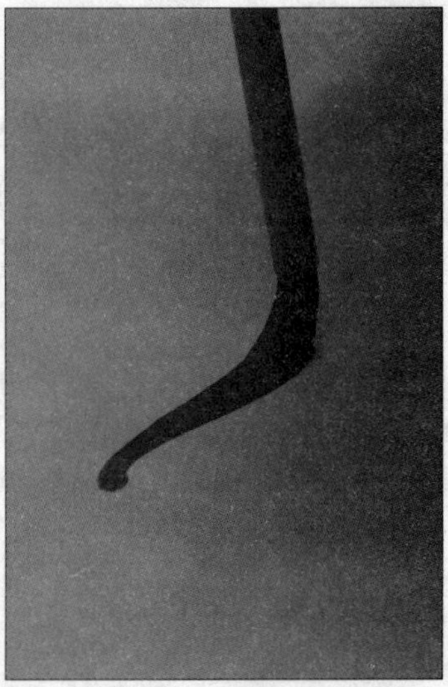

图 6 边行边按写捺

五、书法临习

（一）选帖

学习书法要选择一本好的字帖。古人说：“取法乎上，得乎其中；取法乎中，得乎其下。”中国历史上书法名家群星闪烁，他们的字迹是后人学习的宝贵资料。正确的选帖方法，应是将各类碑帖浏览一遍，选择一本比较适合自己性格特点的经典碑帖来临习。初学者可能不具备这种能力，老师或家长可根据其性格特点帮助其选择。

历代著名碑帖众多，一般来说，学楷书选择唐碑比较合适。因为唐代的楷书成就最高，处于楷书成熟的巅峰期，而且名家也特别多，选择余地很大，比较著名的有欧阳询、虞世南、颜真卿、褚遂良、柳公权等。在学好唐碑的基础上，再上溯至魏晋，就可达到事半功倍的效果。

（二）读帖

读帖是在临帖之前仔细观察所要临写的字，从点画、结构、章法等方面揣摩其特点，做到胸有成竹。读帖越仔细，临帖的目的性越强，效果就越显著。

读帖既是临习过程中的一种手段，也是临习过程中要逐步培养的一种能力，应把读帖贯穿到整个书法学习的过程中。

（三）摹帖

摹帖就是直接依托范帖进行摹写，常用的摹写形式有四种：

1. 仿影法

即把透明的薄纸覆在范帖上，照着纸面上透过来的字影描摹。仿影法的优点是不损坏范帖，缺点是隔了一层纸，有些细微处难免看不清楚，影响摹写效果。

2. 描红法

即在印有红色范字的描红纸上描摹。描红法相较于仿影法字迹清晰，利于初学，缺点是范本一经描摹就失去原貌，无法与习作对照找差距。

3. 廓填法

也叫双勾填墨法。就是把透明的书写纸覆在范帖上，用硬笔沿字的点画边沿精确勾画，然后照空心字描摹。廓填法的好处是在勾勒过程中能加深对范字点画形态的认识，缺点是所花的时间较长。

4. 丰肌法

也叫单勾添墨法。就是把透明书写纸覆在范帖上，用硬笔在字影点画的中线上勾画，然后看着范帖沿单线描摹。丰肌法具有半摹半临的性质，难度稍大些，但用它检验对范帖点画掌握的程度极有效。

（四）临帖

临帖就是把范帖放在一边，凭观察、理解和记忆，对着选好的范本反复临写。王羲之在《笔势论》中说："一遍正脚手，二遍少得形势，三遍微微似本，四遍加其遒润，五遍兼加抽拔。如其生涩，不可便休，两行三行，创临惟须滑健，不得计其遍数也。"临帖是个长期的过程，非一朝一夕之功，要持之以恒，才能取得好成绩。常用的临写形式有四种：

1. 对临

把范帖放在眼前对照着写。对临是临帖的基本方法，刚开始时会缺乏整体意识，往往看一画写一画，容易造成字的结构松散、过大过小等毛病。应加强读帖，逐步做到看一次写一个偏旁、一个完整字直至几个字。

2. 背临

不看范帖，凭记忆书写临习过的字。背临的关键不在死记硬背具体形态，而在于记规律，不求毫发逼真，但求能写出最基本的特点。因此，背临实际上已经初步具备意临的基础。

3. 意临

不求局部点画逼真，要把注意力放在对范帖神韵的整体把握上。意临虽不要求与原帖对应部分处处相似，但各种写法都应在原帖的其他地方有出处，否则就不能称之为意临。

4. 创临

运用对范帖点画、结体、篇章和风格的认识，书写范帖上没有的字，或联字成文创作作品。创临虽然仍以与范帖相似为目标，但已有了较大的自主性和灵活性。它是临帖的最后一个阶段，也是出帖的开始。

第二章　永字八法临习图解

“永字八法”浓缩了楷书基本点画的特点，是楷书中最典型的线条变化形态。在国家颁布的书法等级考试要点中明确规定必须熟练地掌握“永字八法”中点画准确表达的一般书写技能。

侧（点），如鸟翻身侧下，又如高山坠石。

勒（横），如勒马的缰绳，又如千里阵云。

努（竖），如万岁枯藤，势如引弩发箭。

趯（钩），如人之踢脚。

策（提），如策马用的鞭。

掠（长撇），如梳篦掠发，又如利剑截斩象牙。

啄（短撇），如鸟啄物。

磔（捺），如一波三折，又如钢刀裂肉。

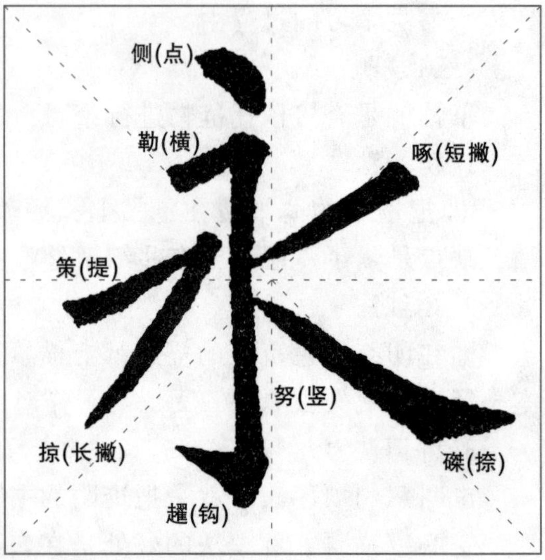

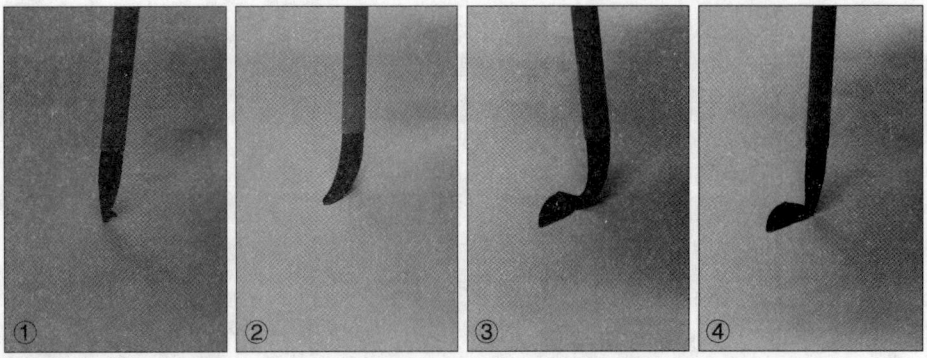

点的写法

点，“永字八法”称“侧”，在不同的位置有不同的写法。点是短笔画，但在很短的距离里笔锋要做许多动作。

①轻锋逆势起笔。②轻提反折笔略向右行。③转锋向右下顿笔。④提笔回锋收笔。

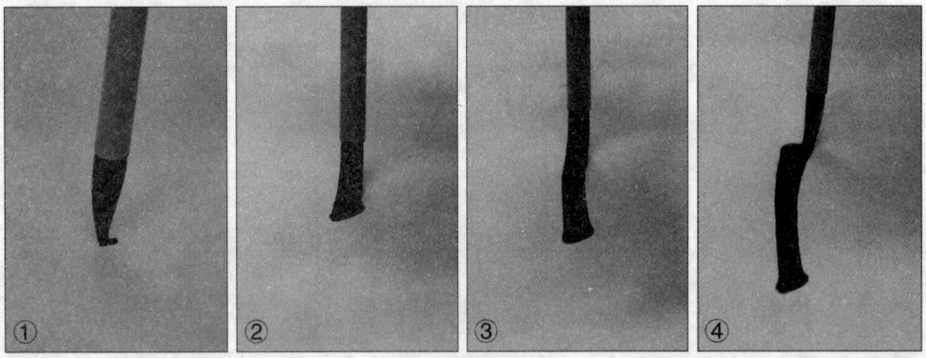

横的写法

横，“永字八法”称“勒”，要写得含蓄有力，略向右上取势。

①折锋直落笔，或把笔锋逆向左轻落笔。②转锋向右下作顿笔，横画首端或方或圆。③折转中锋向右铺毫，就此写完横的中间部分。④将至横的末端时，提笔向右上微昂，随后向右下顿笔，回锋收笔。

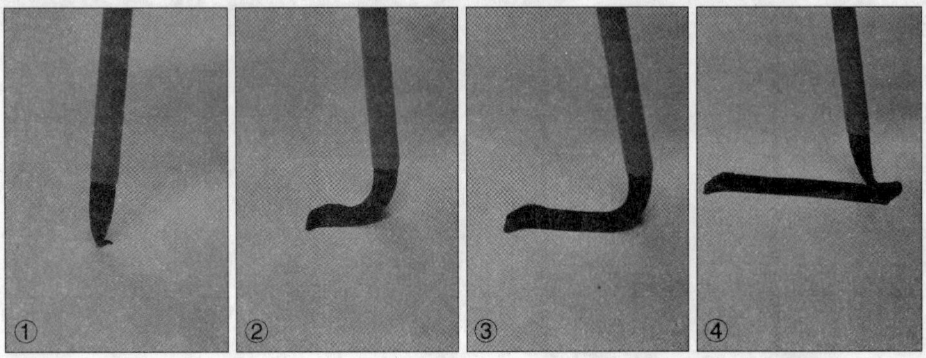

竖的写法

竖，“永字八法”称“努”，汉字中横多竖少，竖是一个字的骨干，起着支柱作用。

①把笔锋逆向上轻落笔。②折锋向右下略顿，竖画首端或方或圆。③调转中锋向下铺毫，要写得挺拔劲健。④将至竖的末端时向下稍停顿，即回锋向上，快速把笔提起。

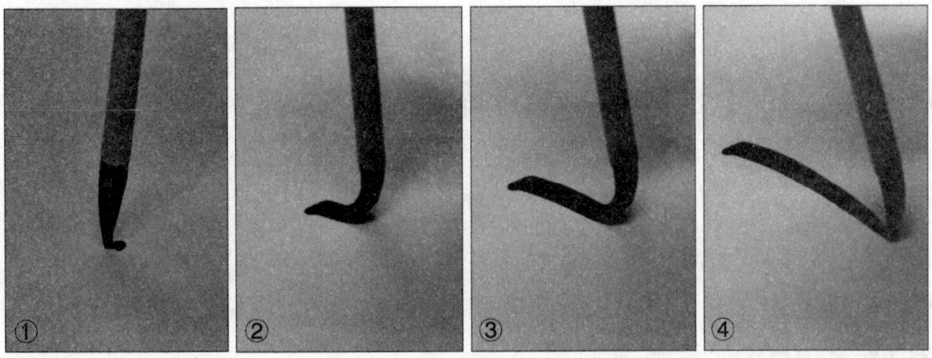

撇的写法

撇有多种写法，长撇在“永字八法”中叫作“掠”，是轻而快的意思。颜真卿说“掠左出而锋轻”正是这个意思。

①藏锋起笔，或尖锋落笔。②顺势向右下稍顿。③转锋向左下行笔，微弯。④边行边提快笔撇出，撇画长，笔锋送到撇尾。

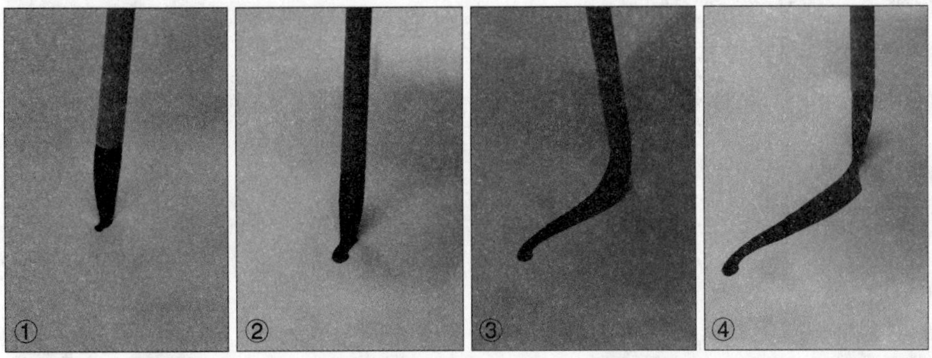

捺的写法

捺一般分成斜捺、平捺和反捺。

①逆锋或顺锋轻落起笔。②翻锋作捺笔的头部，或方或圆。③向右下边行边按，或直或微弯。④将至尽头处稍顿蓄势，提笔向右出锋，捺脚较大。

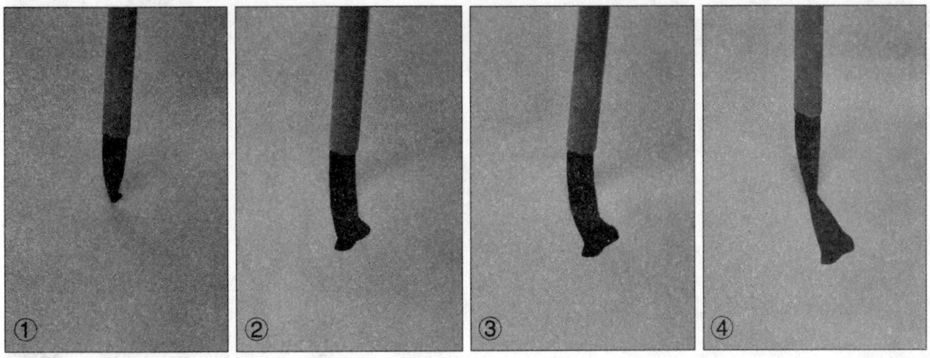

提的写法

提在“永字八法”中叫作“策”，策马当然要快，而且一往无前。“策”不收锋，用力送出才能有势。

①藏锋或折锋起笔。②转中锋蓄势，挑头或方或圆。③提笔向右上角挑出。④边挑边提笔，笔力送到锋尖。

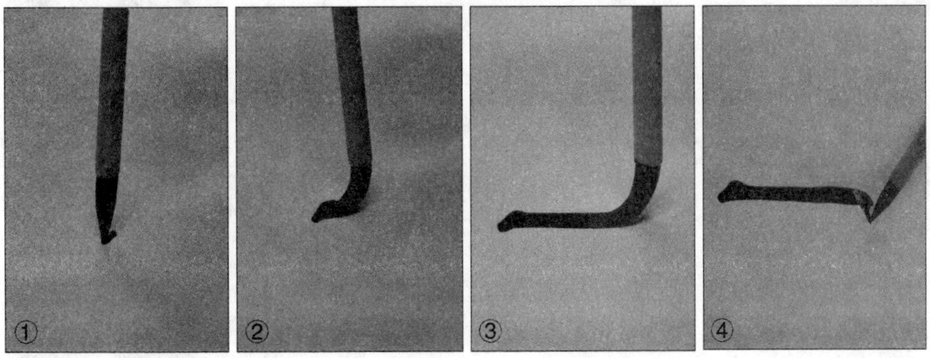

钩的写法

钩在“永字八法”中称“趯”。古人说“峻快以如锥”，就是说要挺拔、锋利。

①藏锋向左上方起笔。②折笔转锋向右按。③提笔转中锋向下直行。④至竖画末端稍驻，向上回锋蓄势，向左上出钩。

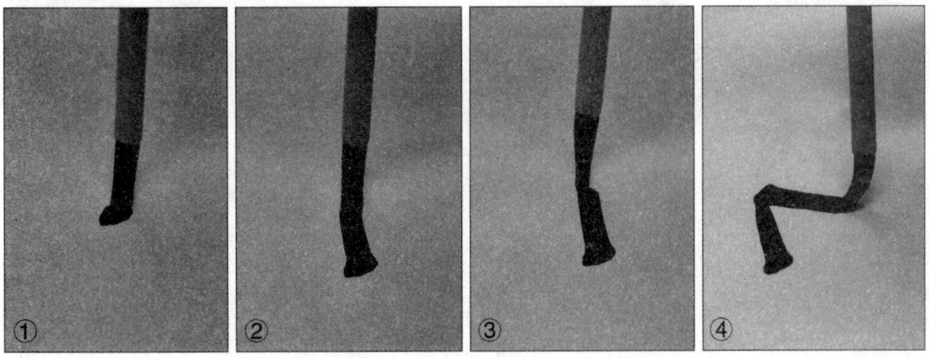

折的写法

折画是组合笔画，以横折为例，其写法是：

①逆锋起笔，或折锋轻落笔。②顺势向右上行笔。③至折处向右上提锋。④再向右下顿，转锋向下直行，折笔要写得粗重，驻笔回锋收笔或略向左露锋。

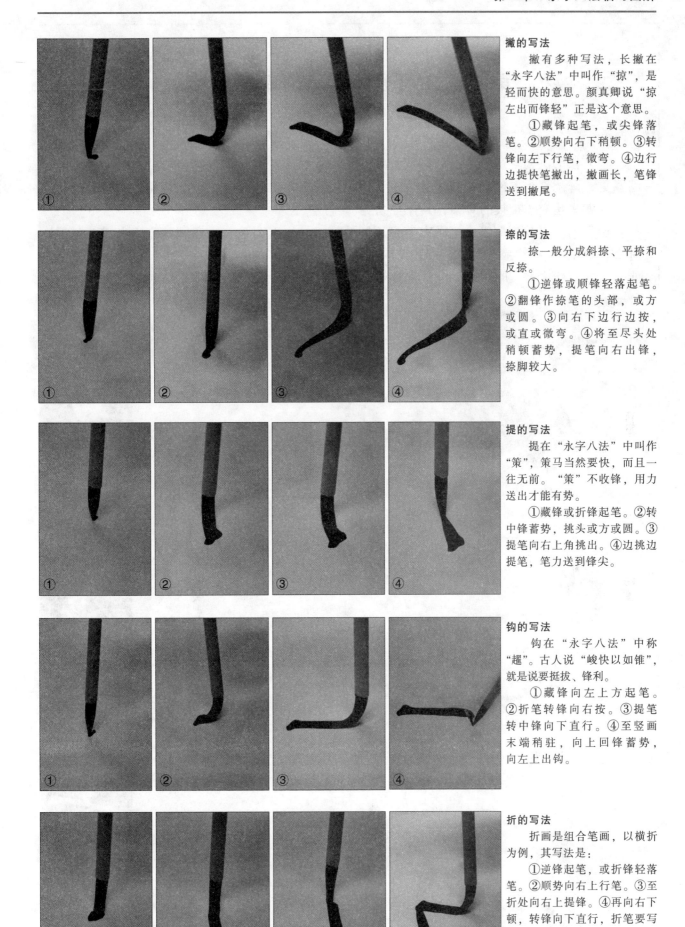

第三章 《玄秘塔碑》笔法特点

柳公权书法初学王羲之，后以颜真卿为主，并融入初唐欧阳询等字的特点，形成既圆润厚重、开阔舒展又刚劲挺拔、法度森严的特点，用笔方圆兼备，富于变化。他书法的独到之处就是建立了挺拔的骨架，其体势劲媚，自成一家。

柳字用笔以骨力取胜。笔画方笔多于圆笔，行笔爽朗利落，线条刚劲富于力感，转折时常轻提重按棱角突出，提按分明。其与颜真卿以“颜筋柳骨”并称于世，各有千秋，不能舍此亦不能去彼。临写时，应认真观察，仔细揣摩每一笔画在结构中的使用和安排。

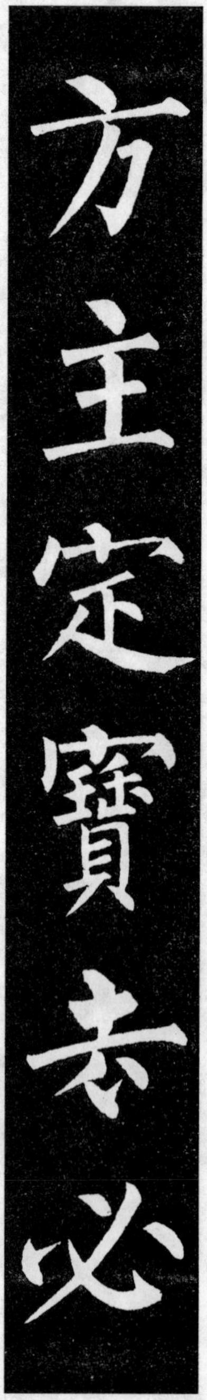

斜点「方 主」

轻锋逆入起笔，折笔向右下铺毫运笔，轻提笔锋向左上回锋收笔。

竖点「定 宝」

轻锋逆入起笔，折笔向右下稍行即转锋引笔向下行，随即回锋向上收笔。

挑点「去 必」

尖锋轻落笔，顺势向右下按，回锋向左上蓄势，转锋向右上挑出，挑锋不宜长。

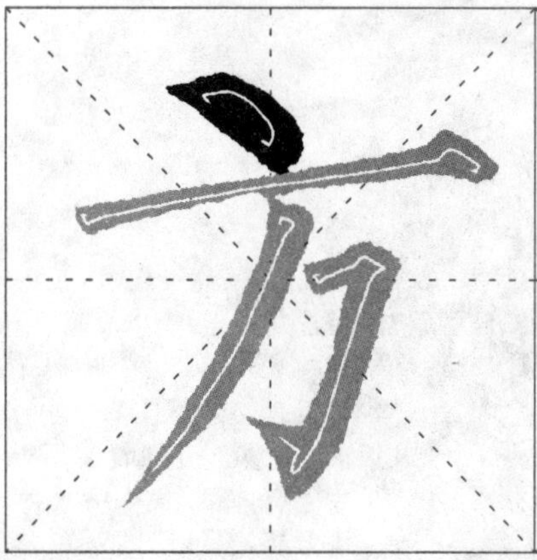

方　斜中求正，钩处与上点对正。

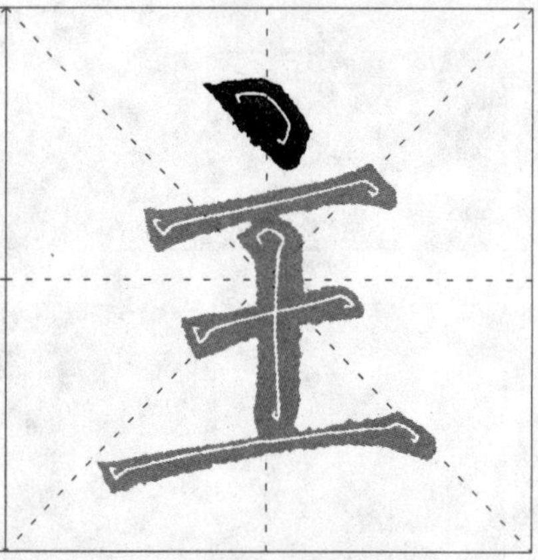

主　横画取斜势，竖笔劲挺雄强。

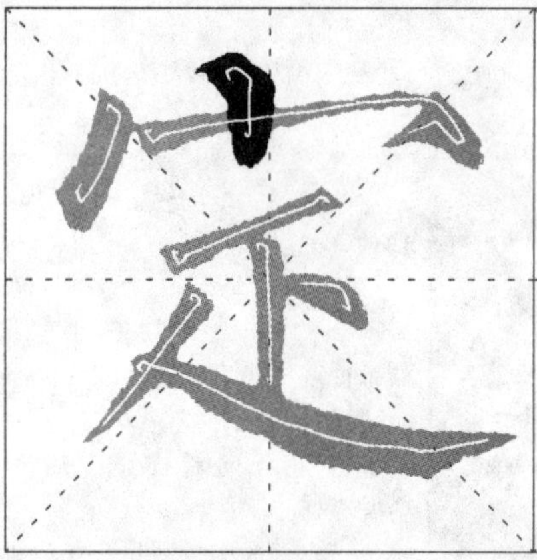

定　“宀”稍宽，上正下斜。

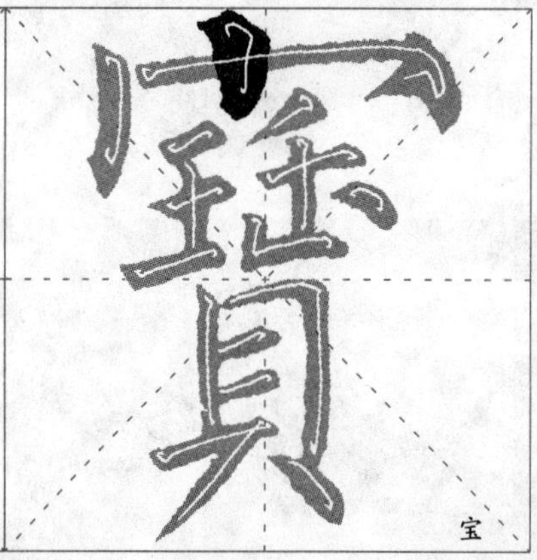

宝　“宀”宜宽，“贝”部略窄，结体紧凑。

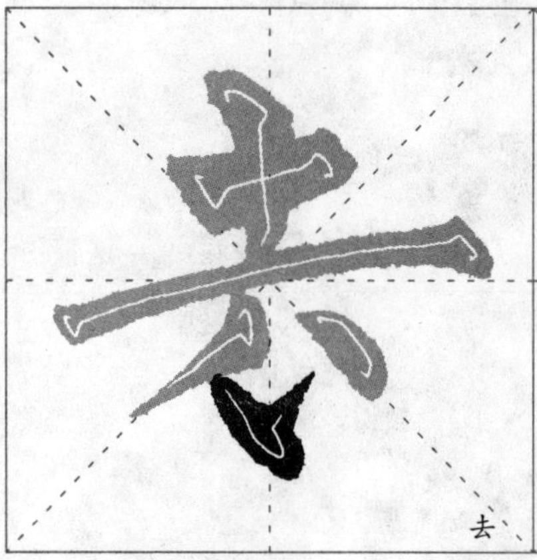

去　中横长直，其余笔画均短小。

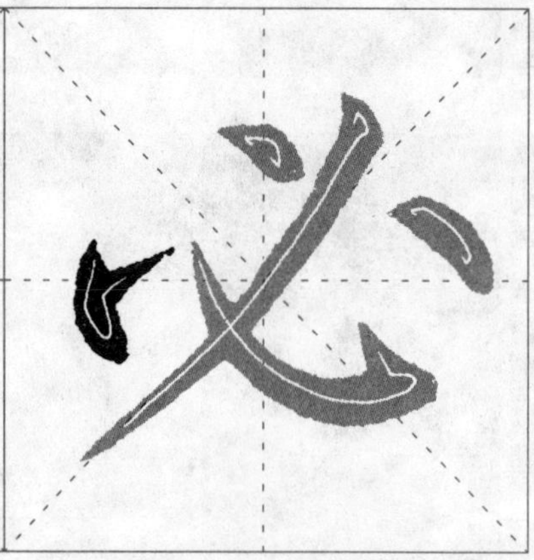

必　撇直，卧钩遒劲，三点形态笔法各异。

方

主

定

寶　宝

去

必

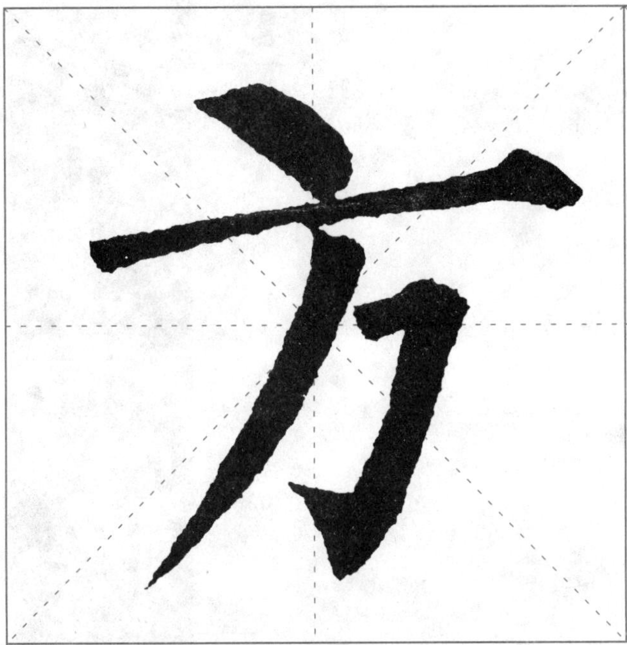

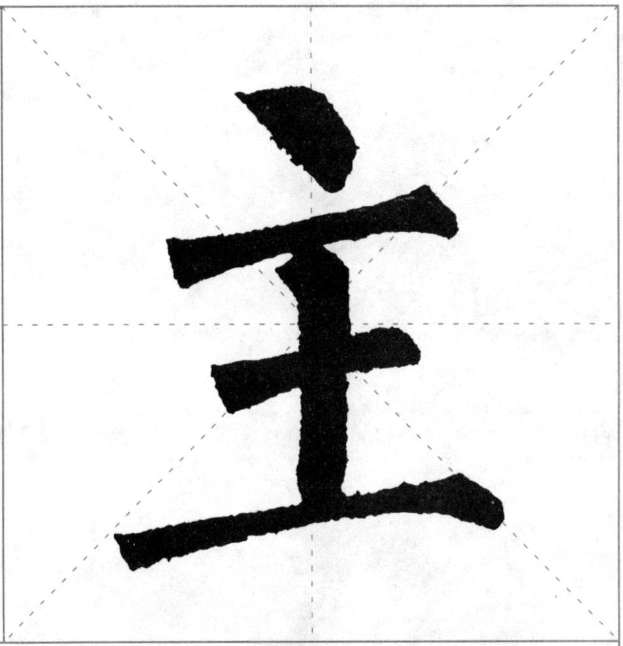

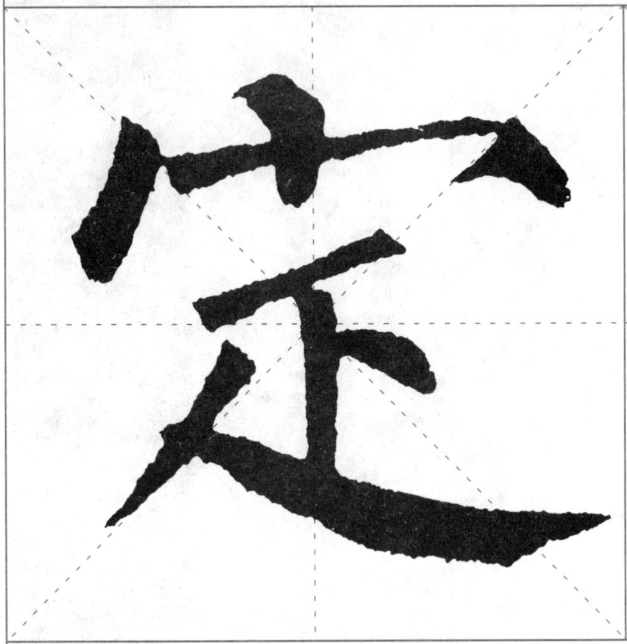

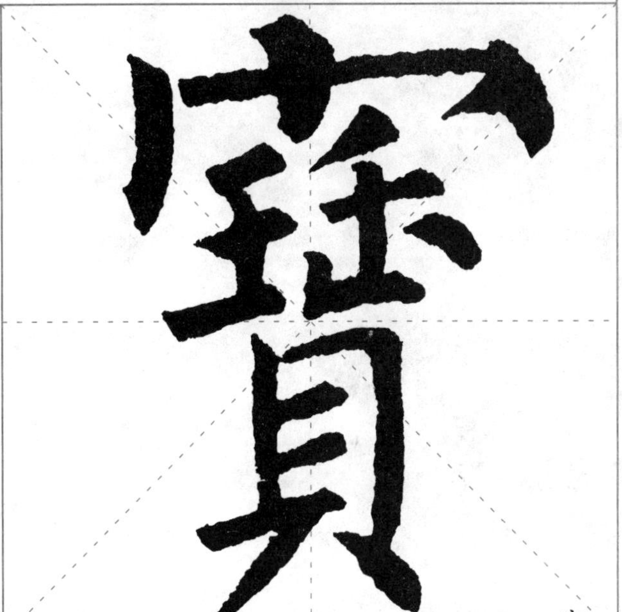

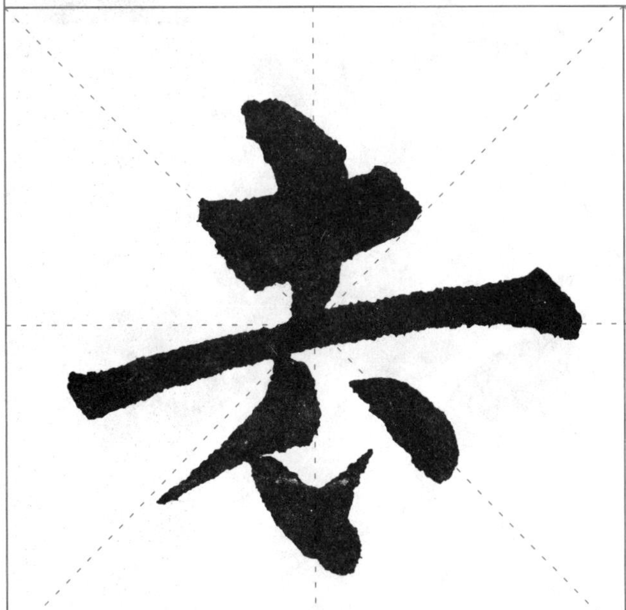

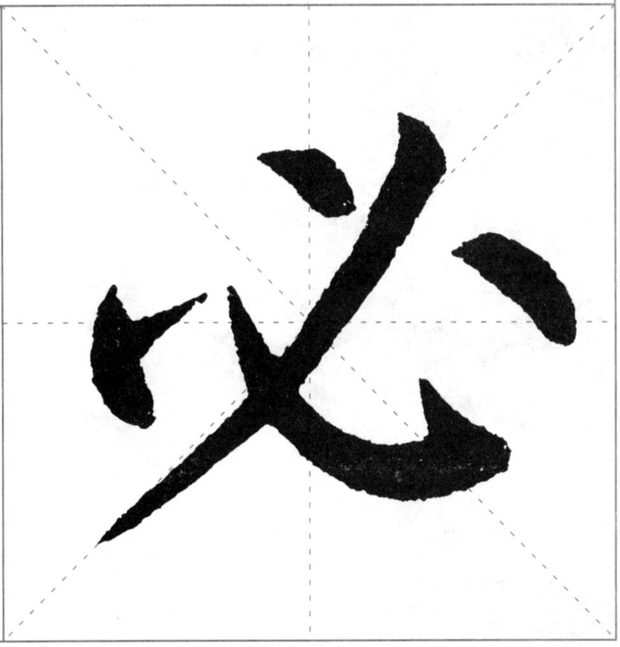

并弟将於来金

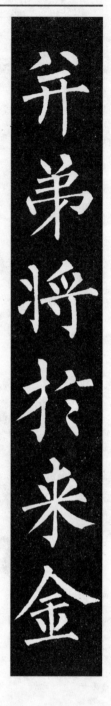

撇点「并 弟」

点笔呈撇形。轻锋向左上方逆入，折笔向右下稍按，折锋向左下提锋撇出，撇锋短劲。

上下点「将 於」

上点为斜点，收笔向左下出锋或藏锋；下点为挑点；与上点呼应。或上点为撇点，下点为斜点。

相向点「来 金」

两点中间无论有无笔画间隔，都宜相向且彼此呼应。

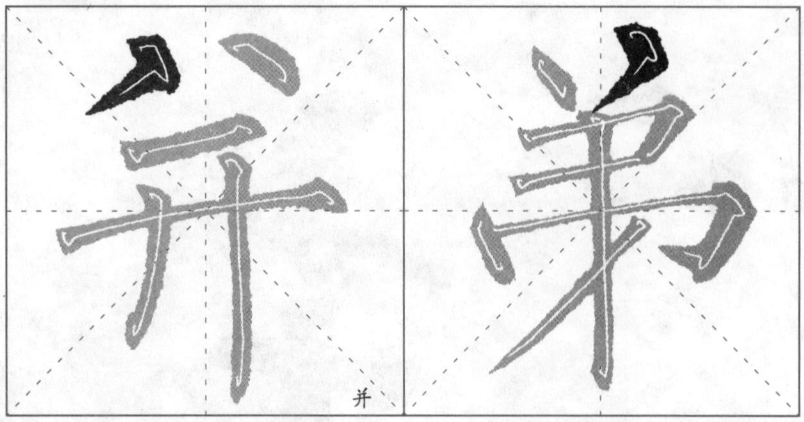

并 字头为八字点，整体用笔上重下轻。 **弟** 横细折笔粗，竖、撇劲挺。

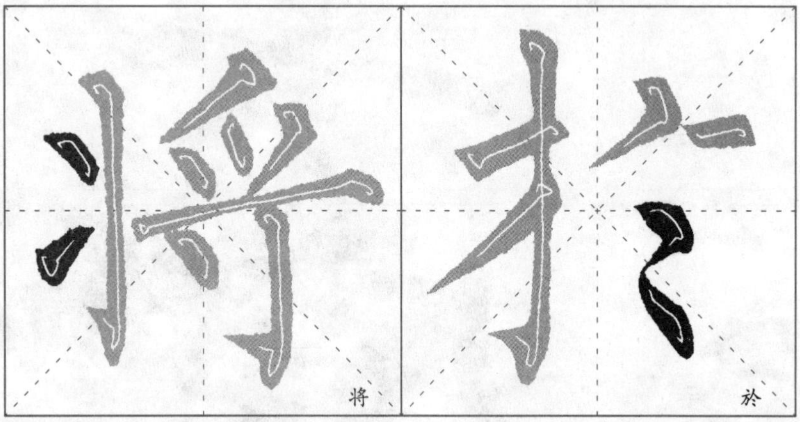

将 左竖可出钩，诸点各异，右竖钩遒劲。 **於** 竖钩劲挺，撇捺收敛，两点映带。

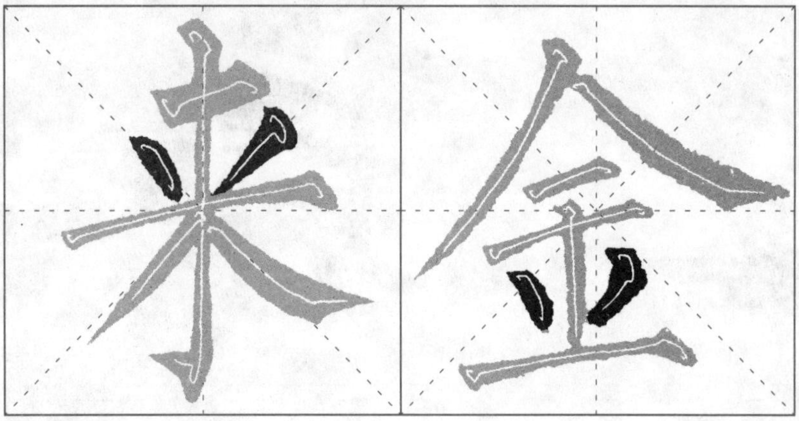

来 中竖劲挺，两点左右呼应，捺笔纵展。 **金** 撇捺开张，三横各有其法，两点呼应。

点画 柳字中的点变化最多，在不同的位置有不同的写法。点是短笔画，但在很短的距离里笔锋要做许多动作。

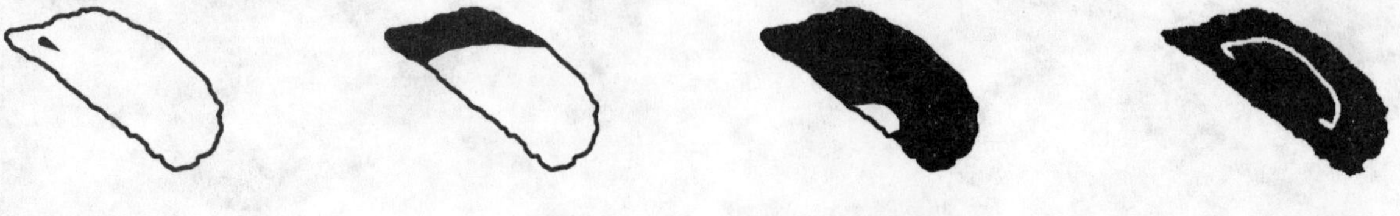

①轻锋逆势起笔。 ②轻提反折笔略向右行。 ③转锋向右下顿笔。 ④提笔回锋收笔。

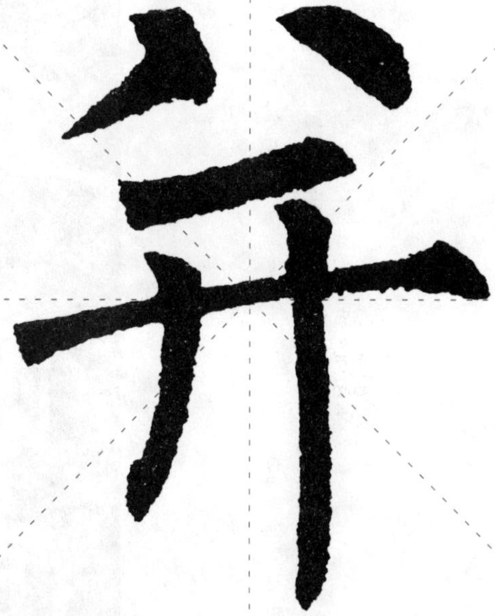

并

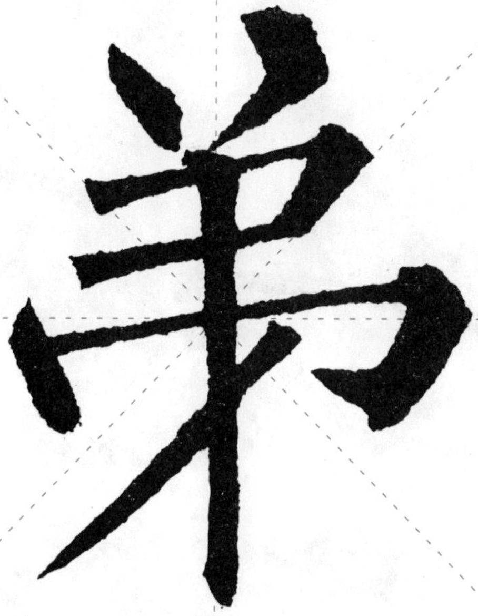

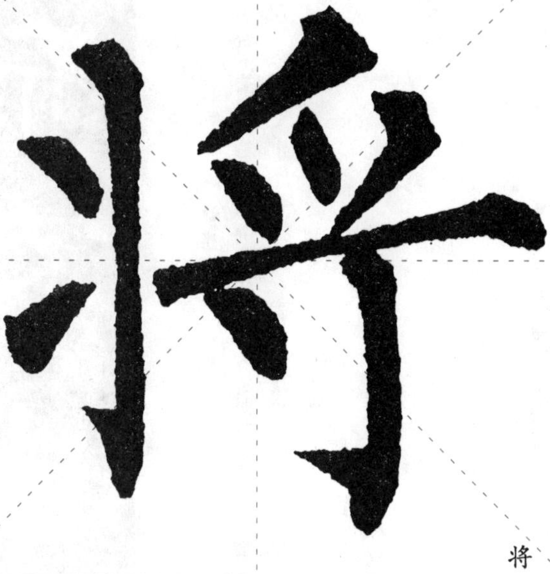

将

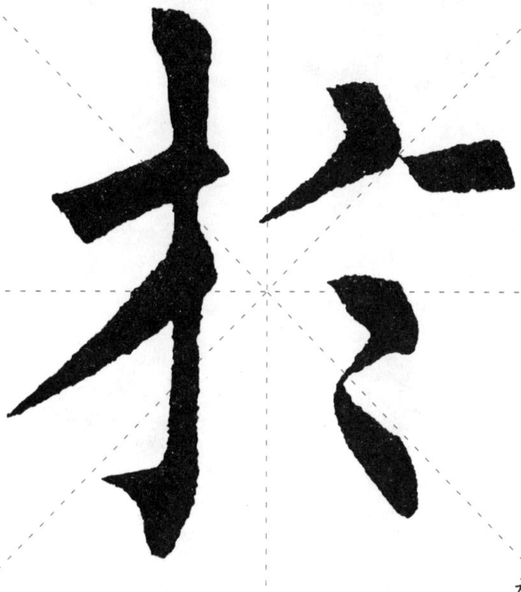

於

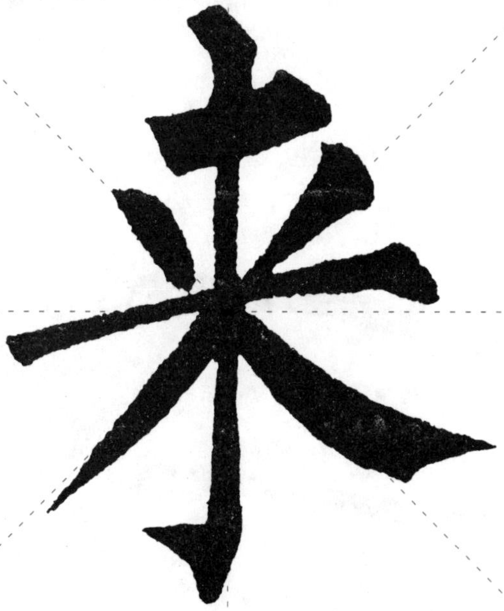

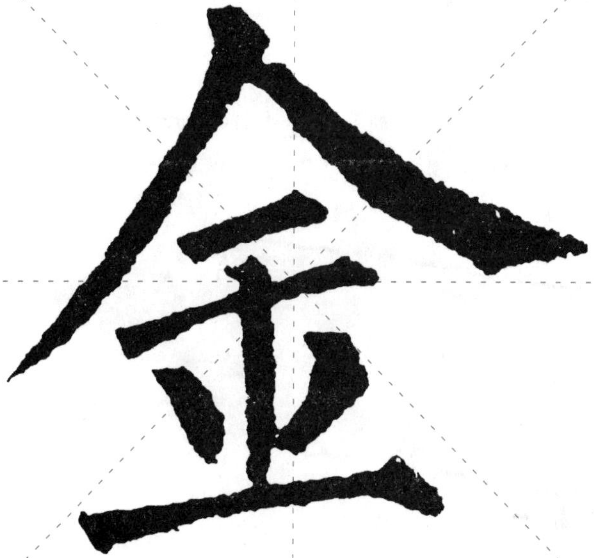

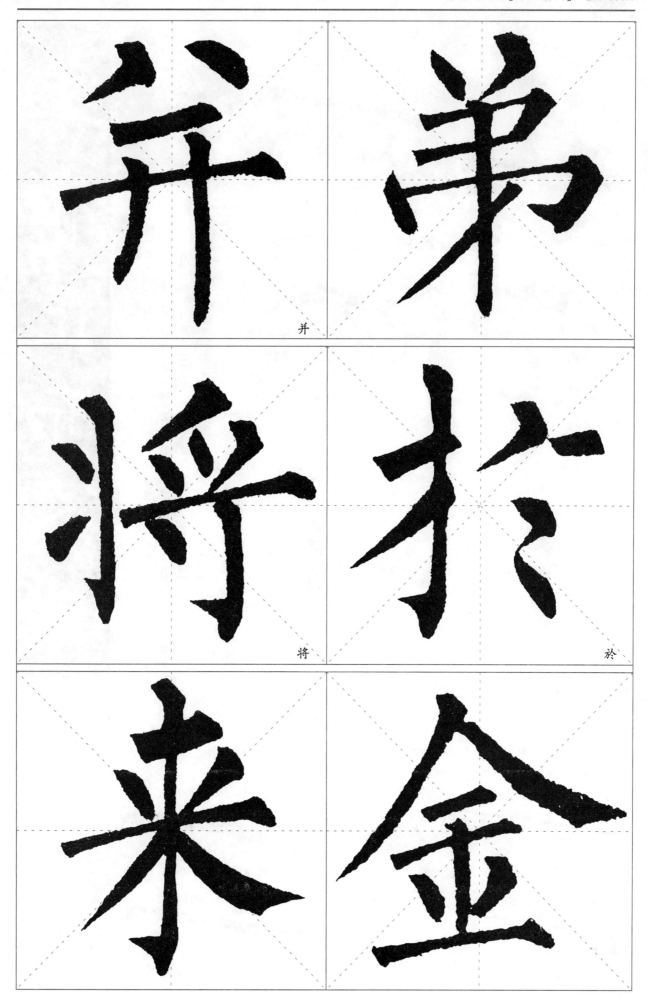

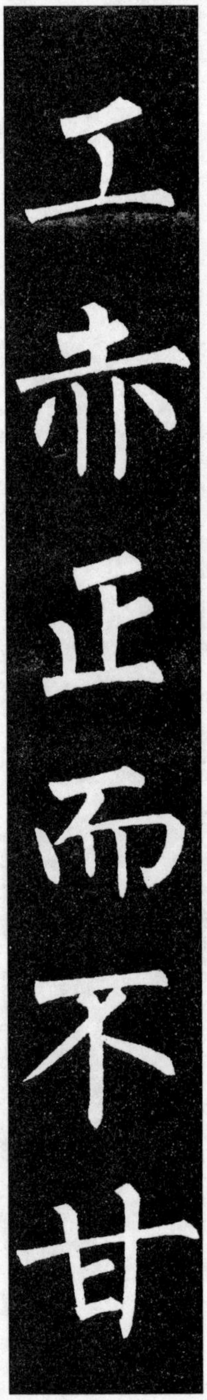

长横『工 赤』 藏锋起笔，折向右下顿笔稍按，提转中锋向右行笔，至末端转锋上昂稍驻再向下作顿笔，向左上回锋再提锋收笔。

短横『正 而』 尖锋或逆锋起笔，折笔向右下按，提笔转中锋向右行，横末转锋上昂，折笔向下作顿笔，向左回锋收笔。

垂露竖『不 甘』 藏锋起笔，折笔向右下按，提转中锋向下行笔，至竖画末端稍驻再向下作顿笔，向左上（或右上）回锋收笔。

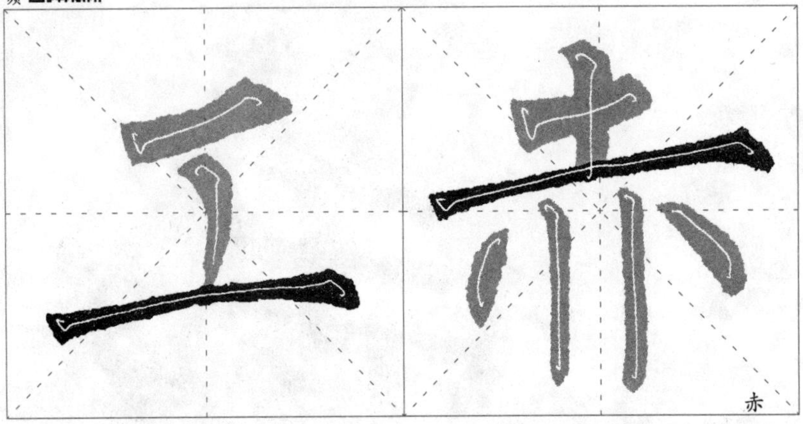

工 短横粗重，长横细劲，字身不宜高。 **赤** 短横方起圆收，长横劲健，双竖垂露。

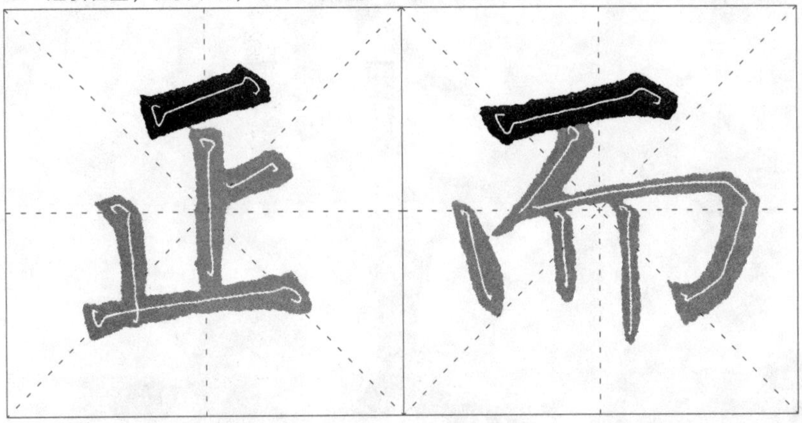

正 首横短粗，各横均扛肩。 **而** 两侧向内敛，两短竖细劲，左短右长。

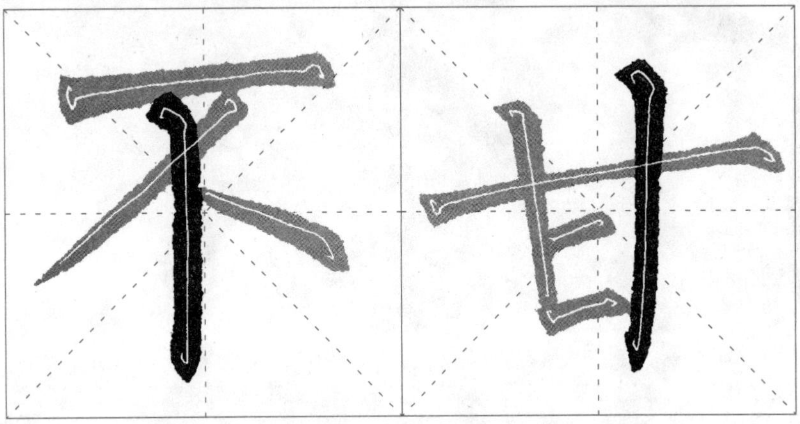

不 首横用笔粗重，其余笔画略细。 **甘** 长横伸展，右竖下伸。

横画 写横画有圆笔与方笔两种形式。柳书的横画以方笔为主，方圆结合，特别强调“方折”。长横略带拱形，整个笔画筋骨显露。

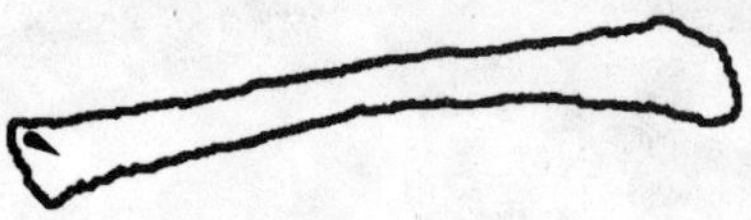

①逆锋轻落笔。

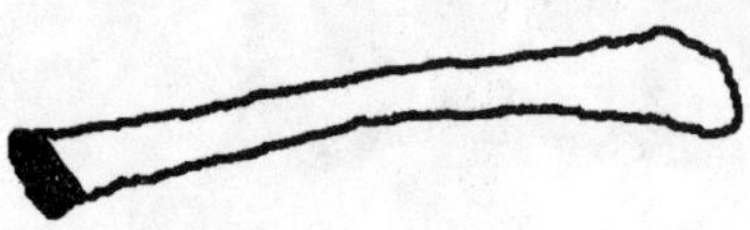

②折向右下顿笔。

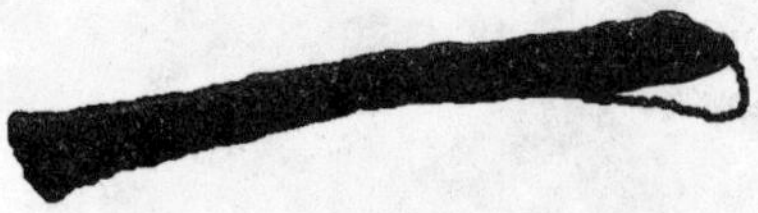

③转中锋向右行笔，至末端提笔上昂。

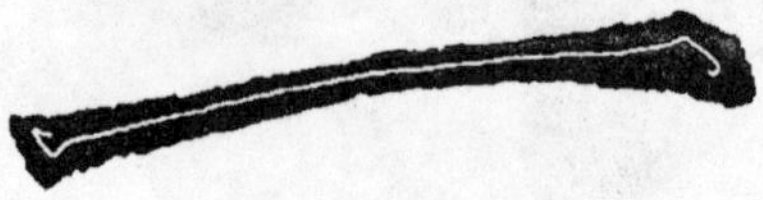

④向下作顿，回锋收笔。

工　赤

正　而

不　甘

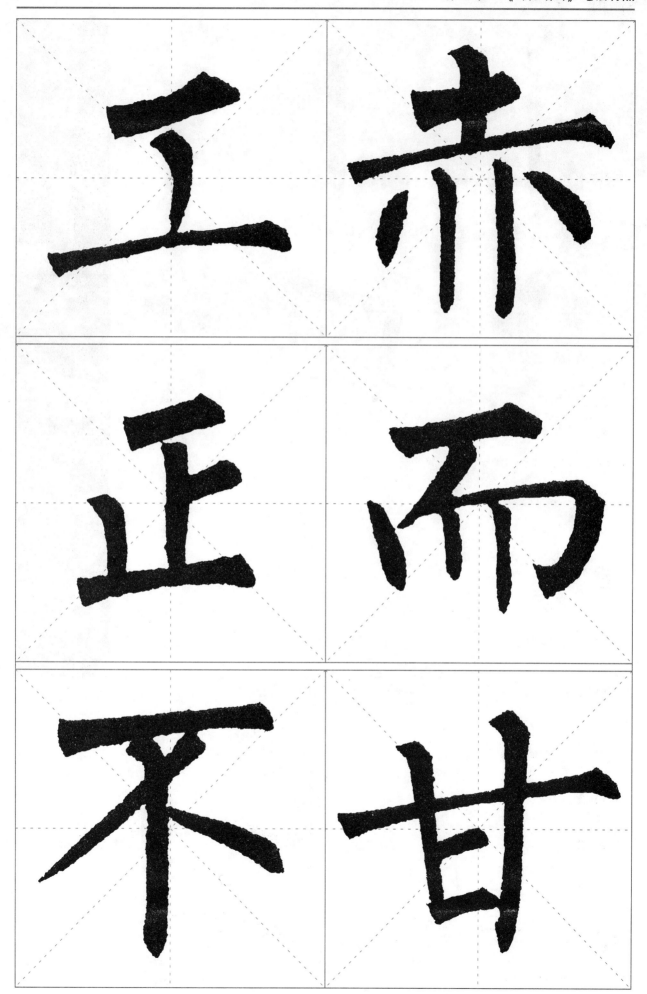

中十土田千分

悬针竖『中　十』　轻锋向上逆入，把笔锋提到左上角，折笔向右下按，略挫动笔锋，将笔锋转中后引笔下行，边行边提，最后出锋收笔。

短竖『土　田』　写法似垂露竖，较短。短竖居字中间时，下面有横画，要写得粗而强，古人称之为『铁柱』。

短撇『千　分』　逆锋起笔，撇头较大，折笔向右下稍驻，转锋向左下边行边提锋撇出，撇锋短劲。

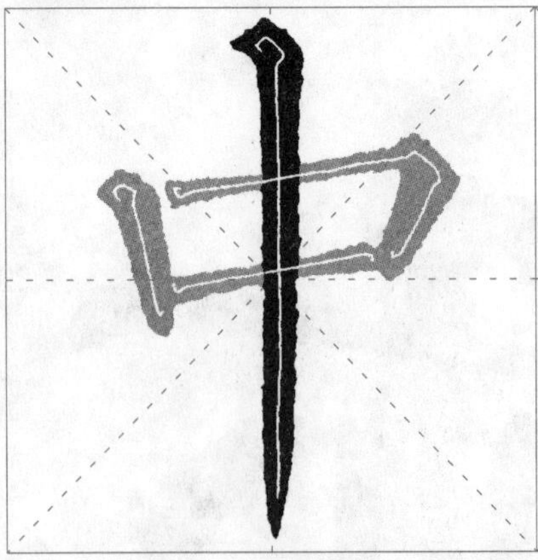

中　“口”部宽扁，左上不封口，中竖用悬针。

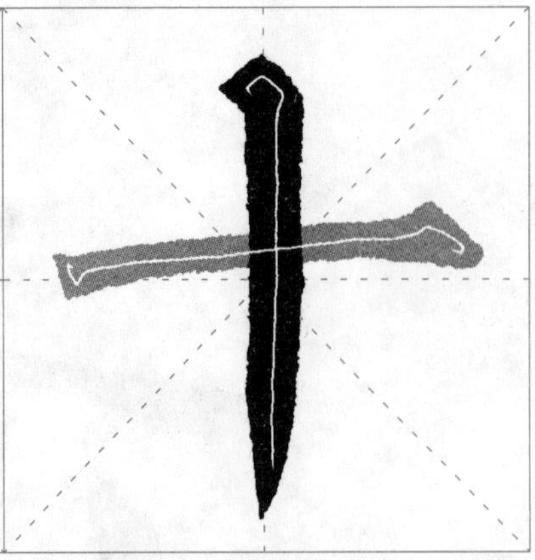

十　竖用悬针，横略扛肩。

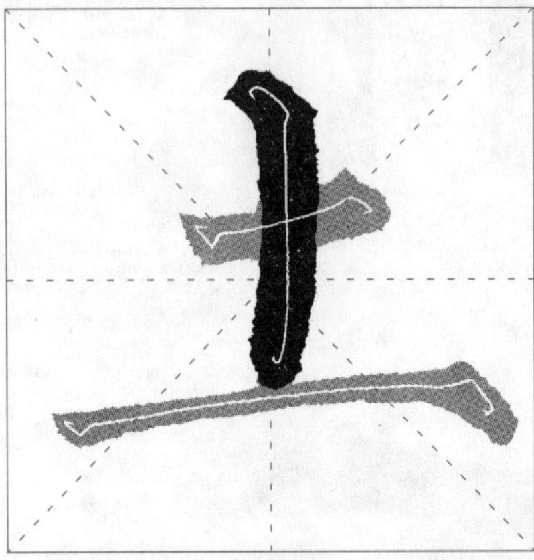

土　短横粗重，长横细劲，中竖遒劲。

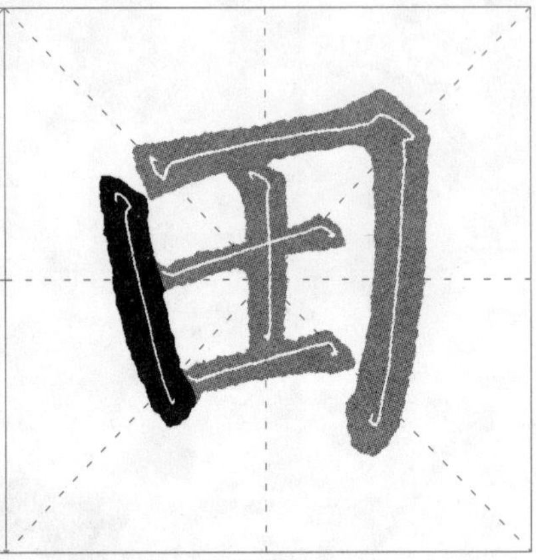

田　田左上、右下均不封口。

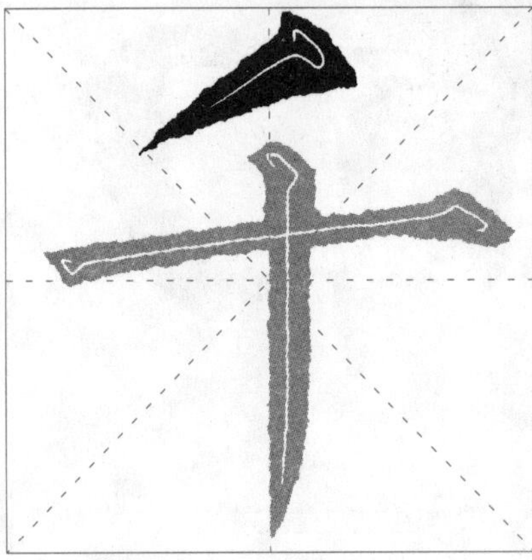

千　撇用笔粗重，横、竖较细。

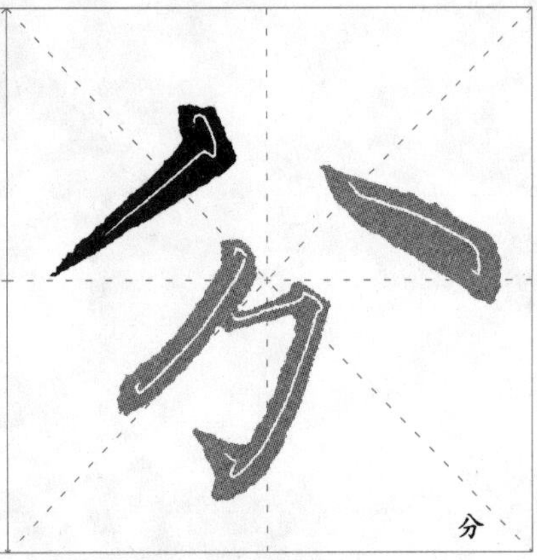

分　上宽下窄，横折钩居中。

竖画　柳字的竖变化较多，主要有垂露、悬针之分。垂露竖多用在左边的偏旁上，含蓄饱满；悬针竖笔锋垂直送出，劲健秀美。

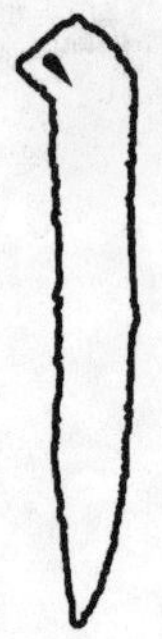

①尖锋轻落，藏锋起笔。

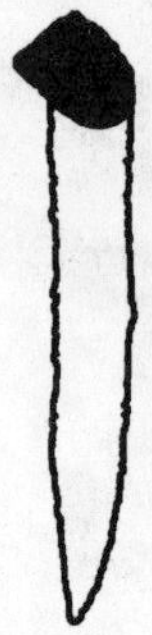

②折笔向右下按。

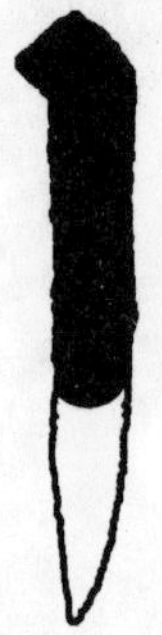

③提笔转中锋向下行笔。

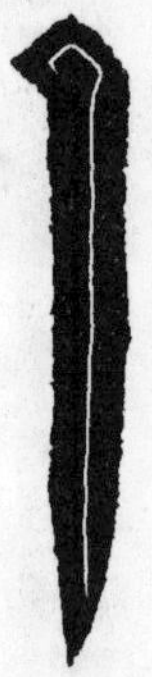

④将至末端，向下出锋收笔。

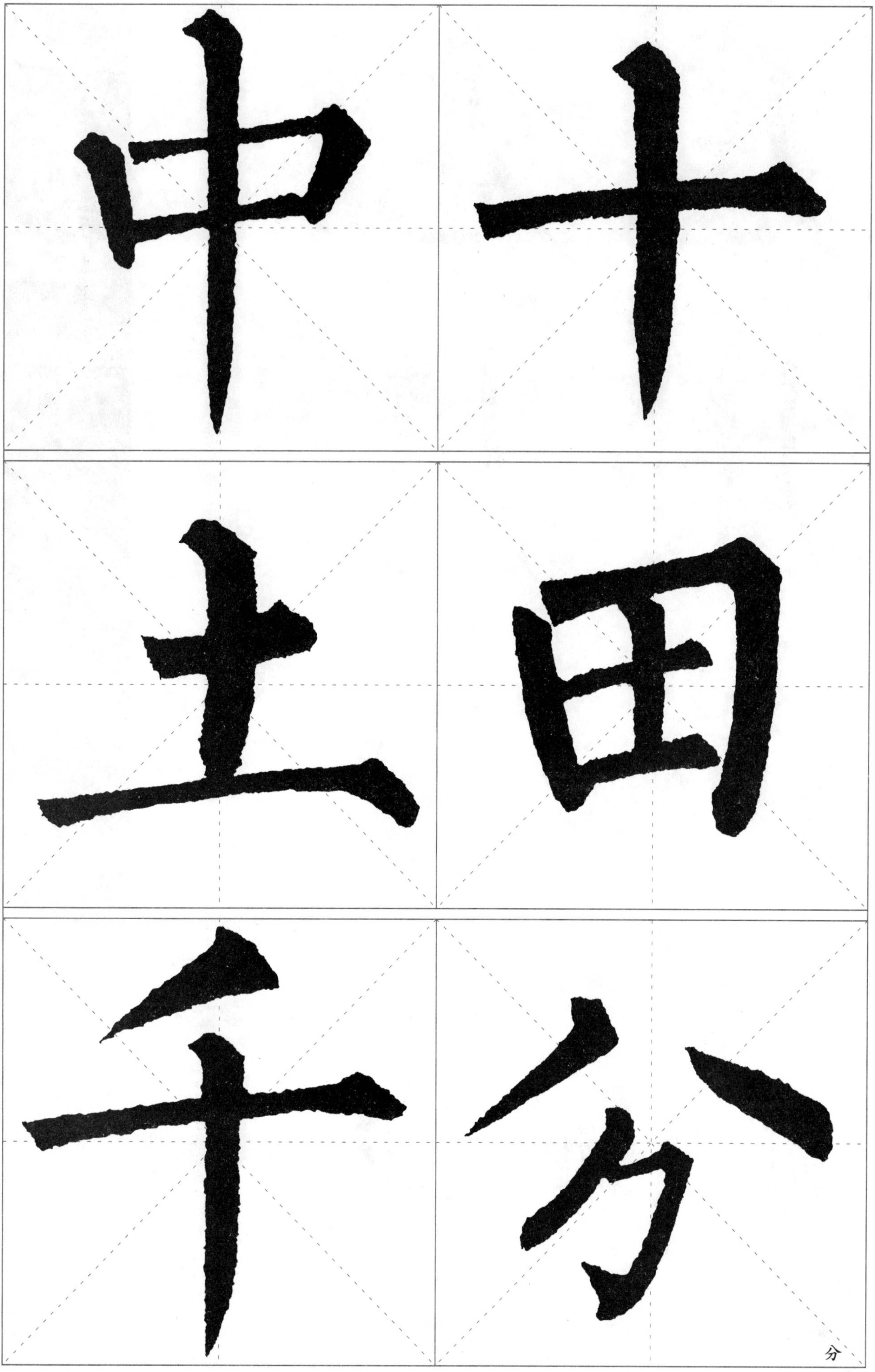
中
十
土
田
千
分
分

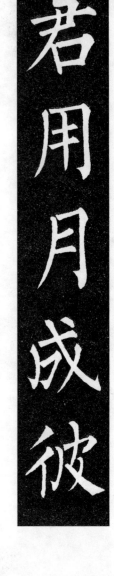

尺君用月成彼

长撇『尺 君』 藏锋起笔或尖锋落笔，顺势向右下稍顿，转锋向左下行笔时微弯，边行边提快速撇出，撇画长，笔锋送到撇尾。

竖撇『用 月』 逆锋起笔，折笔向右下稍顿，转锋向下行笔，至中段时微向左弯，边行边提快速撇出，撇画长，笔锋送到撇尾。

回锋撇『成 彼』 藏锋起笔，折笔向右下顿，转锋向下作弯势行笔，至撇尾直接回锋向左上收笔，或稍驻蓄势，再向左上出钩。

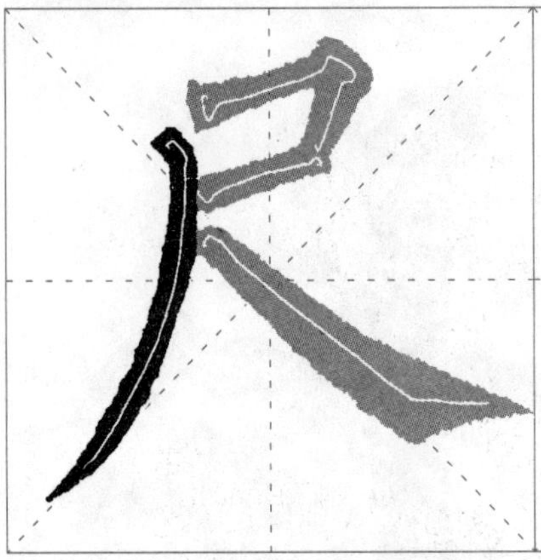

尺 上收下放，横取斜势，撇伸捺展。

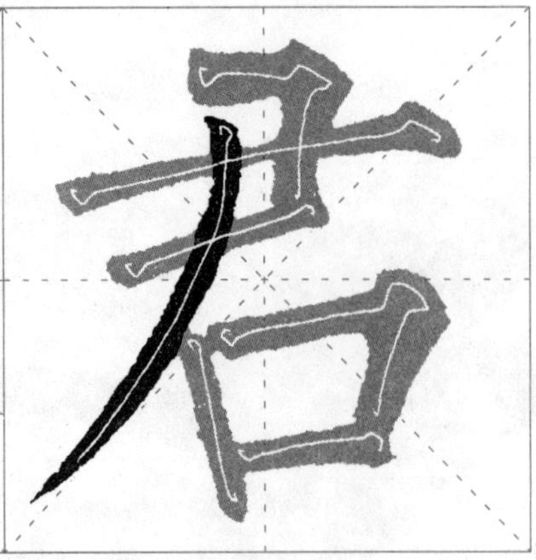

君 上紧下松，“口”较大。

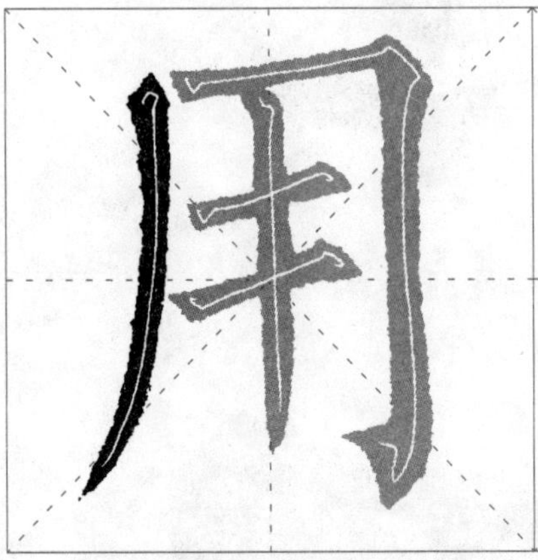

用 出钩有力，内部两短横靠上。

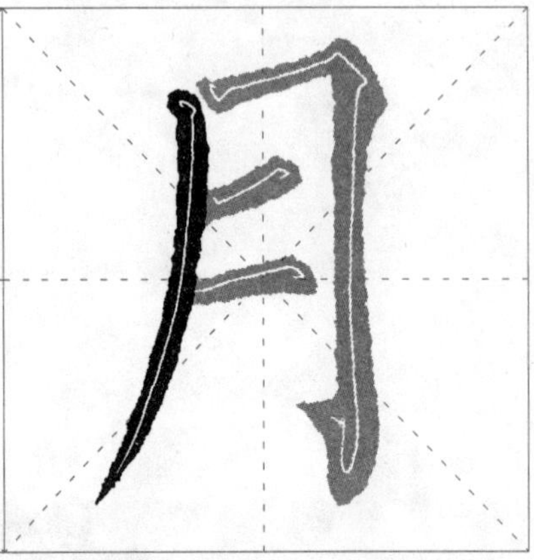

月 撇为竖撇，竖钩略上收，短横右不写满。

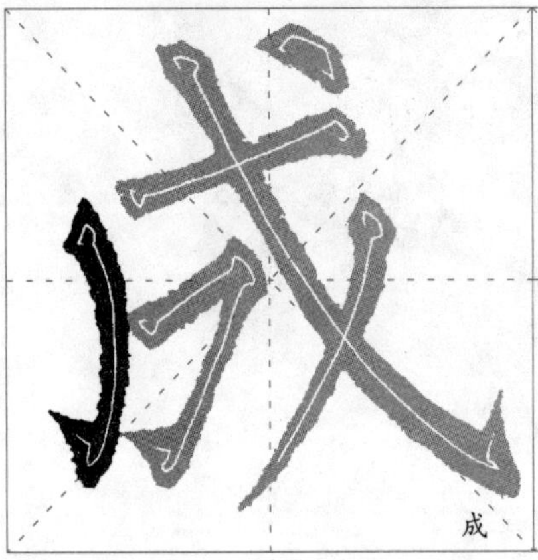

成 左紧右松，邻近两钩勿雷同。

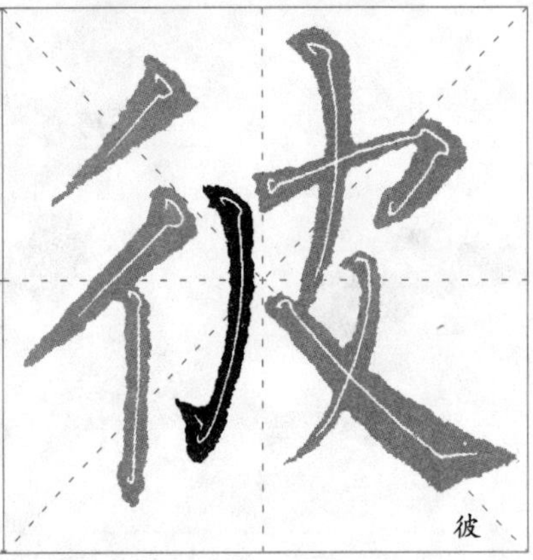

彼 字形方正，右部撇轻捺重。

撇画 柳字的撇，分竖撇、长撇、短撇、回锋撇、兰叶撇等。长撇在“永字八法”中叫作“掠”，是轻而快的意思。

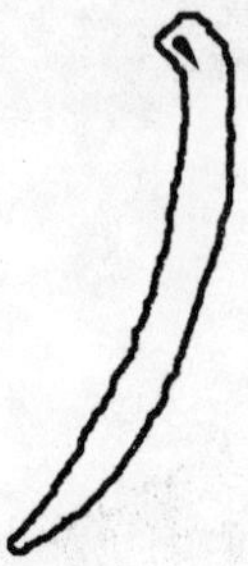

①逆锋入笔。

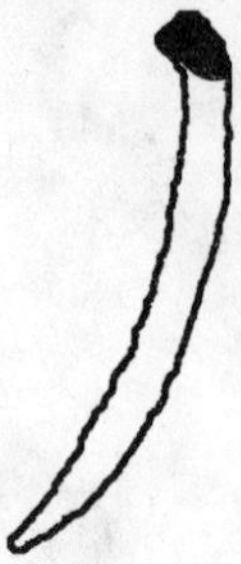

②折锋先向右稍顿。

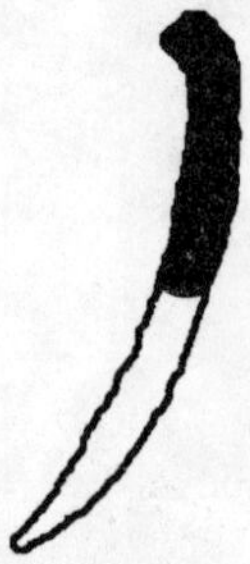

③转锋向左下快速作撇。

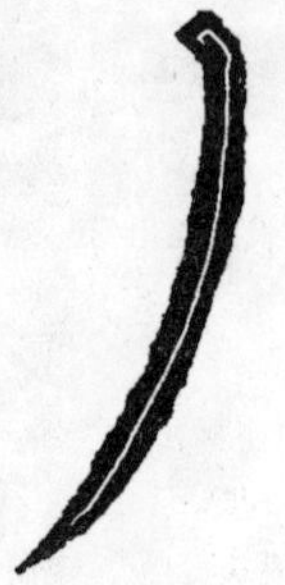

④边行边提快笔撇出，力到撇尾。

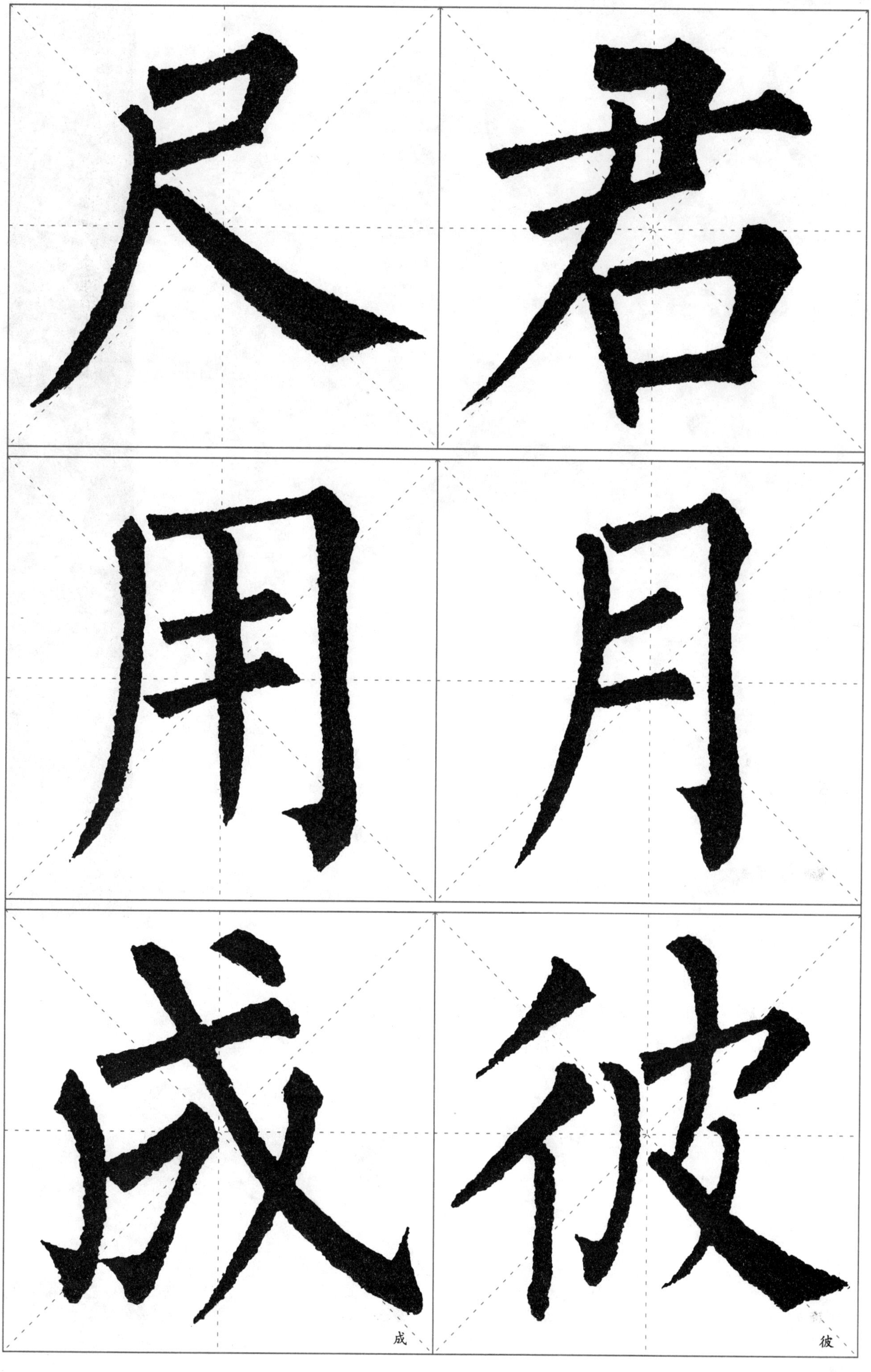
尺
君
用
月
成
彼
成
彼

摩度史大道之

兰叶撇『摩 度』

尖锋轻落笔，顺势向左下边行边按，至中部边行边提笔，出锋收笔，行笔速度快。

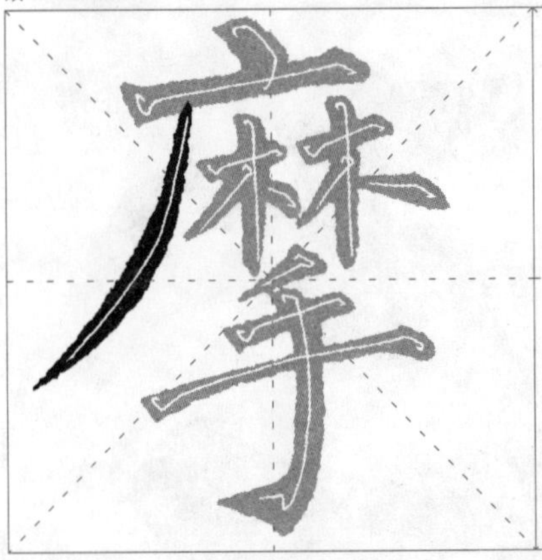

摩 左撇似兰叶，末笔竖钩遒劲而略弯。

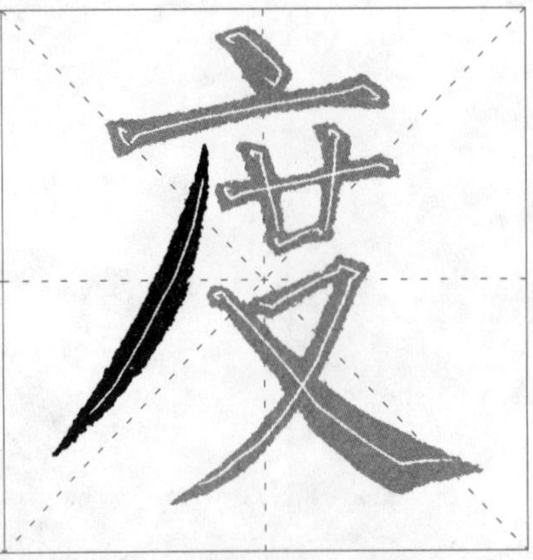

度 中宫收紧，左撇似兰叶，捺笔伸展。

斜捺『史 大』

逆锋或顺锋轻落起笔，转锋向右下边行边按，或直或微弯，将至尽头处稍顿蓄势，提笔向右捺出，捺脚较大。

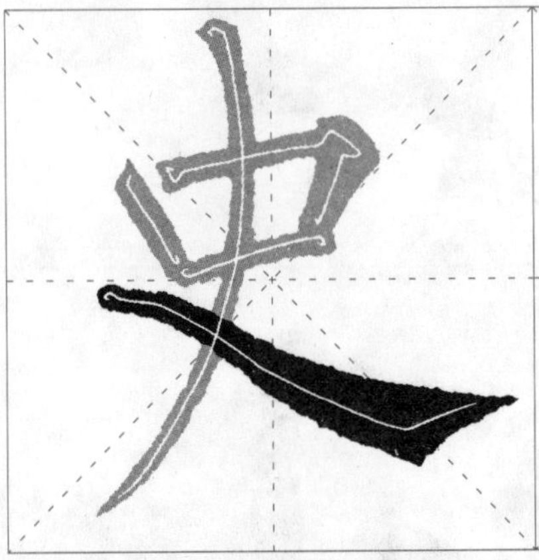

史 撇取竖势，捺带横势。

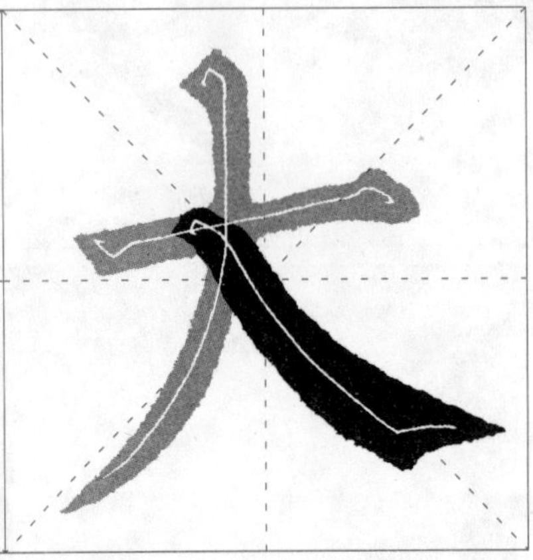

大 捺脚高于撇尾，字富动感。

平捺『道 之』

逆锋起笔，折笔向左下稍顿，转锋提笔向右下徐徐行笔，略呈弧形，至捺脚稍驻蓄势，提笔向右捺出，捺脚较大。

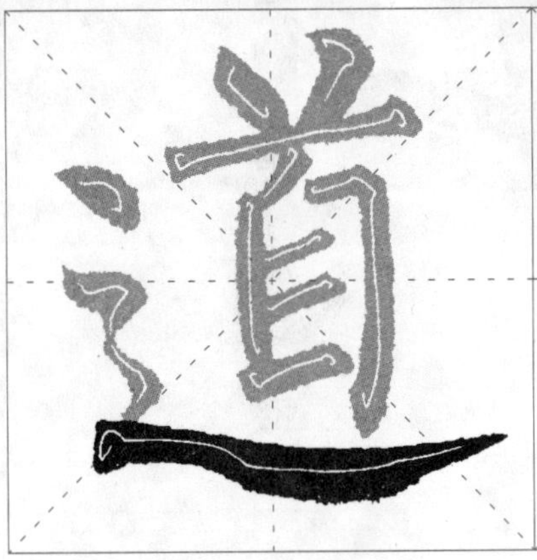

道 “首”部不宜宽，平捺遒劲。

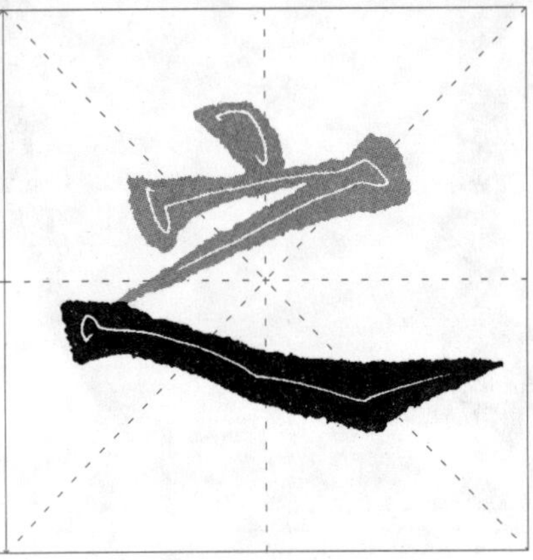

之 上紧下松，平捺纵展。

捺画 柳字的长捺都很厚重，整个捺的笔画略显弧形，含蓄有力。与撇组合使用时，撇细捺重。一个字中捺画多时，一般只留一捺，其余变作点。

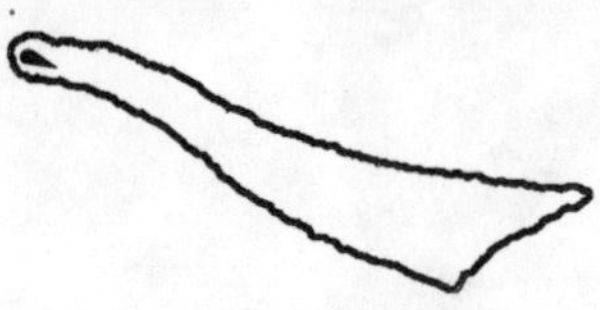

①藏锋入笔。

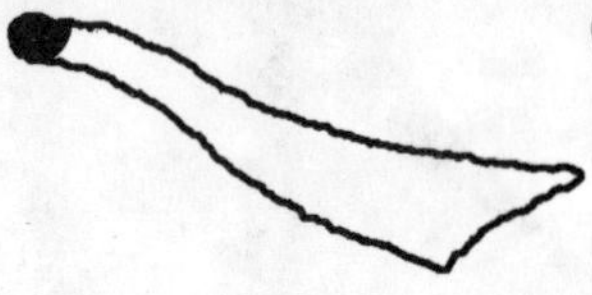

②向上略提锋，再向右下稍顿。

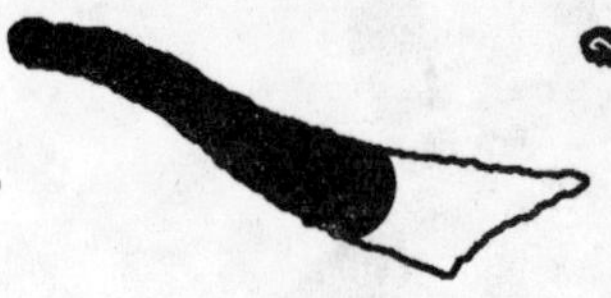

③转锋向右下行笔，略呈弧形。

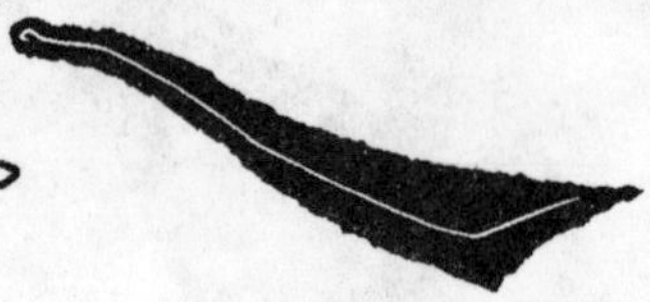

④至捺脚处重顿，提笔向右拖出。

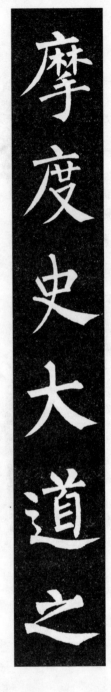

摩 度

史 大

道 之

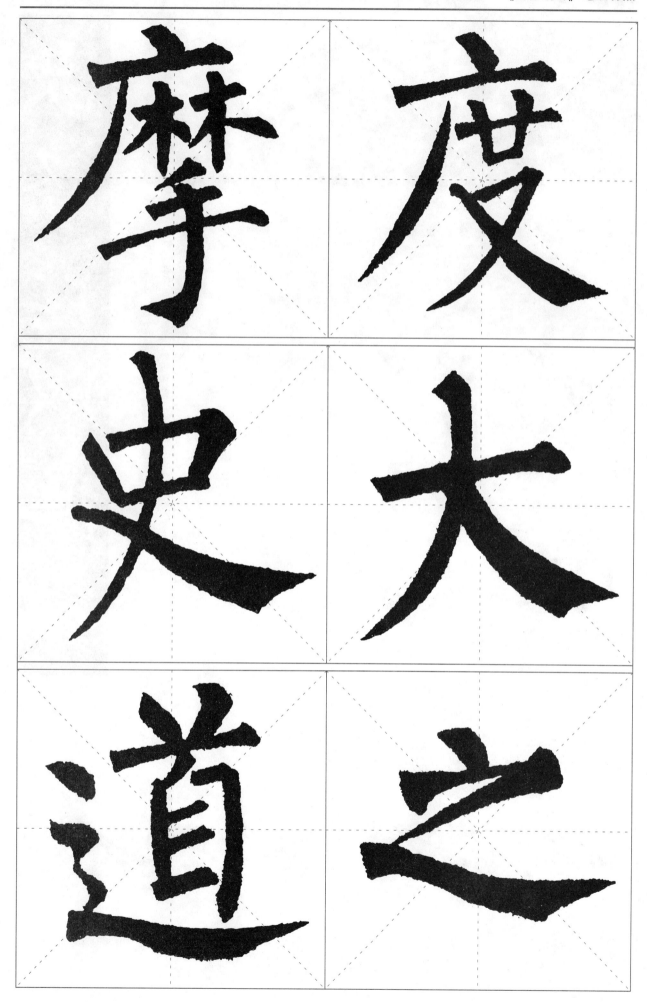

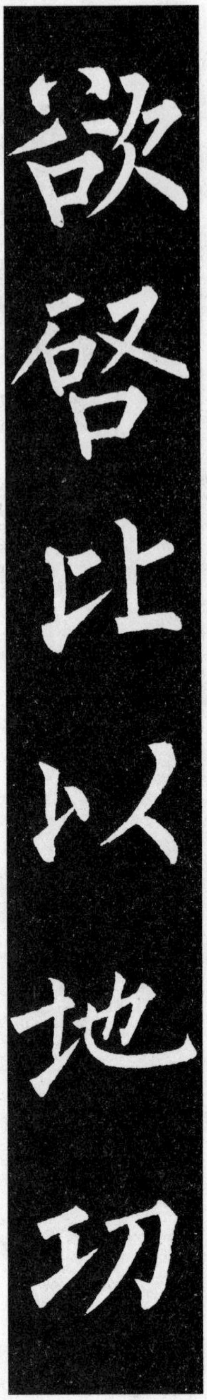

反捺『欲 启』 顺锋或逆锋起笔，顺势向右下行笔，边行边作按顿，转锋向左上回锋收笔，捺脚呈圆形。

挑『比 以 地 功』 藏锋或折锋起笔，转中锋蓄势，挑头或方或圆，提笔向右上角挑出。

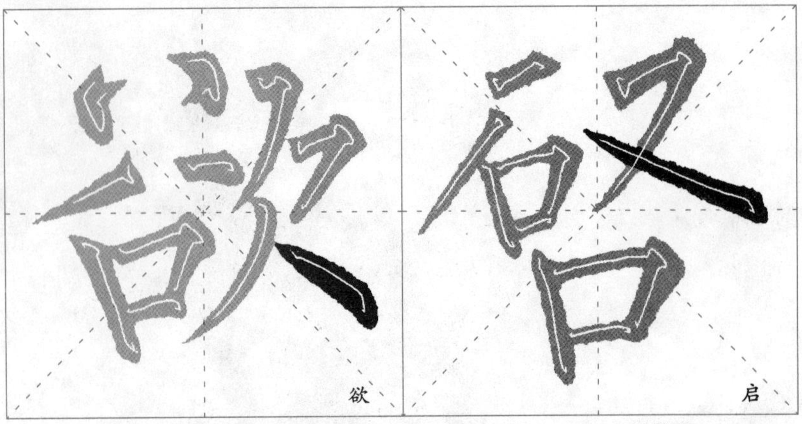

欲 左右穿插迎就，诸笔收敛，末笔为反捺。 **启** 上大下小，“口”呈倒梯形。

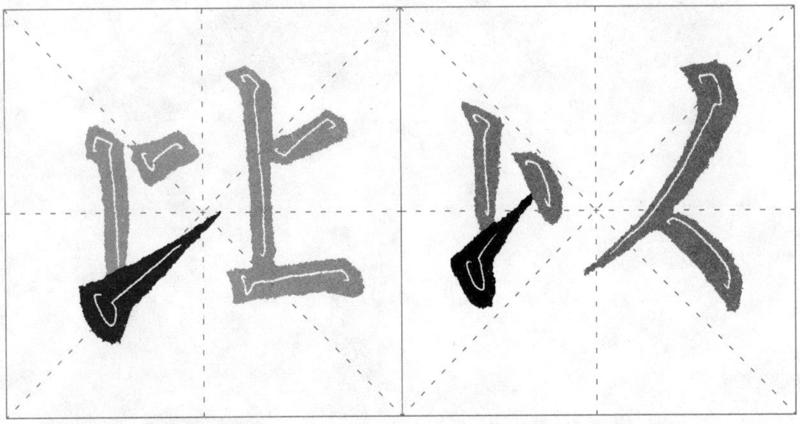

比 左低右高，挑画略长。 **以** 以左矮右高，中部点画靠左。

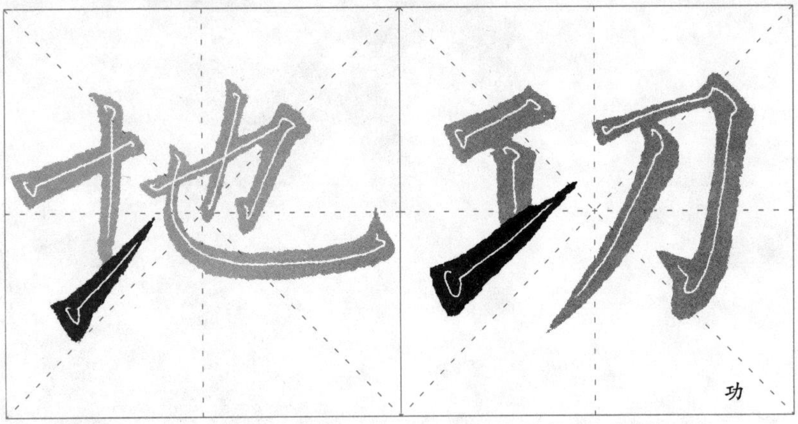

地 左右穿插，“也”取斜势，弯钩右展。 **功** 用笔左重右轻，字形略扁。

挑画 挑画又称提画，在“永字八法”中叫作“策”，策马当然要快，而且一往无前。“策”不收锋，用力送出才能有势。

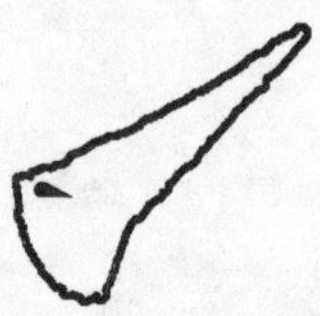

①尖锋轻落，藏锋起笔。

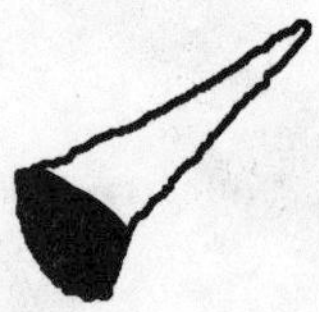

②折笔向右下按，转中锋蓄势。

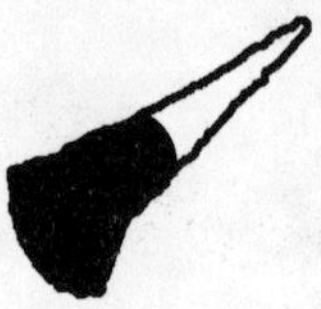

③提笔向右上角挑出。

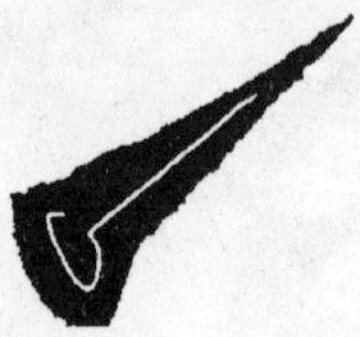

④笔力送至锋尖。

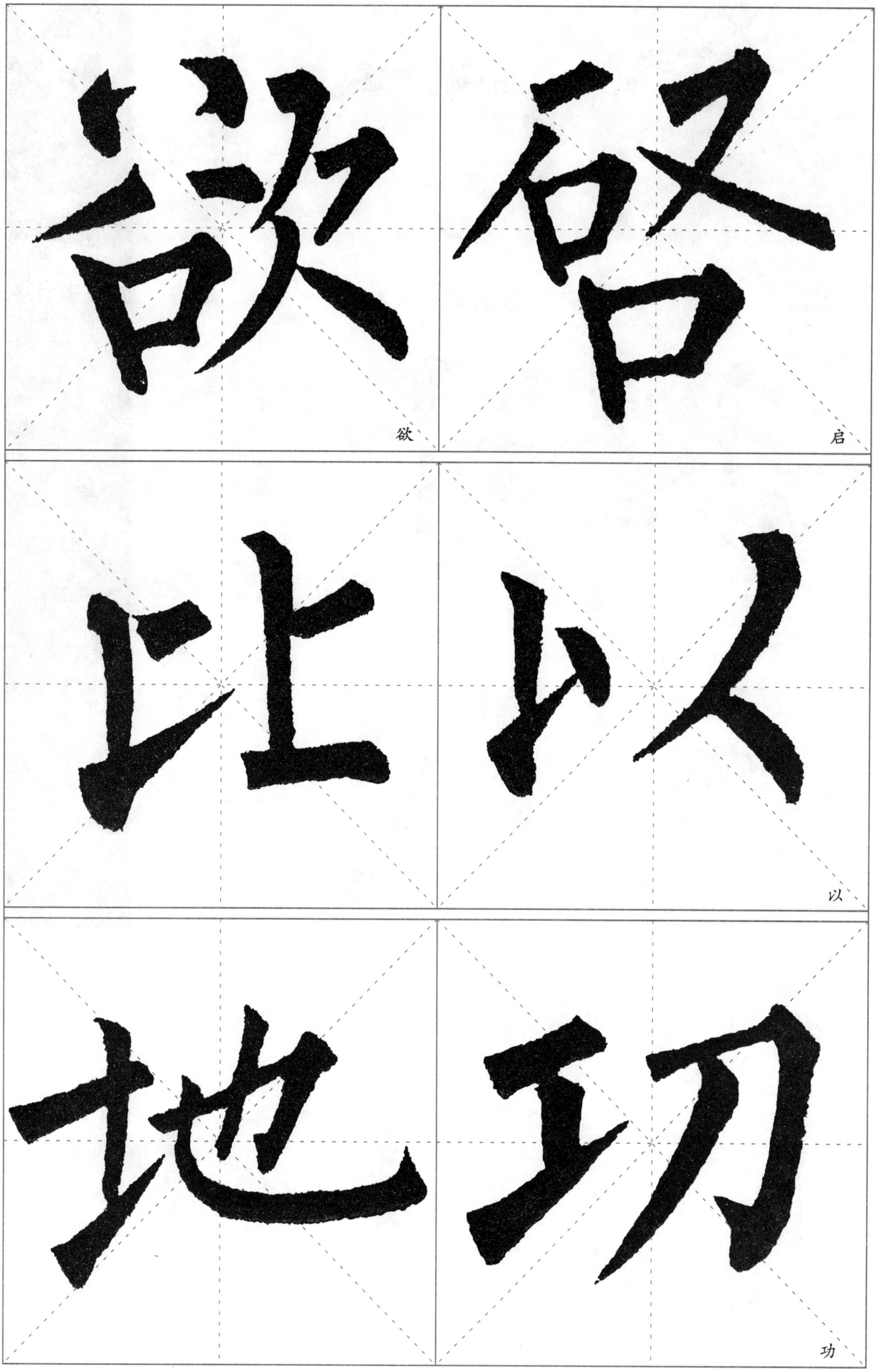
欲
启
以
功

冥宏水寸氏我

横钩「冥　宏」

藏锋起笔，折笔提转中锋向右行笔，至钩处提笔微昂向右下顿，折笔回锋蓄势，向左下出钩。

竖钩「水　寸」

藏锋向左上方起笔，折笔转锋向右按，提笔转中锋向下直行，至竖画末端稍驻顿，向上回锋蓄势，向左上出钩。

斜钩「氏　我」

尖锋轻落笔，顺势向右下顿，转锋向右下行笔微弯，至钩处轻顿，回锋稍驻蓄势，用力向上出钩，钩锋勿长。

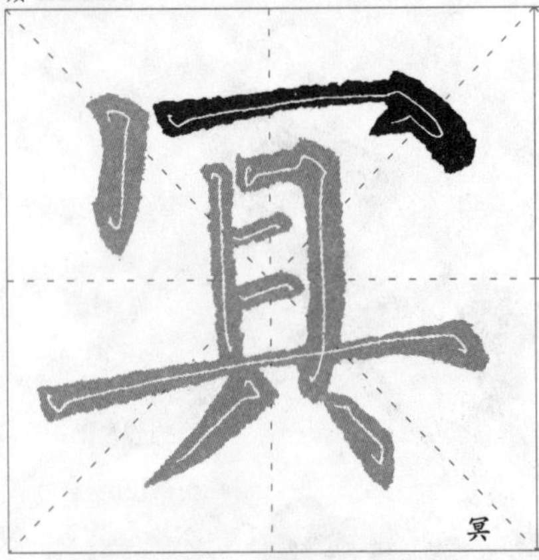

冥　长横左右伸展，字形方正。

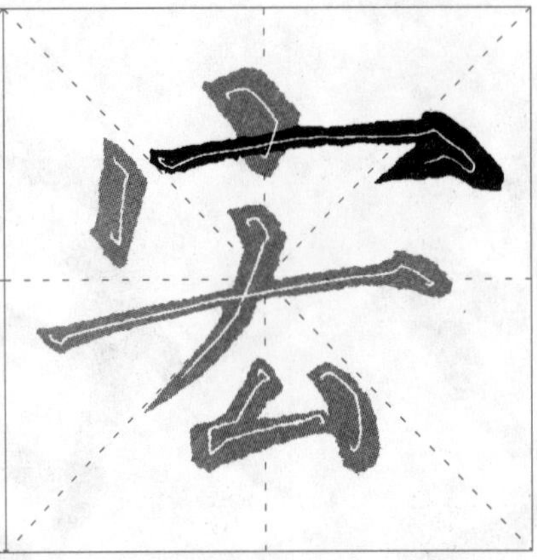

宏　长横左伸右缩，“厶”与上点对正。

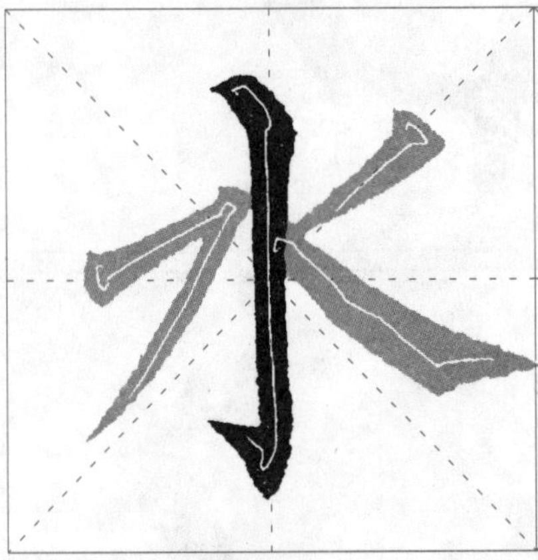

水　竖画劲健，钩略大，两边左敛右展。

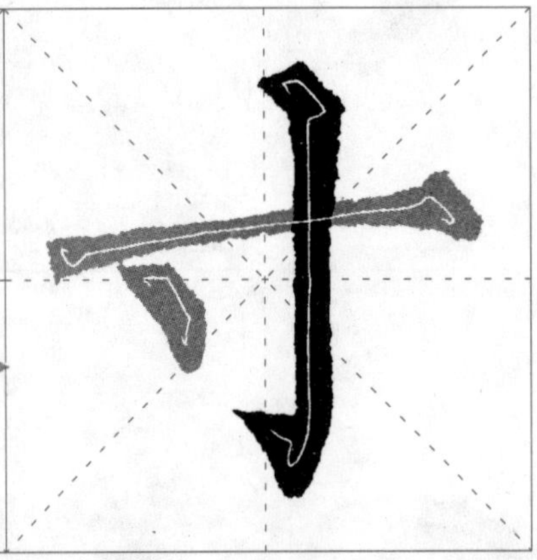

寸　注意交点在笔画上各自的位置。

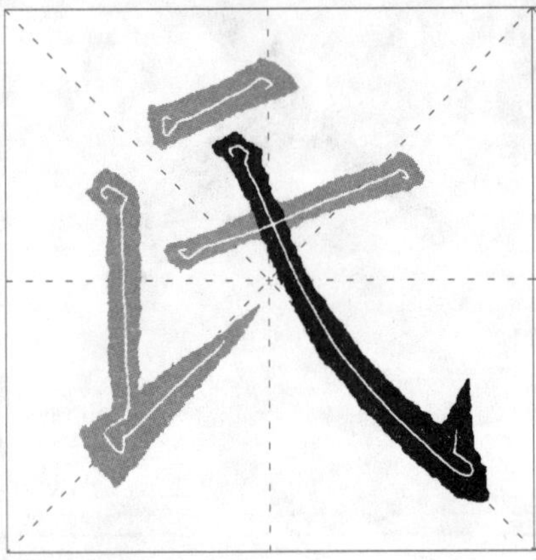

氏　左收右放，斜钩纵展。

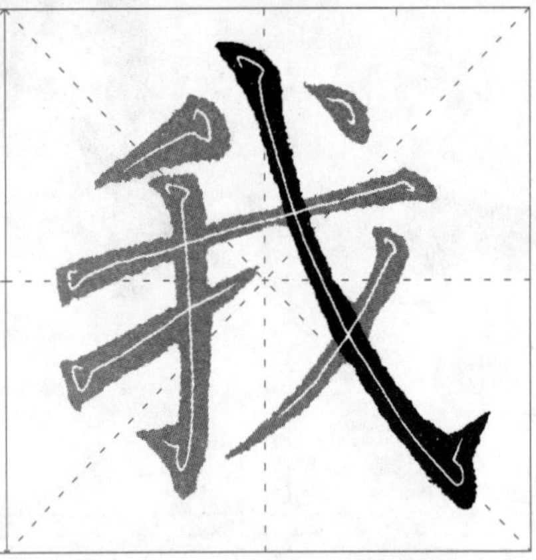

我　左收右放，横取斜势，斜钩纵展。

竖钩　钩在“永字八法”中称“趯”。柳字的钩，力在钩末，势在锋尖，蓄势出钩，虽尖锐而不显纤弱。

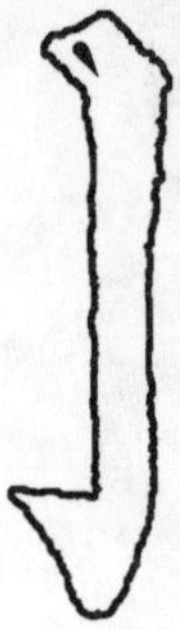

①尖锋轻落，藏锋起笔。

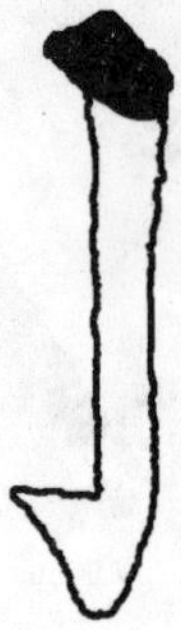

②折笔转锋向右按。

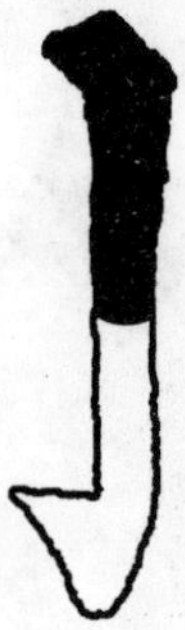

③提笔转中锋向下行笔。

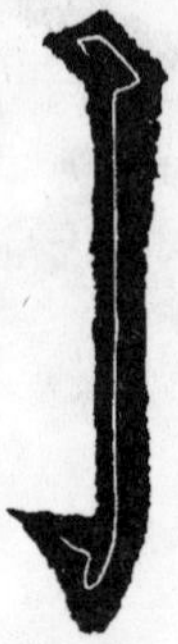

④至末端稍顿，回锋蓄势出钩。

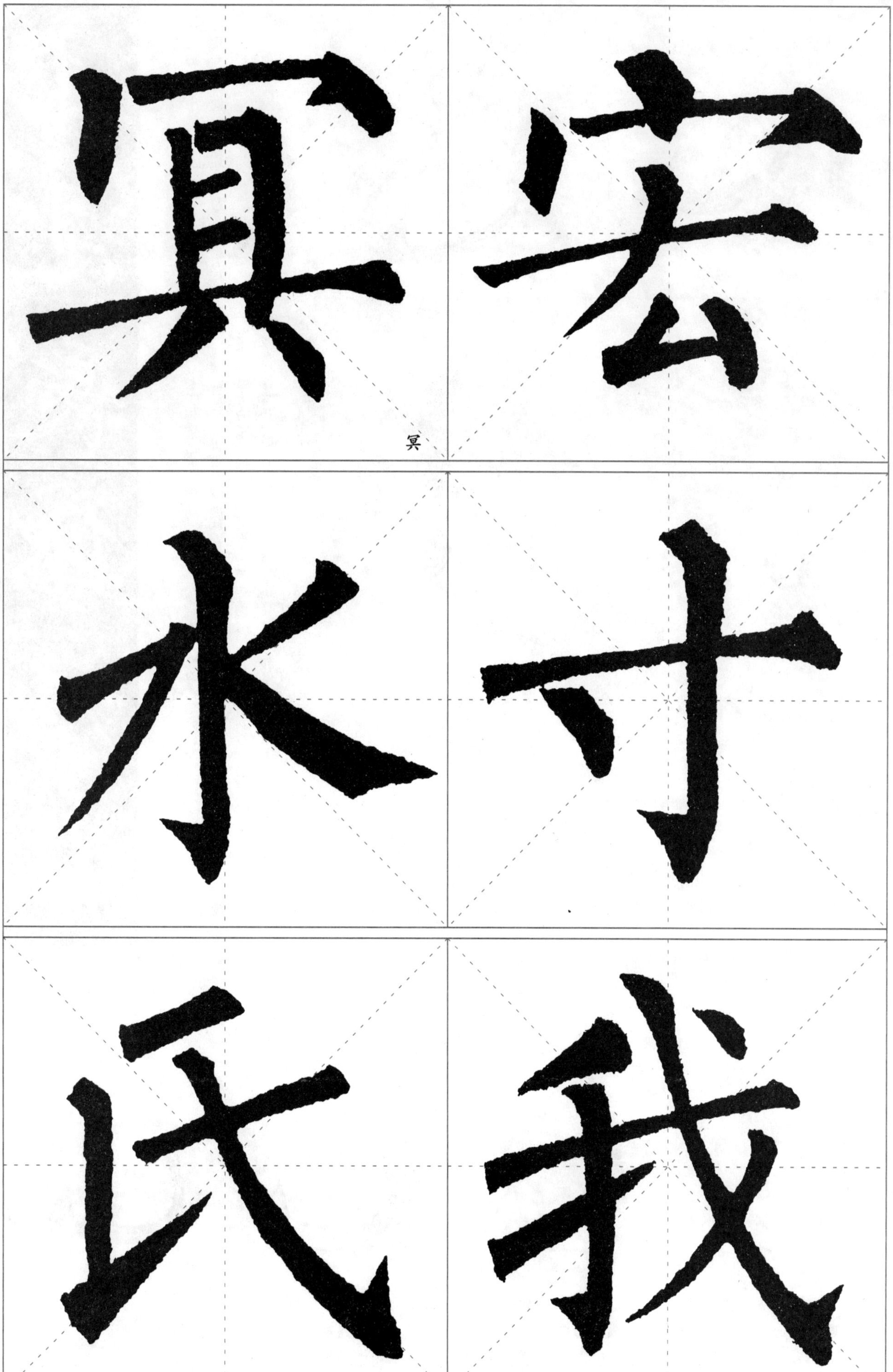
冥
玄
冥
水
寸
氏
我

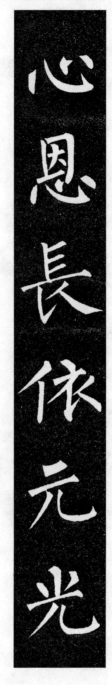

心恩長依元光

卧钩『心 恩』

尖锋轻落起笔，顺势向右下边行边按作横弯势行笔，至钩处轻顿，向左回锋，稍驻蓄势，用力向左上出钩。

竖提『长 依』

藏锋起笔，折笔向右下按，提转中锋向下直行笔，行至竖画末端向左下折笔作围，向上回锋蓄势，向右上挑出，挑锋稍长。

竖弯钩『元 光』

逆锋起笔，折笔转锋向下中锋行笔，至弯处向右圆折，边行边按向右行笔，至钩处驻笔蓄势，向上出钩，钩锋稍大。

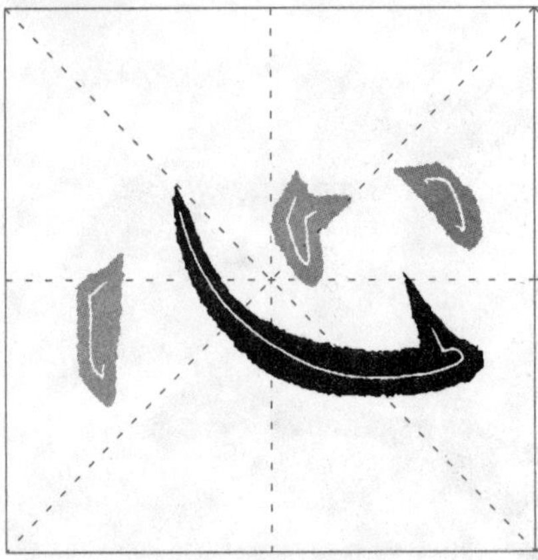

心 卧钩用笔轻，三点用笔重。

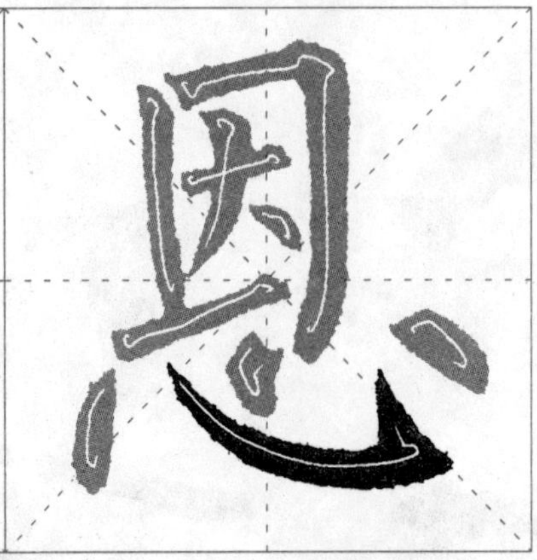

恩 上部窄，下部宽，中部穿插。

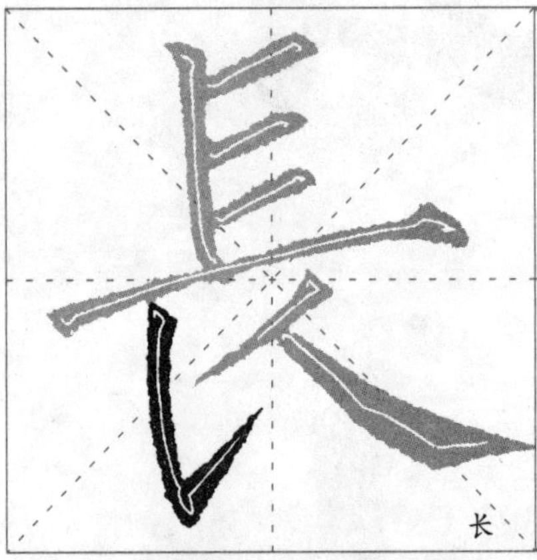

长 中横宜长，竖提遒劲，撇敛捺展。

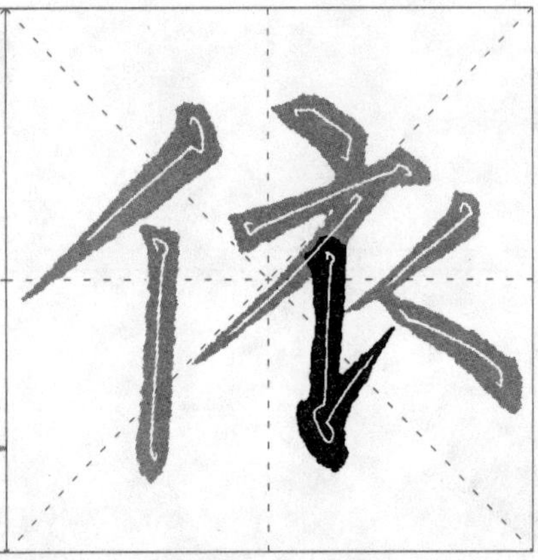

依 左右勿靠太紧，要为撇留空。

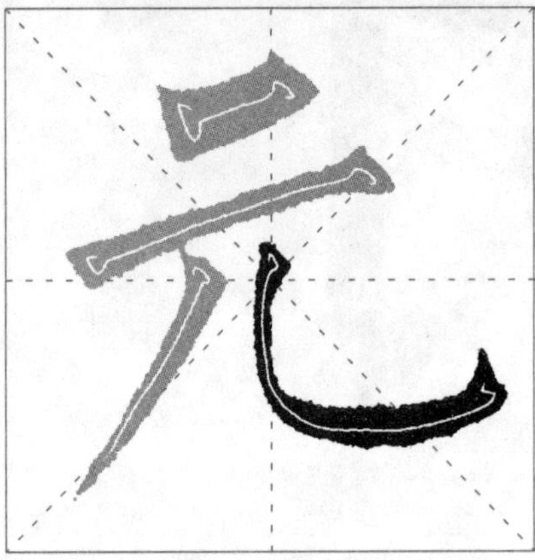

元 横笔方起方收，撇画劲挺，钩画遒劲。

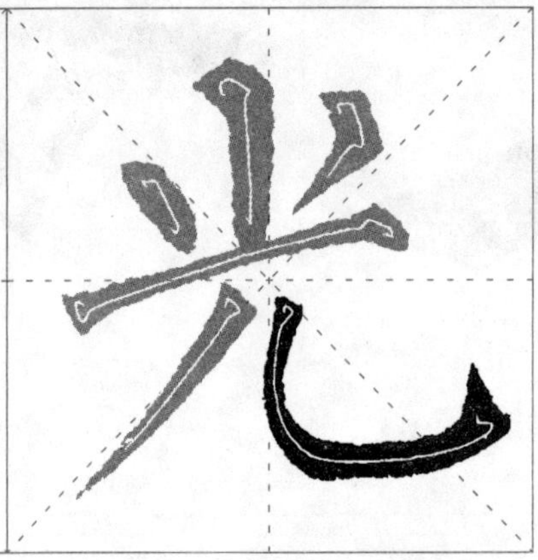

光 短竖居中，两点呼应，钩画遒劲。

竖弯钩 写钩的时候，先回锋，驻笔蓄势，再向上出钩。

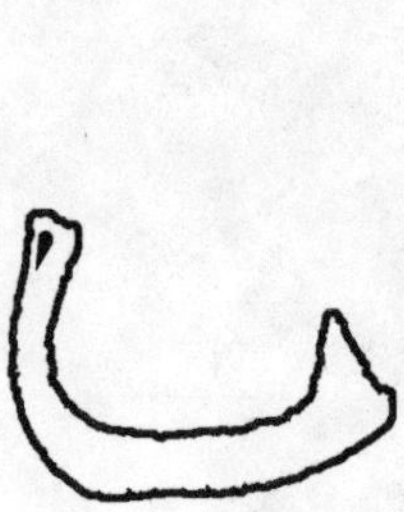

①尖锋轻落，藏锋起笔。

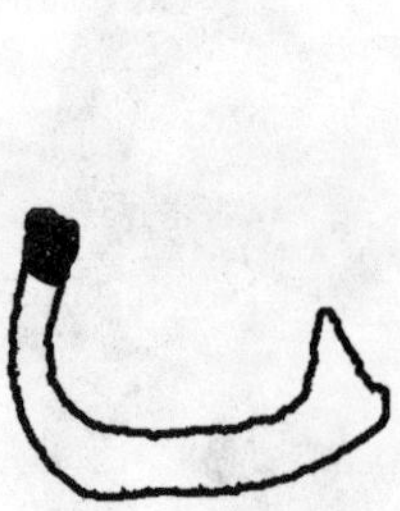

②折笔向右稍顿时，转中锋向下行笔。

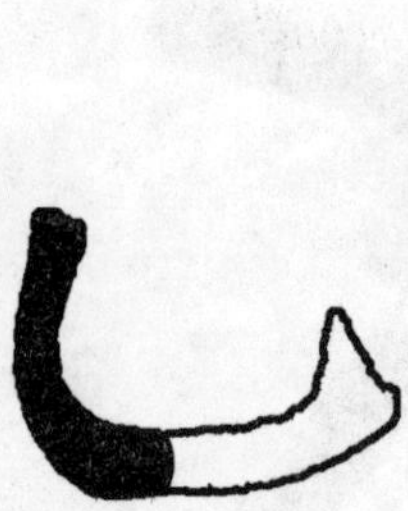

③弯曲适度，缓缓过渡，自然流畅。

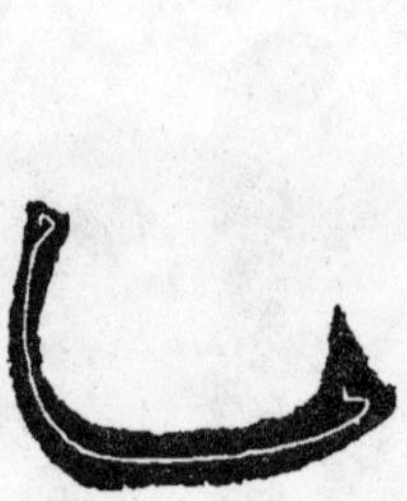

④力在钩末，向上提笔出锋。

心	恩
長 长	依
元	光

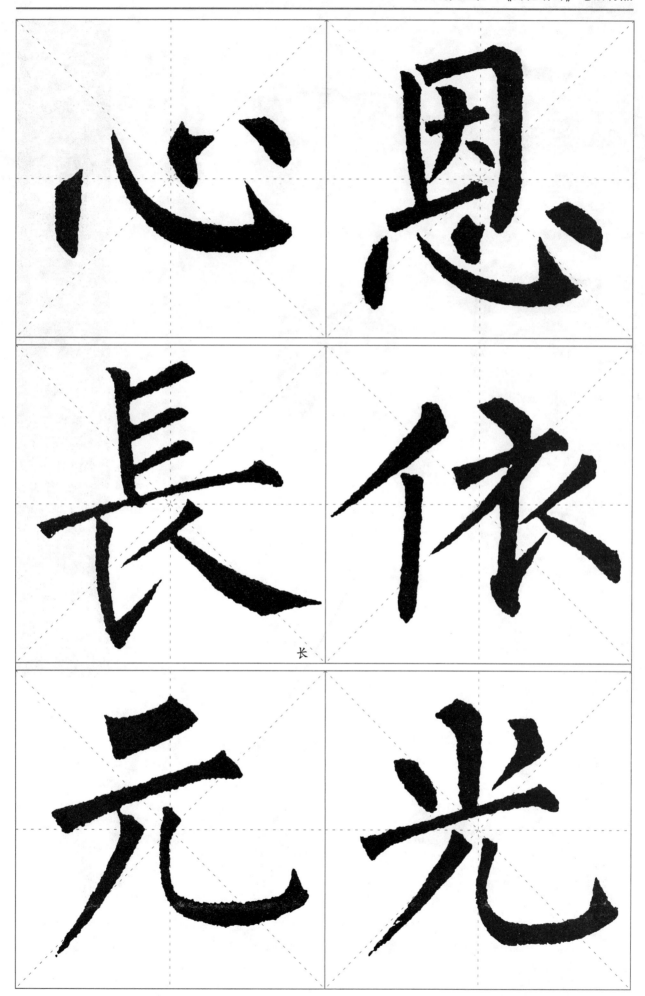

日四同内刀雨

横折〔日 四〕

逆锋起笔或折锋轻落，顺势向右行笔，至折处向右下顿，转锋向下直行，折笔要写得粗重，驻笔回锋收笔或略向左露锋。

横折钩〔同 内 刀 雨〕

藏锋起笔，向右上行笔，至折处提笔微昂向右下顿，转锋向下行，折笔要写得粗重；按笔作围，回锋蓄势，向左上出钩。

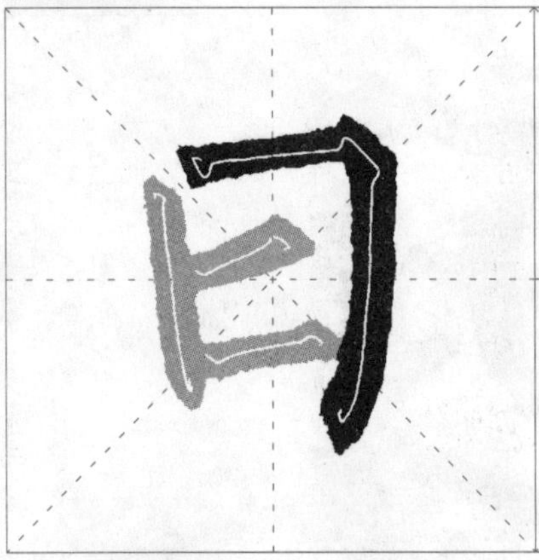

日　折笔略长，内横右不写满。

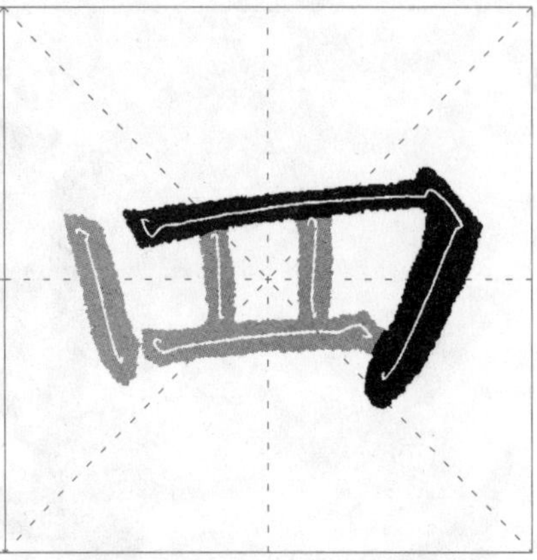

四　字形宽扁，短竖均分框内空间。

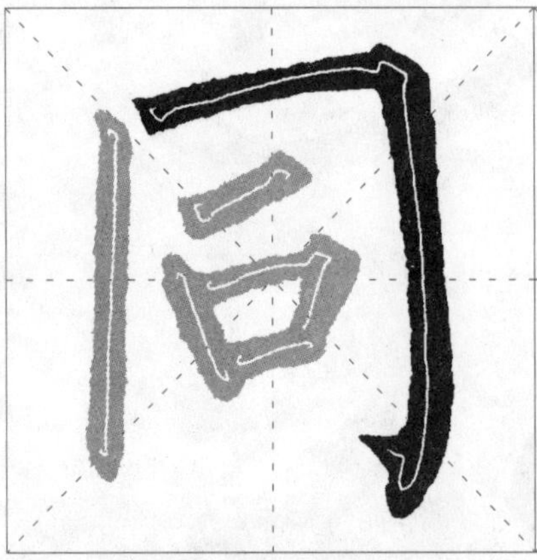

同　被包围部分位置靠上。

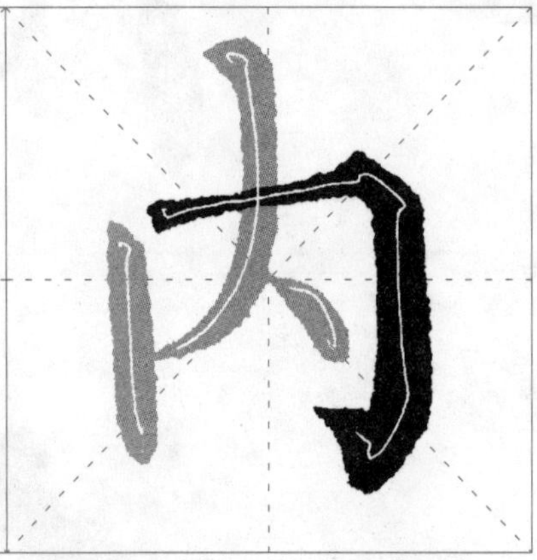

内　竖撇出头多，框内上满下空。

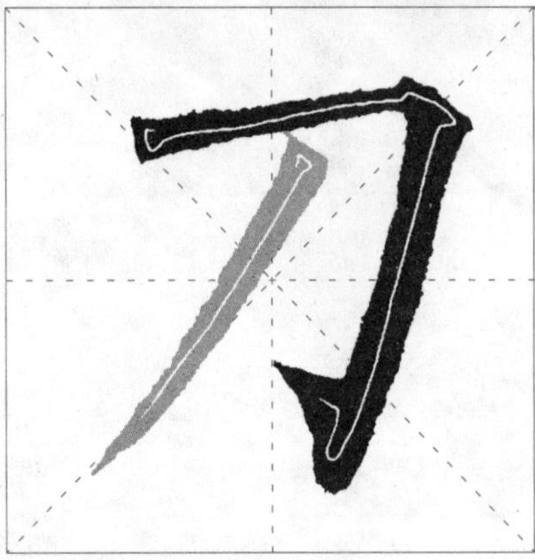

刀　字形方正，撇略靠右。

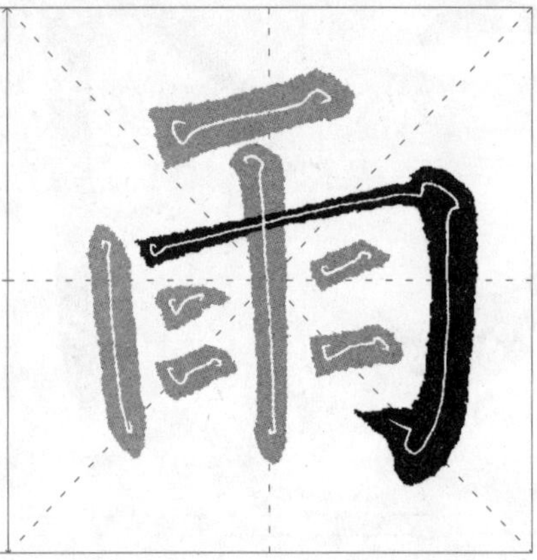

雨　左低右高，四点各异。

横折　柳字的横折与竖折，折部形方，棱角突出。横折使用较多，折笔向下后或直下，或斜向左下。

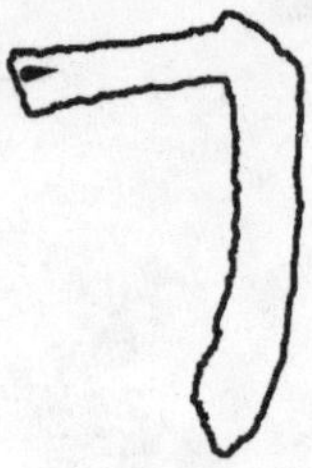

①逆锋起笔。

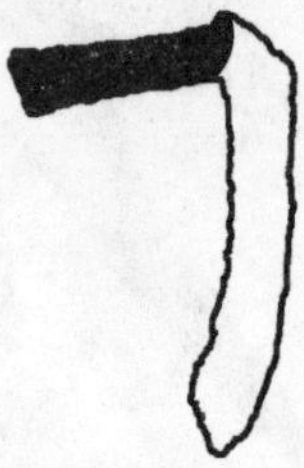

②转中锋向右行笔至折处。

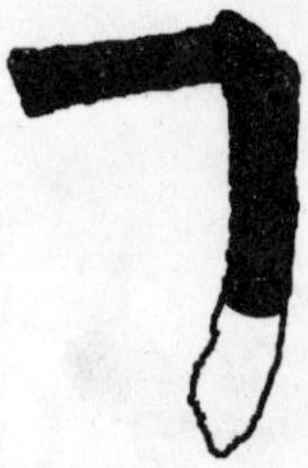

③提锋折笔，向左下斜行。

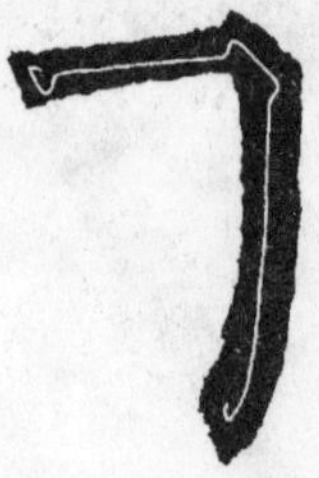

④至末端回锋收笔。

日	四
同	内
刀	雨

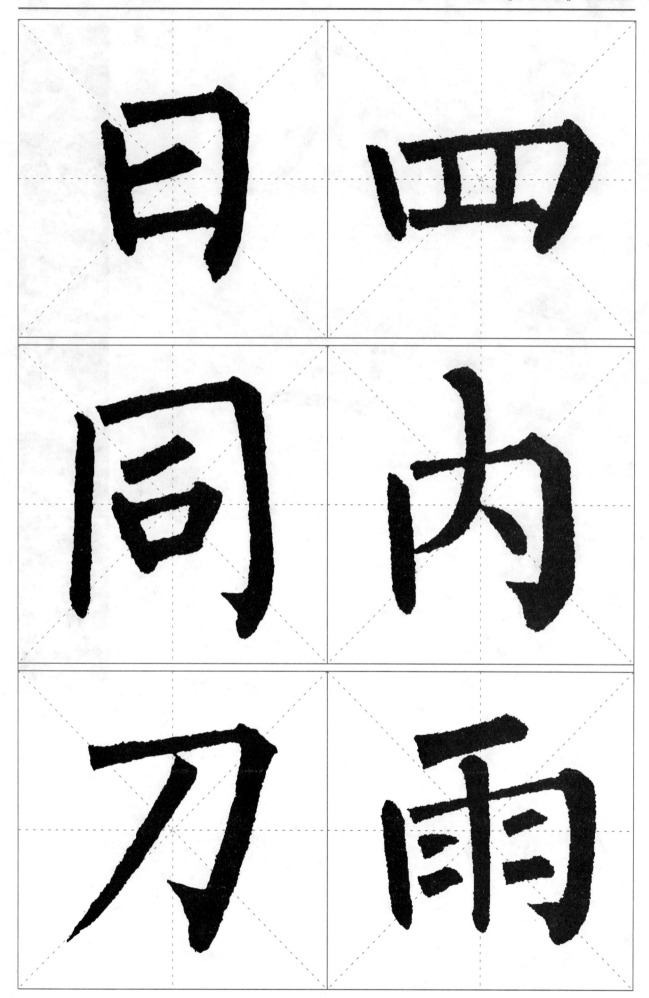

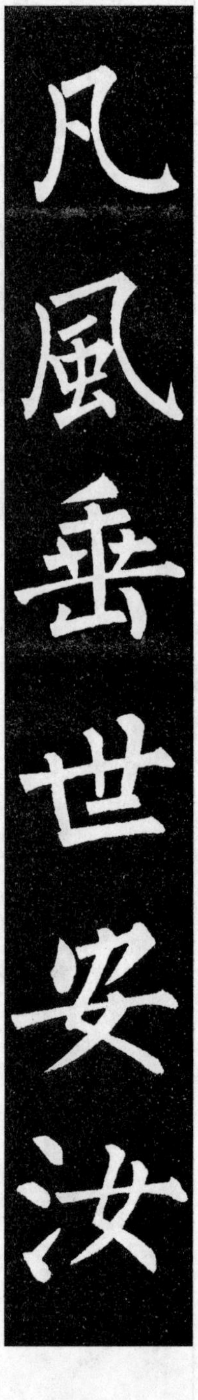

横斜钩『凡 风』

藏锋起笔，转中锋右行到末端，微昂向右下顿，转锋向左下斜行，要写得粗重些；至中段转锋向右下行，末端驻笔回锋蓄势，向上勾出。

竖折『垂 世』

藏锋起笔，折笔向右按，转锋向下中锋行笔，至折处提笔向左微折，再转锋向右行笔，至末端回锋收笔。

撇折点『安 汝』

逆锋或顺锋起笔，折笔向右下稍按，转锋向左下行笔，边行边提，至折处转笔向右下行，边行边按，至尽处稍顿回锋收笔。

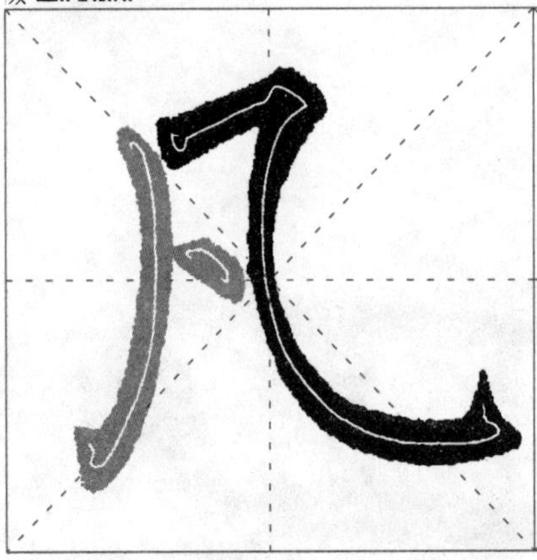

凡 字带斜势，点的位置勿低。

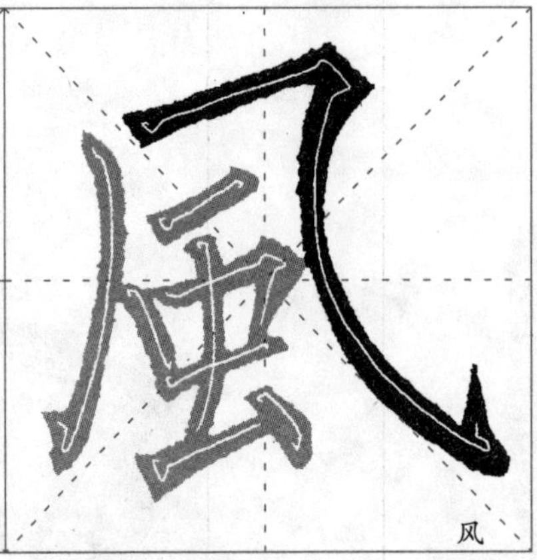

风 中宫收紧，左撇出钩，横斜钩纵展。

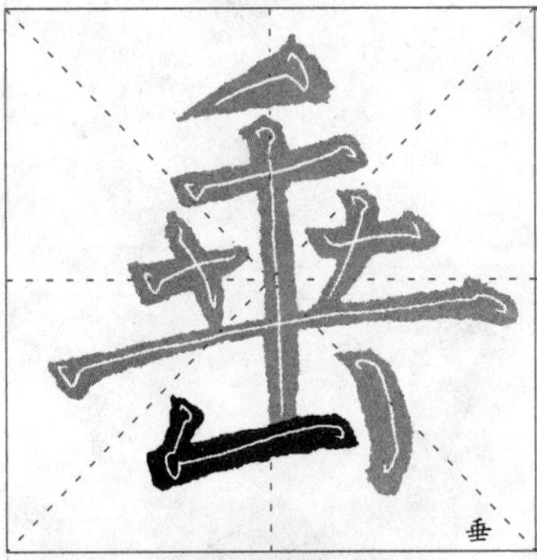

垂 上半部呈三角形，横画等距。

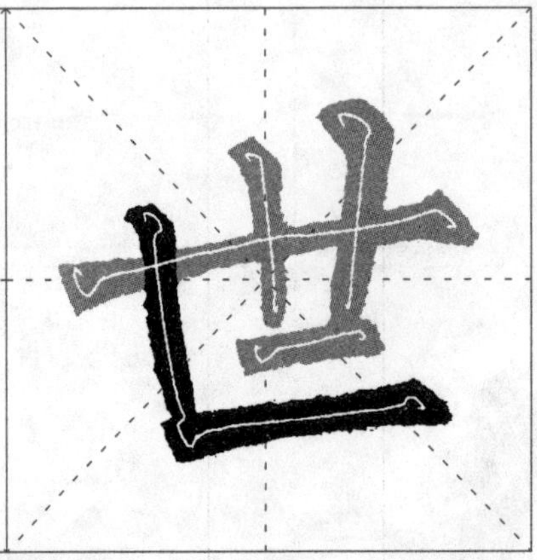

世 横画宜长，余笔收敛，字身不宜高。

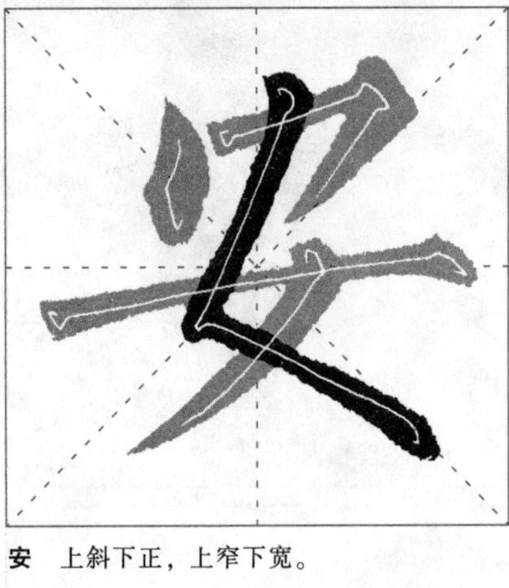

安 上斜下正，上窄下宽。

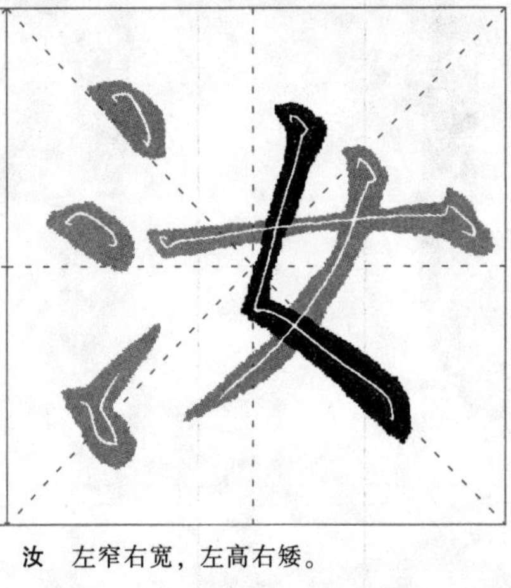

汝 左窄右宽，左高右矮。

撇折点 柳字的撇折点，撇后连写长形点，折角尖锐，长点微弯，回锋圆收笔。

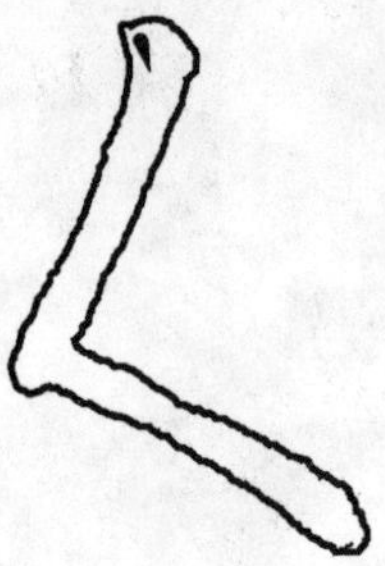

①逆锋起笔。

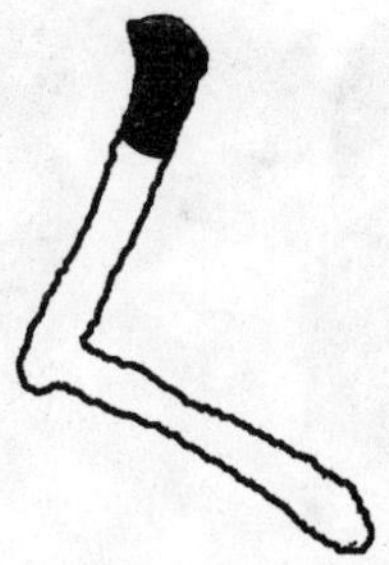

②折笔转锋向右稍按，向左下边行边提笔。

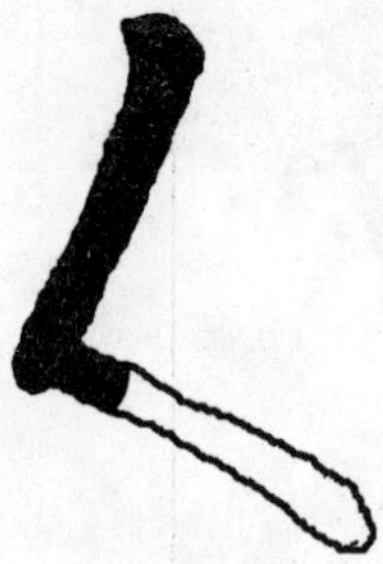

③折笔向右下行，边行边按。

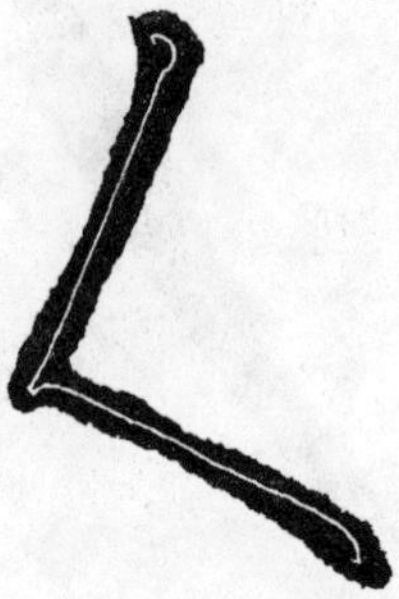

④至末端回锋收笔。

凡	風（风）
垂（垂）	世
安	汝

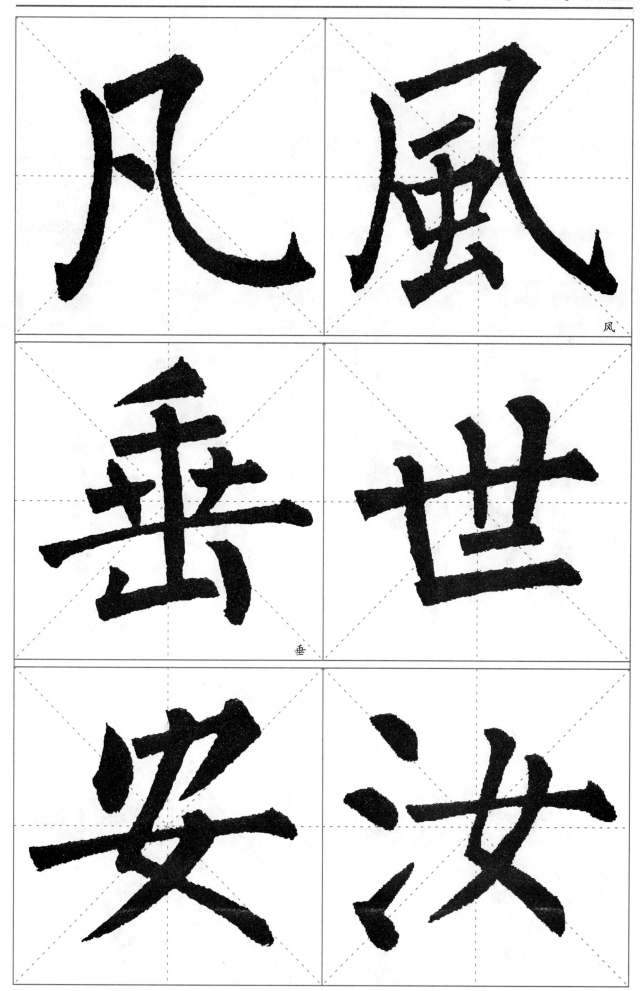

第四章　《玄秘塔碑》偏旁部首技法

汉字除独体字外，其余都是合体字。汉字的偏旁部首，又是合体字的主要组成部分，熟悉不同偏旁的结构用笔，进行反复的练习，可以熟练地加以变化运用。所以练习汉字，先从偏旁部首开始，是比较容易入门的。

书写左右结构的字，要写左顾右，写右应左。既要考虑统一，又要有变化。要处理好正欹、挪让、穿插、错落、开合、疏密等关系。

书写上下结构的字，要写上顾下，写下应上。天覆者下须收束，地载者上宜聚敛；上常设险，下须拨正；下欲穿插者，上应预先挪让。

在实际书写中，字的态势变化丰富，学者不可拘泥。

亻部　先撇后竖，竖画多用垂露竖，形态向字心回抱。当右边部分笔画少时撇尾稍长，笔画多时撇尾稍短。

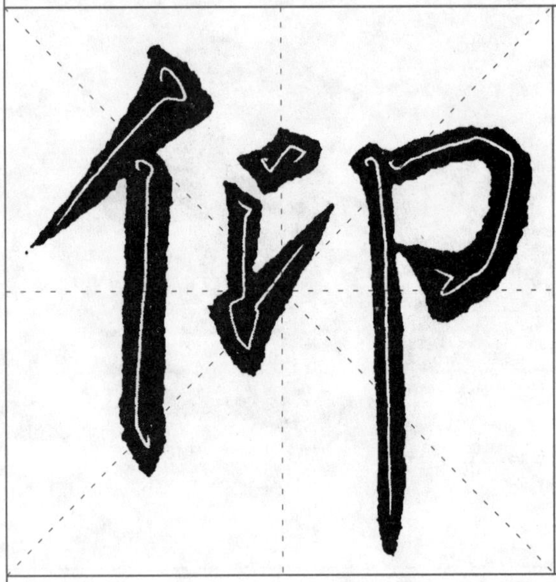

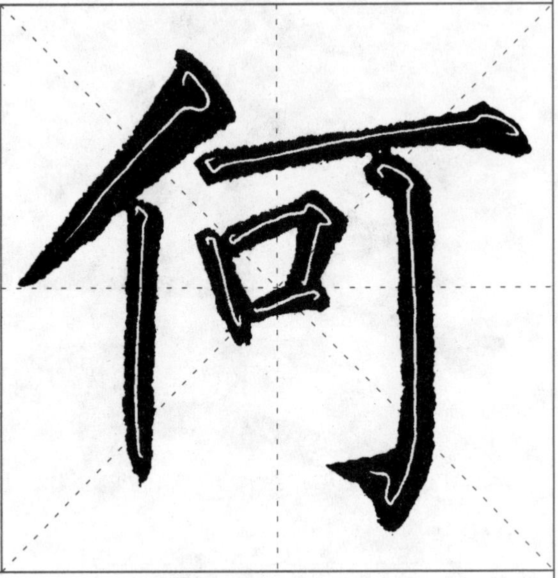

人部　撇、捺角度较斜，不能过于平坦，要协调自然，保持平衡。

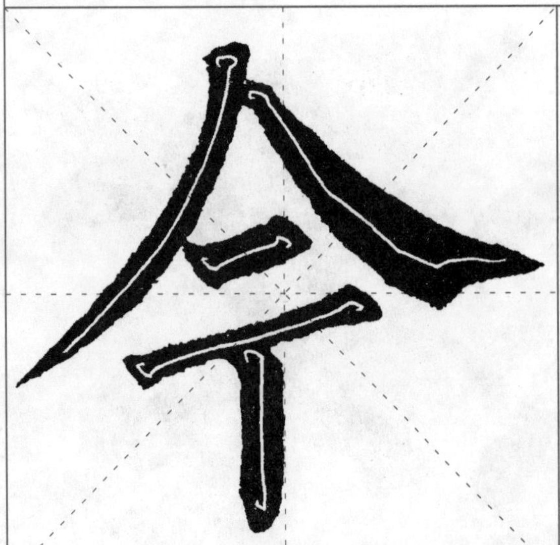

今

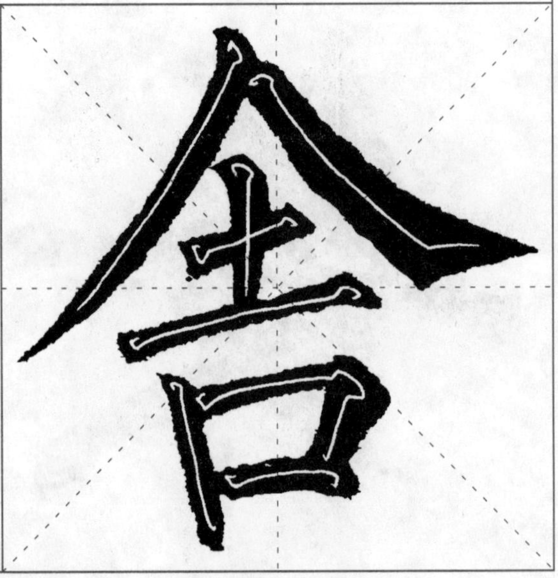

刂部 位居字的右边。短竖不宜长，取位偏上，略细；竖钩要直而挺，竖钩与短竖之间要注意间距。

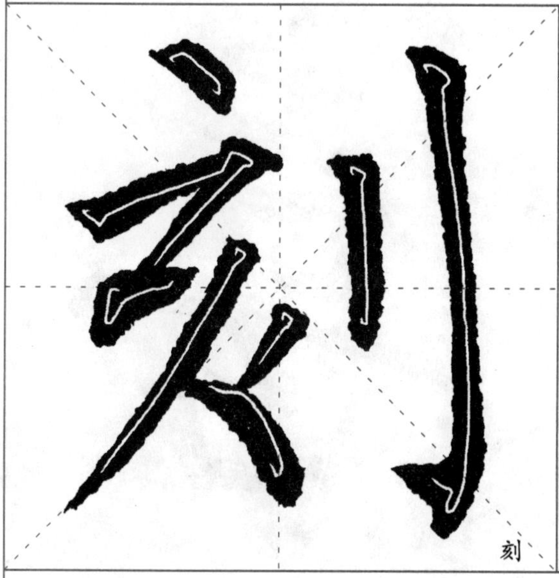

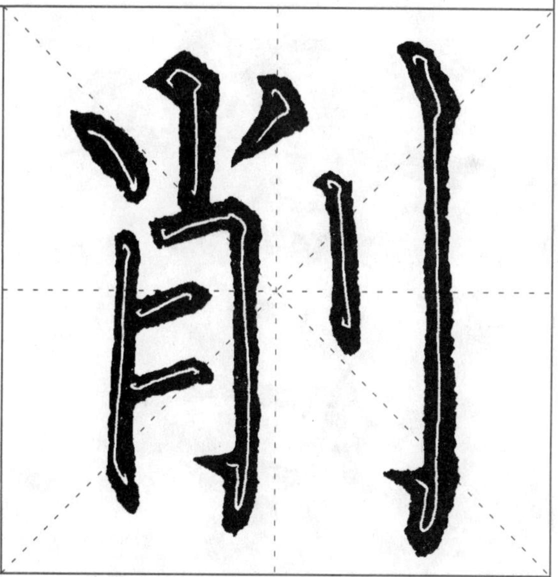

冫部 两点不要靠得太近，上侧点略靠右，下挑点的挑锋较长，与上点呼应。作左旁时形窄且上下居中。

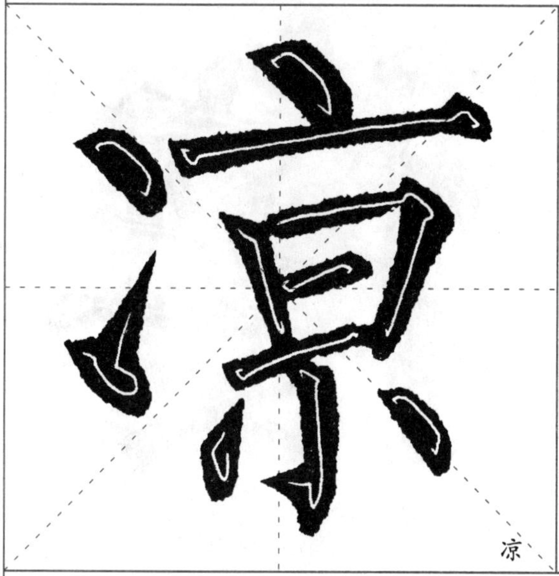

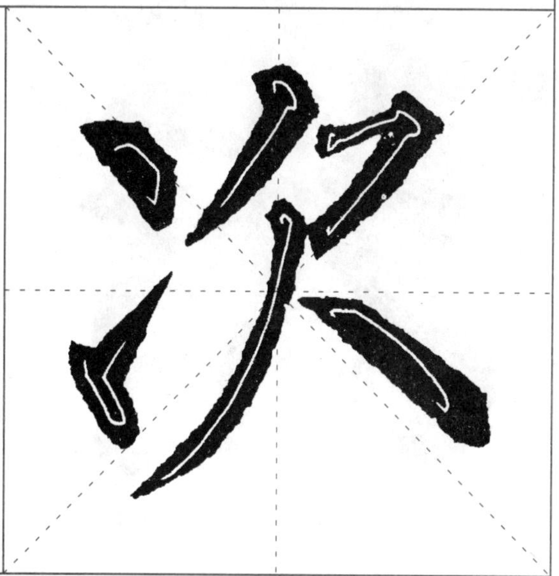

右阝部 横撇弯钩起笔取位略低，且向右上取势。折角较大，折笔后弯势要自然。竖画要直长挺拔，收笔出锋用悬针。

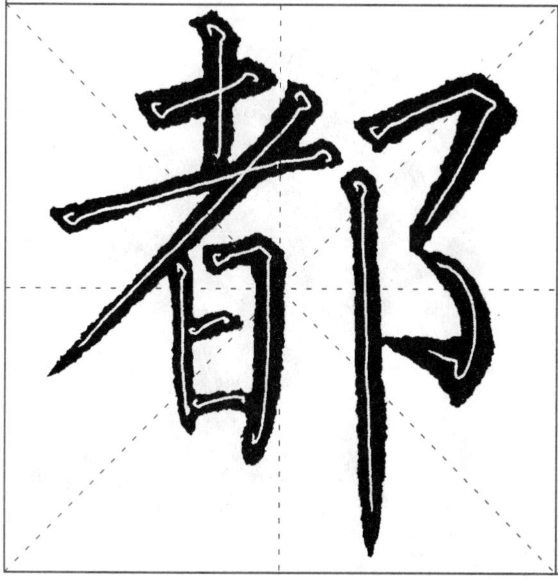

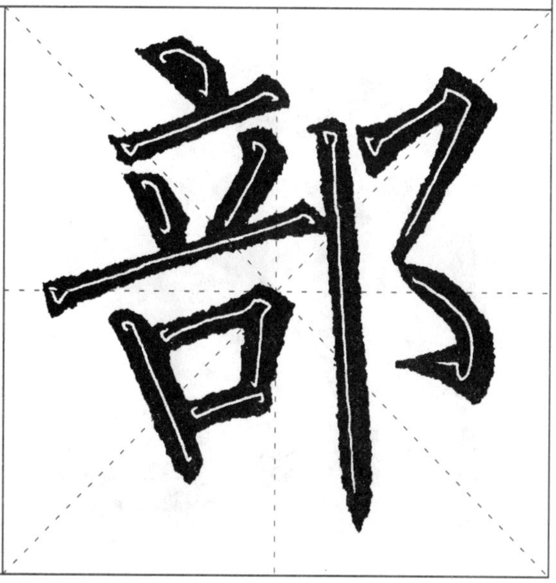

口部 取势上仰。左竖略下伸，与横折的折笔均向内收缩。下横起笔高于左竖末端，收笔过横折的竖段。

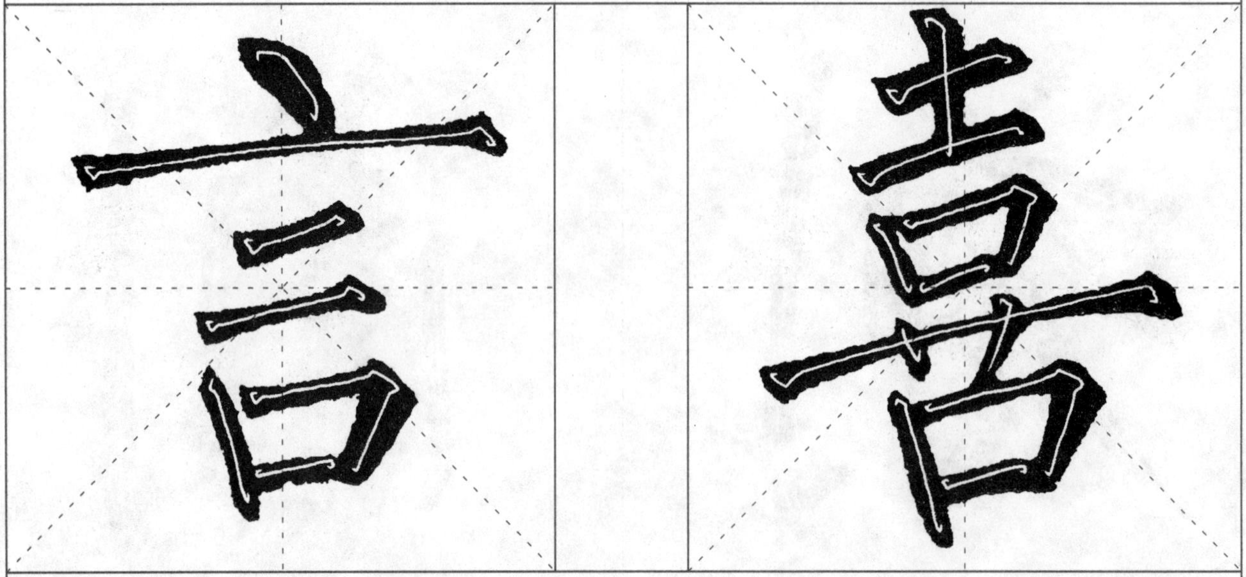

扌部 短横向右上斜。竖钩略长且挺直，交横画于其右端，钩锋不宜长。挑画起笔略左伸，末端与横画右端对齐。

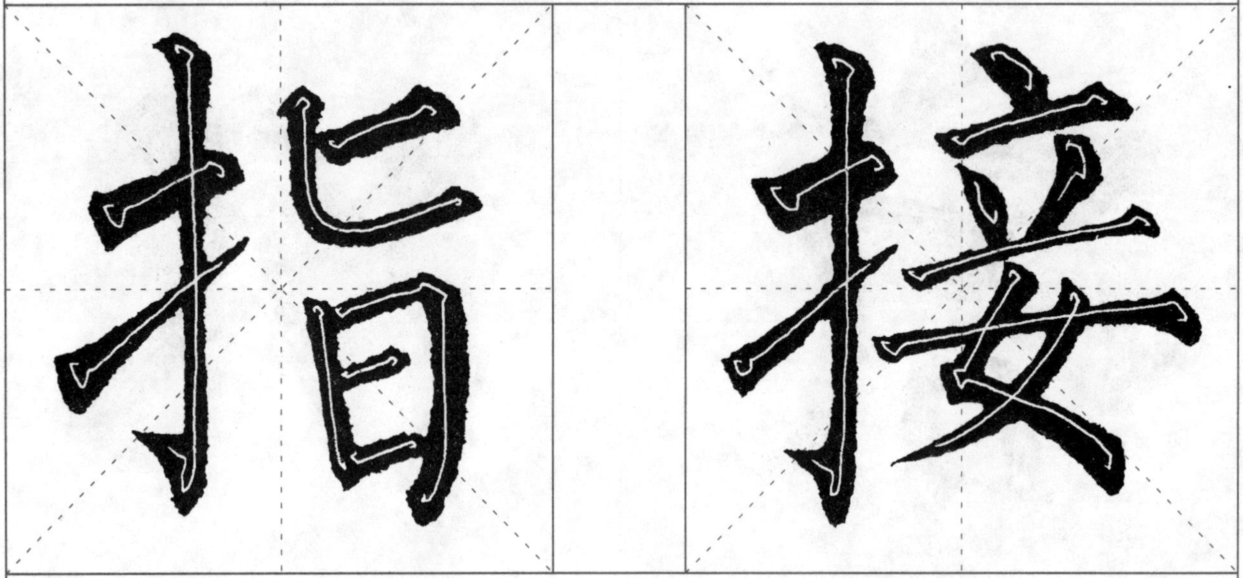

左阝部 横撇弯钩横画较短，并且向右上取势，折笔后弯势要自然。竖不宜长，收笔回锋用垂露。

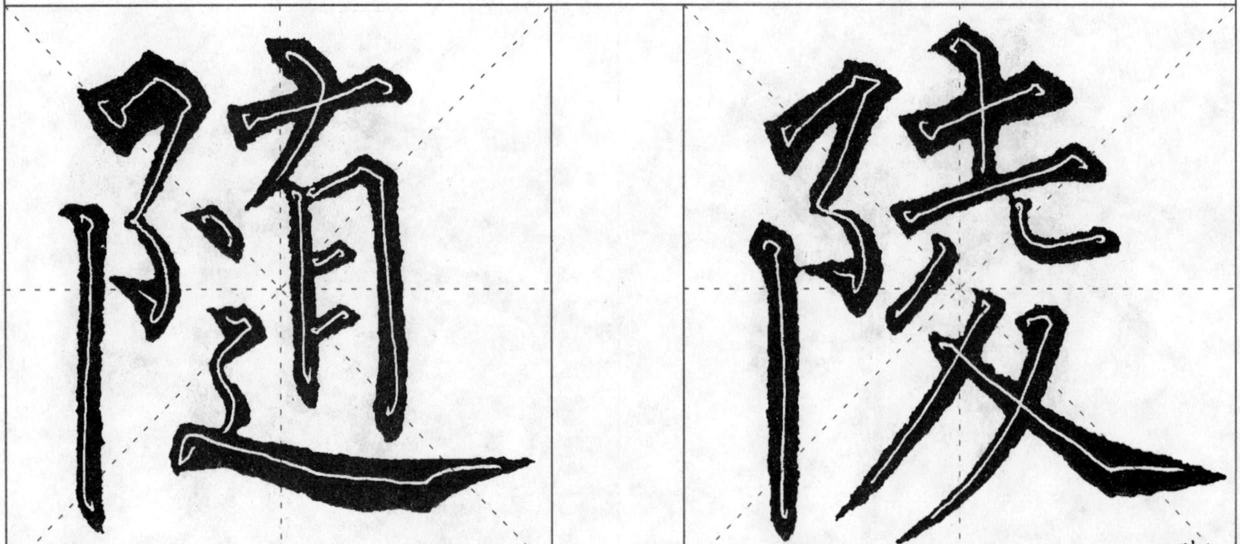

陵

山部　先写中竖。三竖间距要匀称，竖折与右竖要注意呼应。居左时，位置要靠上。

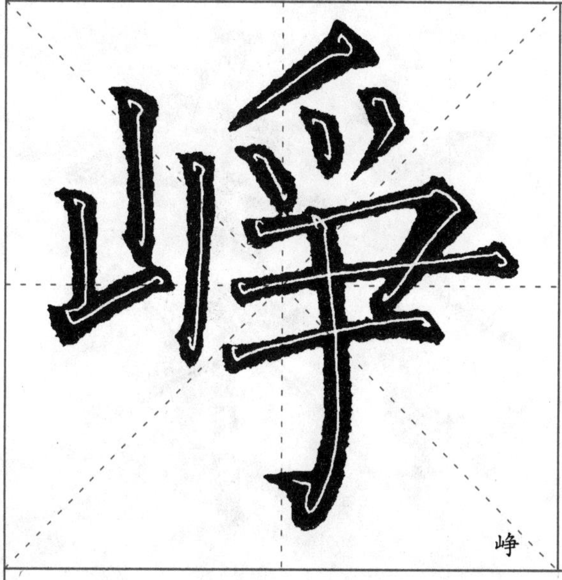

峥

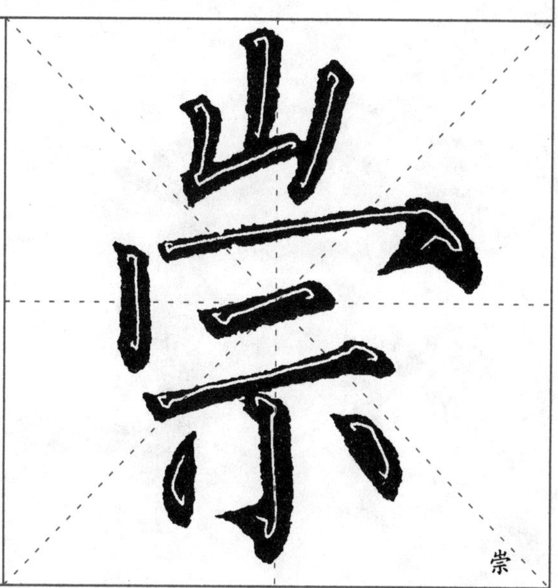

崇

彳部　是两短撇和垂露竖组合的偏旁。撇画直劲，上撇轻而短，下撇略重而长。

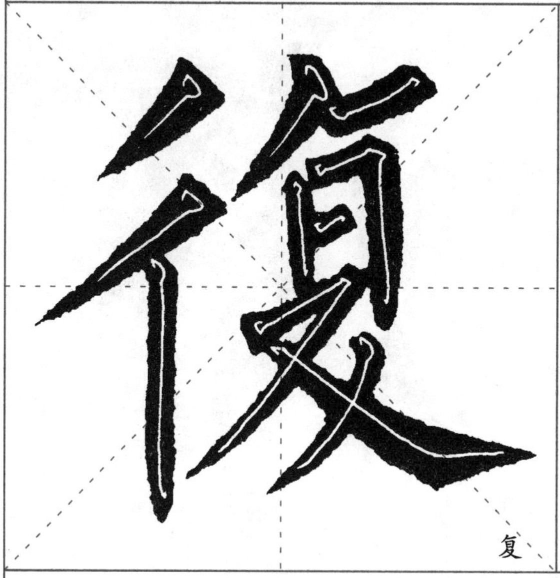

复

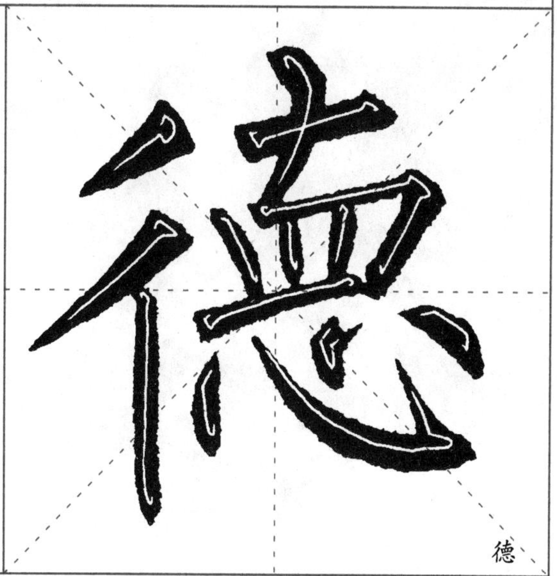

德

巾部　居下时字形略宽，中竖用悬针。

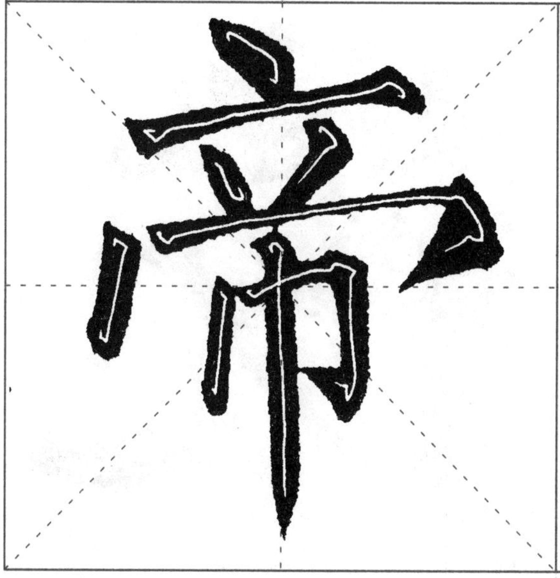

帝

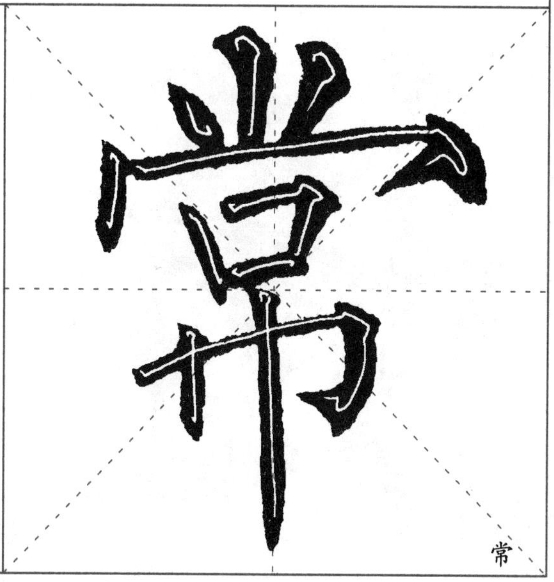

常

犭部 上短撇起笔重，撇势稍斜。弯钩与上撇中部相交后向下行，至钩处驻笔回锋，向左上出钩，或藏锋收笔。

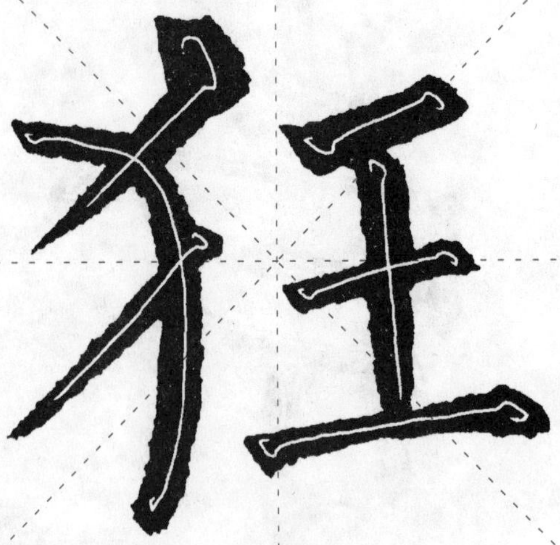

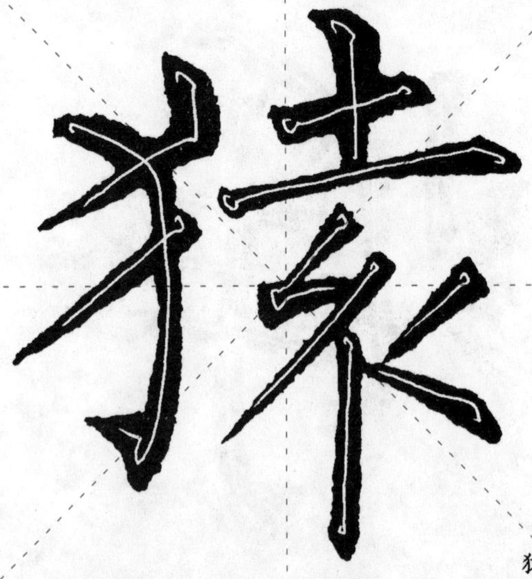

猿

广部 点取斜势，居横画上稍偏右处。横画向右上微仰与点相连。撇画要劲挺，位置靠右。横和撇应随所包围部分的变化而变化。

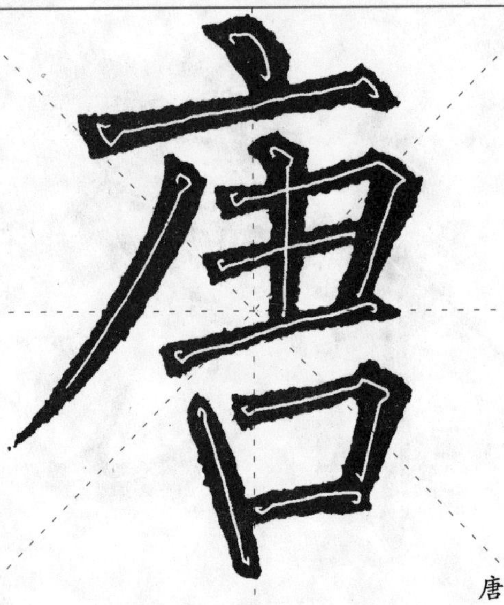

唐

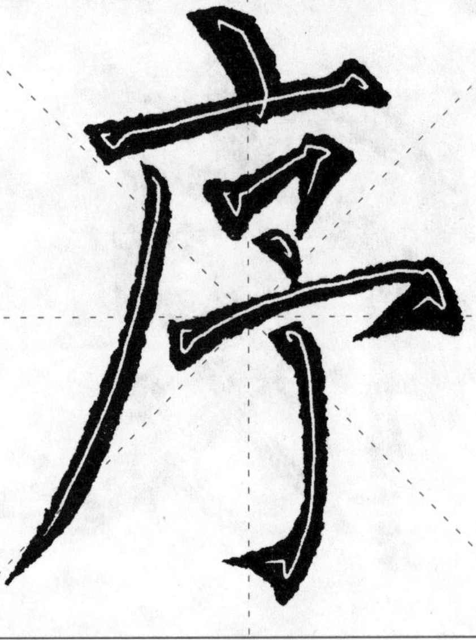

忄部 两点左低右高互相呼应。中竖正直劲挺，收笔用垂露。两点的呼应和垂露竖的收笔都可变化。

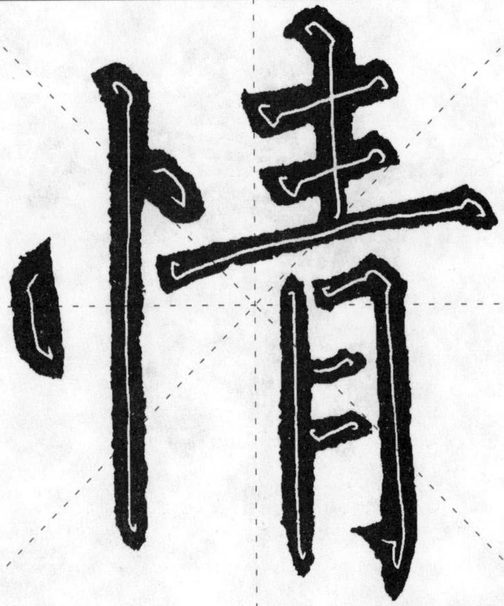

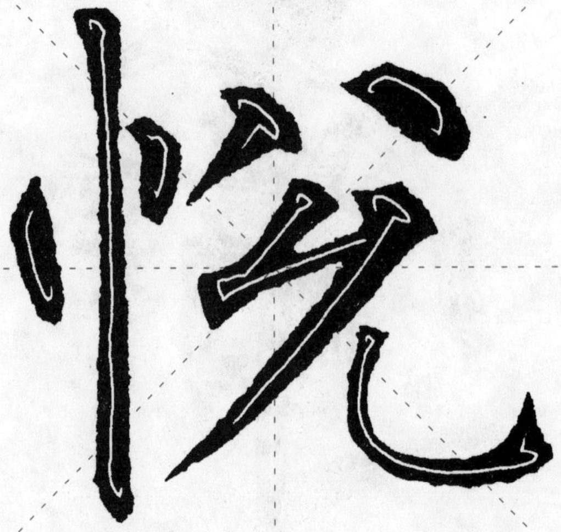

悦

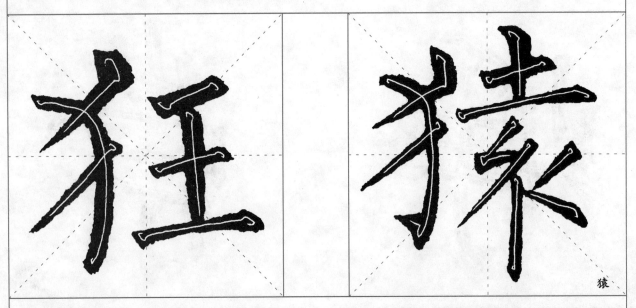

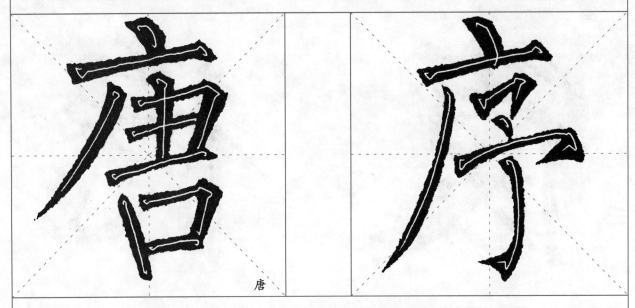

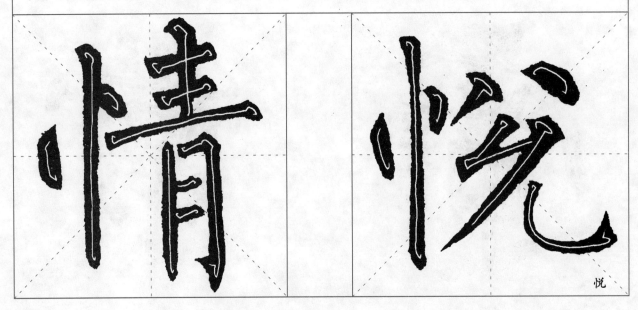

氵部 三点形态要有变化，间距不能靠得太拢。第二点应写得偏左；第三点起笔位置不要过高，出锋不宜超过上点。

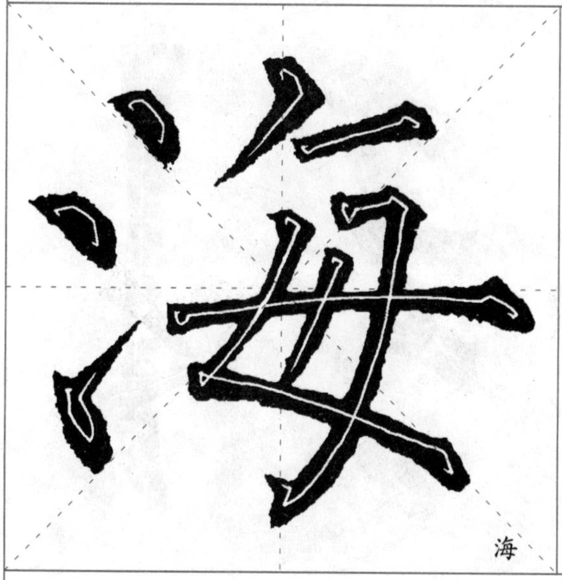

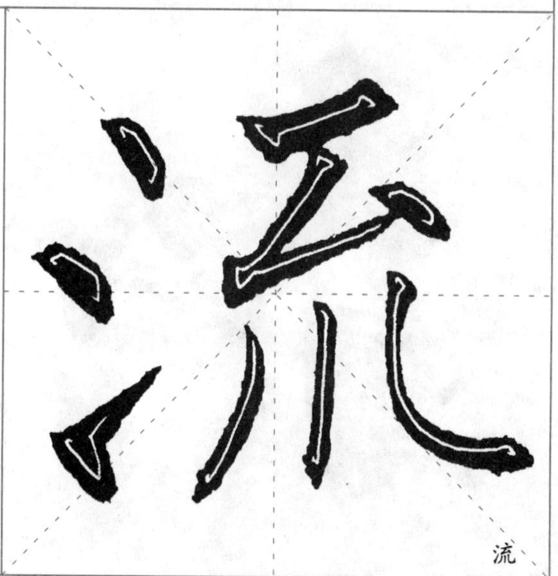

宀部 一般要写得宽些。上点逆锋落笔再向下顿按，左点略向右弯。横穿上点而过，作钩时按转笔锋蓄势，向左下出钩。

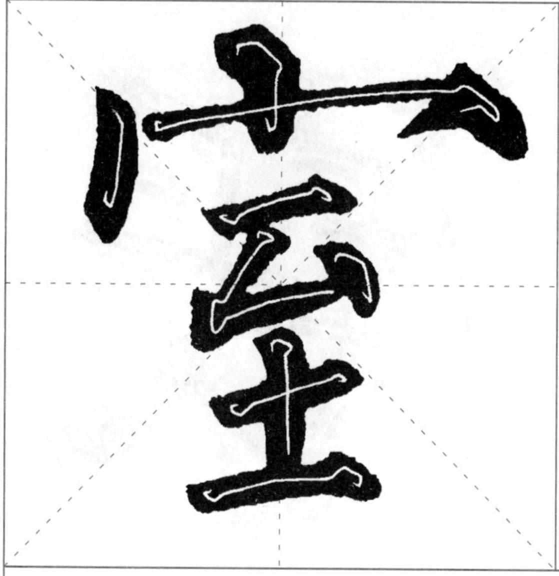

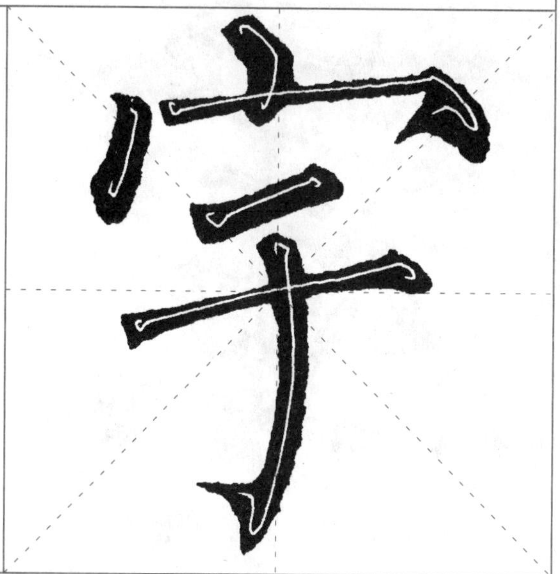

辶部 横折折撇与侧点拉开距离，略左倾。捺取平势，在与上部右侧齐平处顿笔，向右出锋，整个捺笔呈波状。

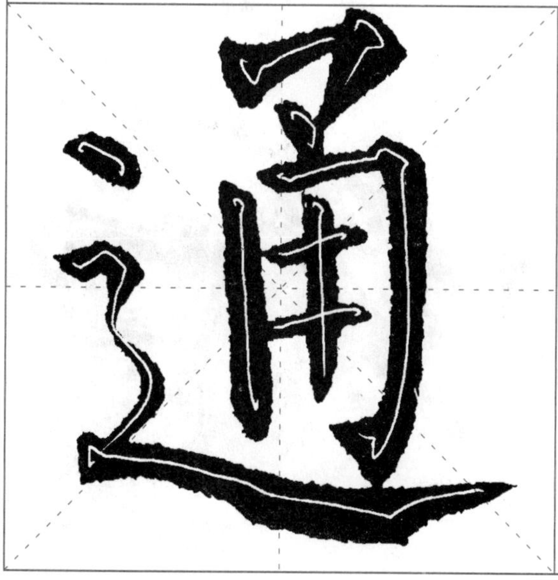

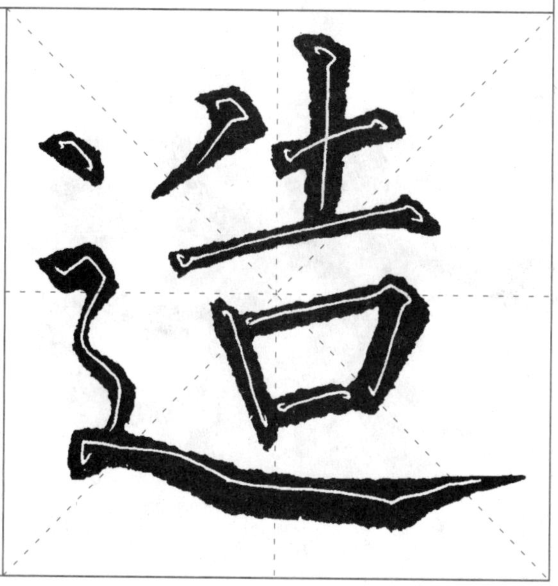

弓部 横折的横不能长，下横略长于上横，竖折折钩起笔于下横左端。位居左边时，字形要窄而长。

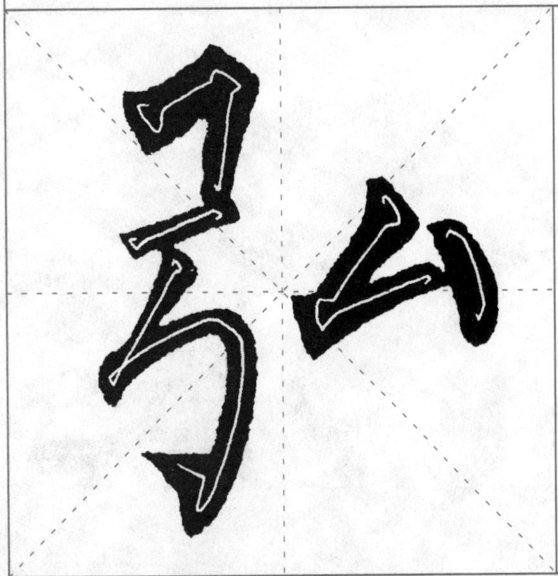

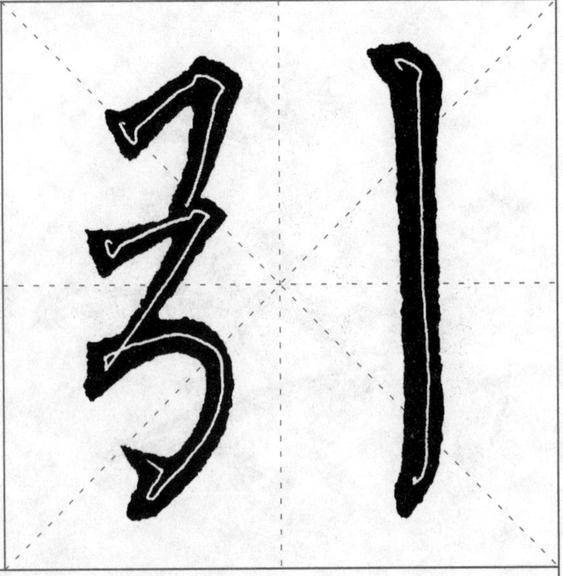

尸部 横折要横长折短，折笔粗重略向左斜，撇画要长，但不可撇得太开，要写得沉稳而劲挺。

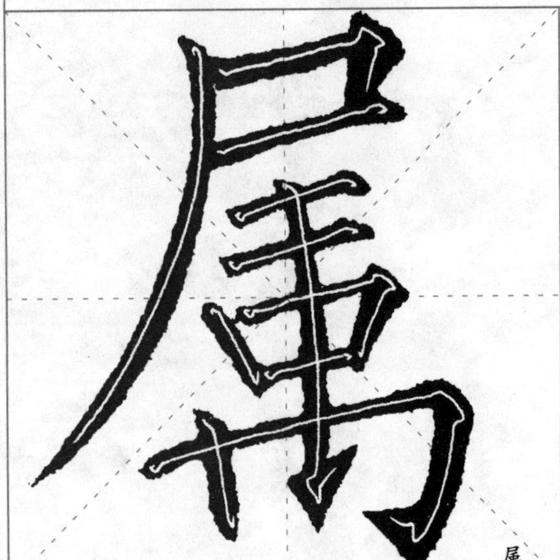

属

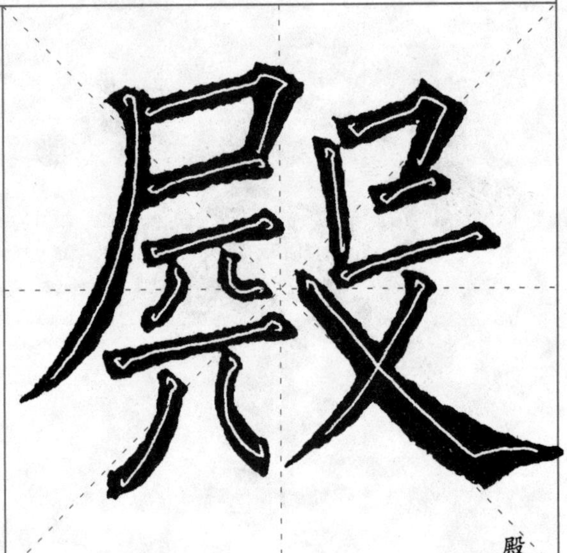

殿

女部 作左旁时字形稍窄，撇折点斜中求正。撇画伸展，改横为提，提画左伸右收，不宜超出撇画。

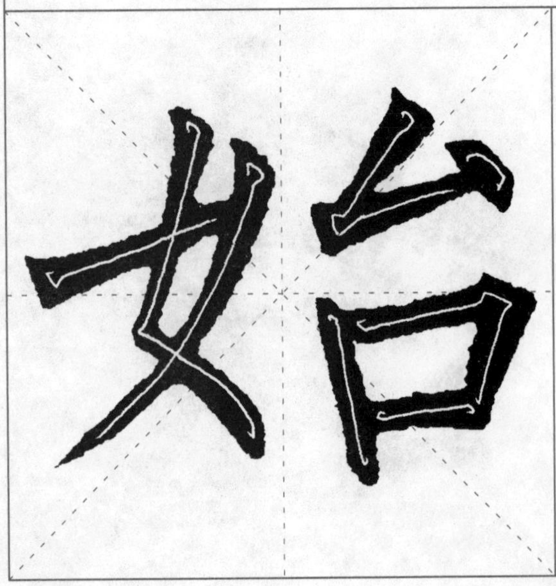

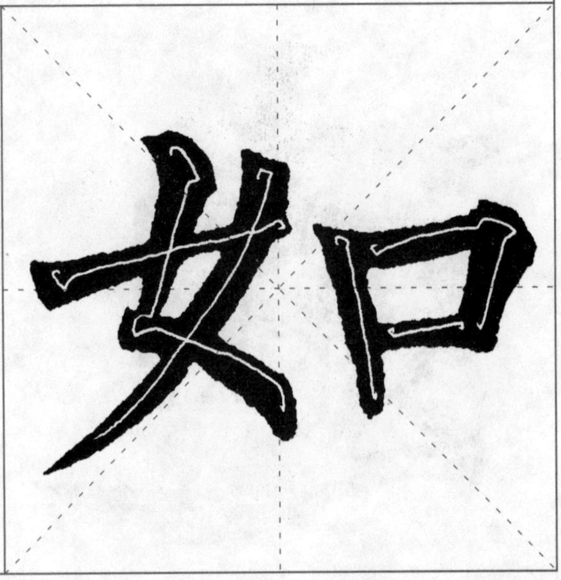

⺌部 位居字的上部时，短竖居中，要写得粗壮。两点左低右高，左点写作斜点，右点写作撇点，出锋收笔。

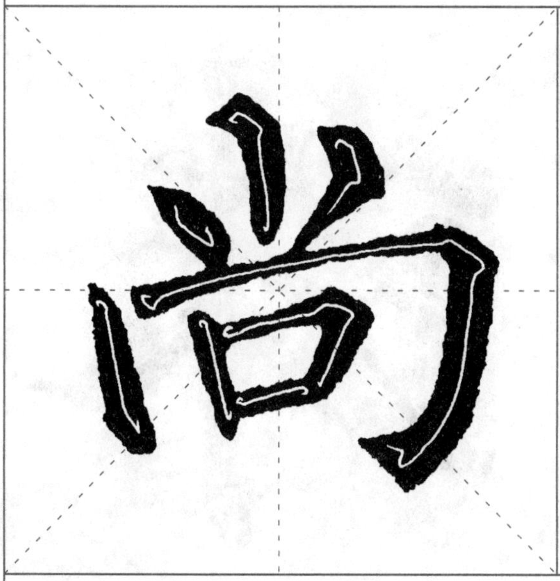

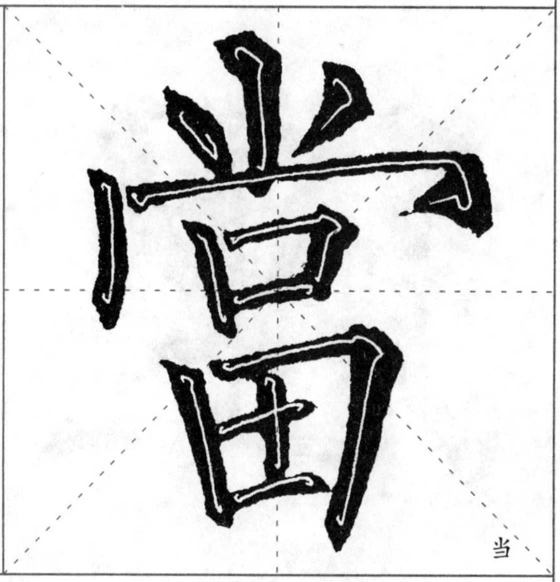

当

土部 作左旁时取位偏上。短横稍向右上斜，竖于短横偏右处与之相交，下横画改写为提。

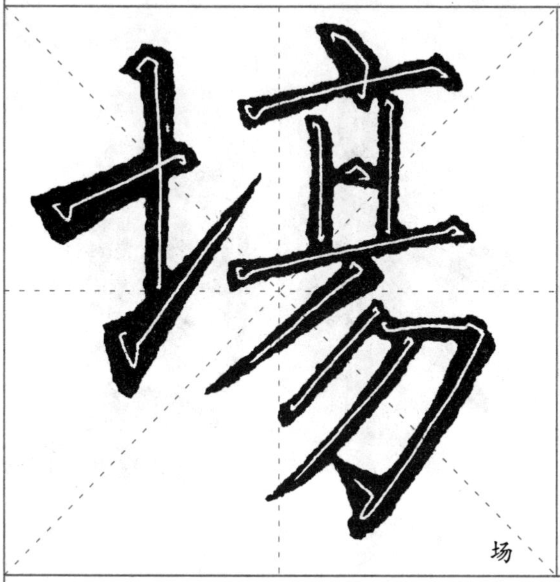

场

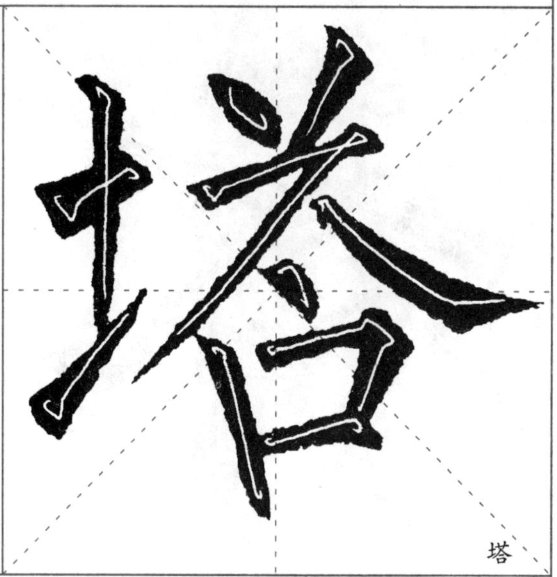

塔

土部 居上时形态宽扁，上横短粗，下横细长，二者均扛肩。短竖略带弧度。

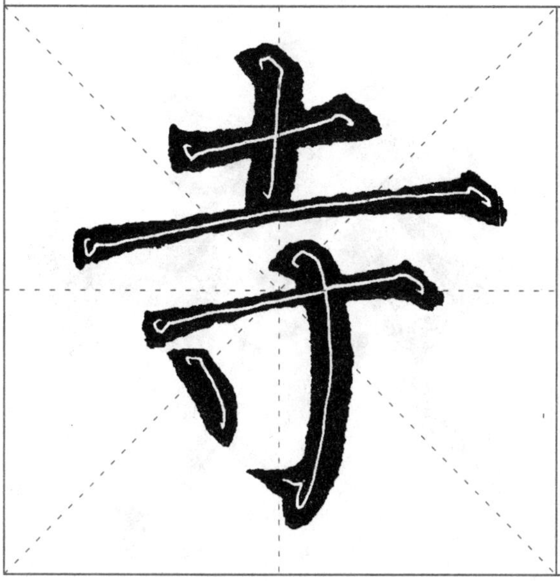

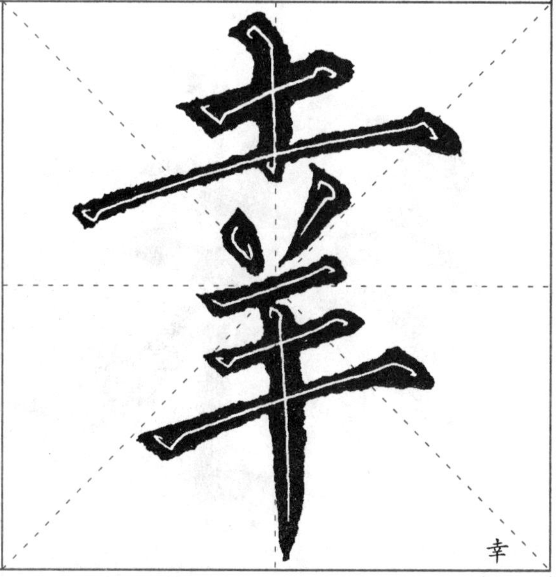

幸

王部 作左旁时，三横画间距较大，下横改为提，字形较窄。

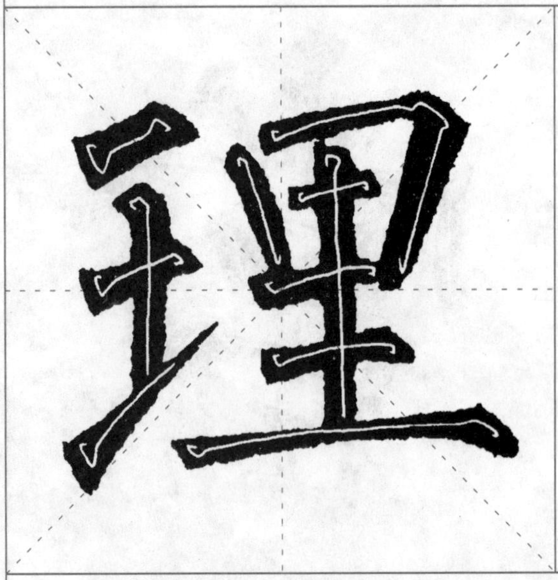

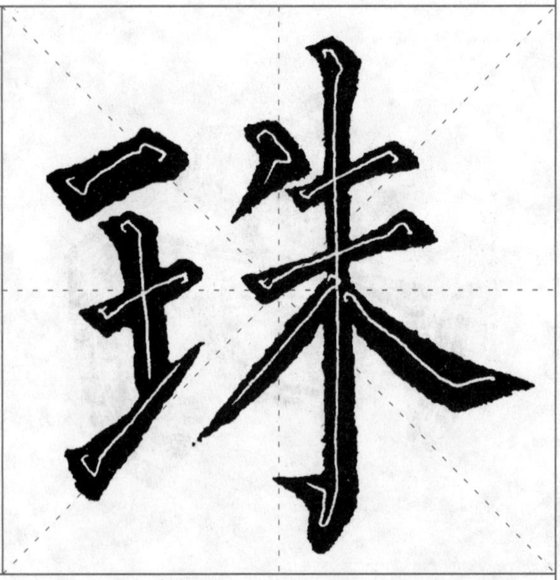

木部 作左旁时形窄长。横画取斜势。竖画要长且于横画偏右处与之相交，收笔用垂露。撇画舒展，捺画改写为点。

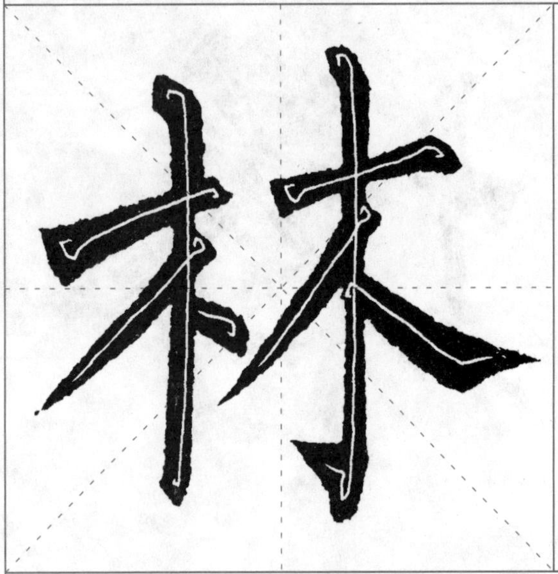

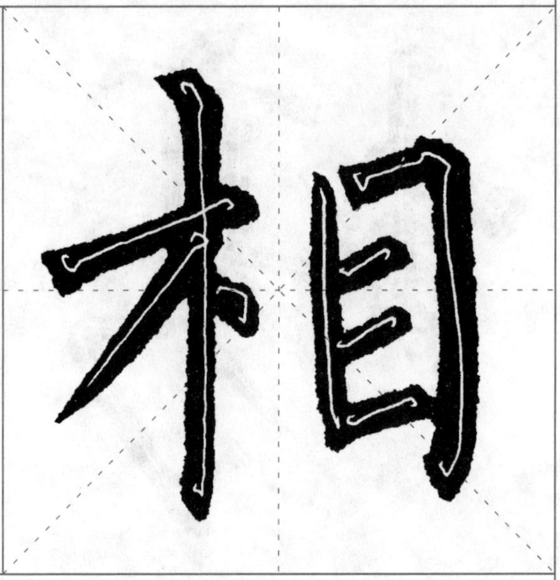

歹部 横画向右上仰；撇画在横画下方偏右处起笔，收笔回锋；横折撇的横收缩，撇画劲挺。

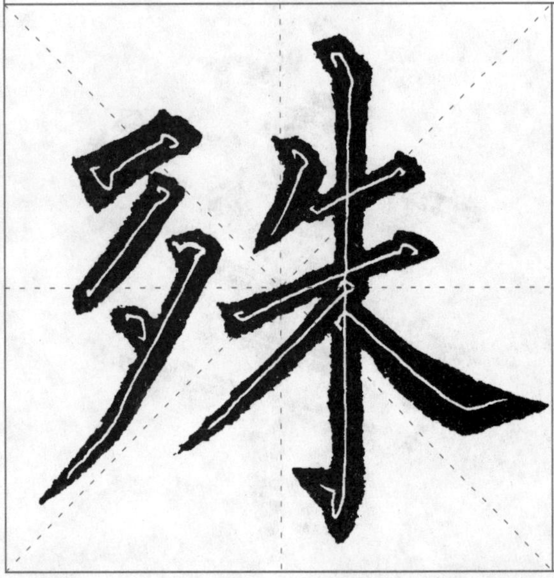

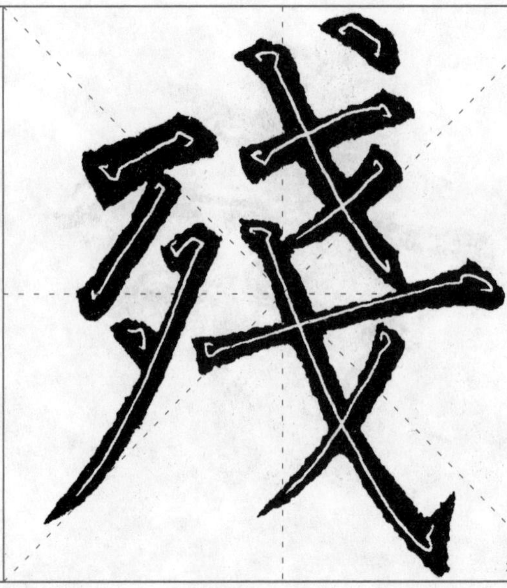

残

日部 竖画与横折要写得协调。中横居中，底横向右上斜但不能超出右竖。作左旁时要写得较窄，居上时方正而形小。

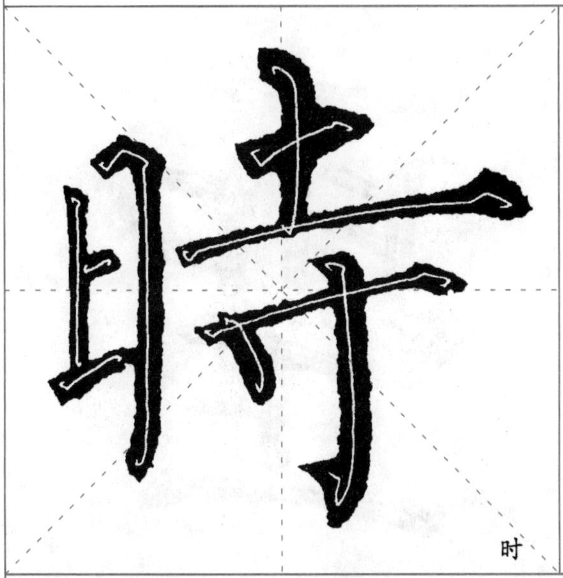
时

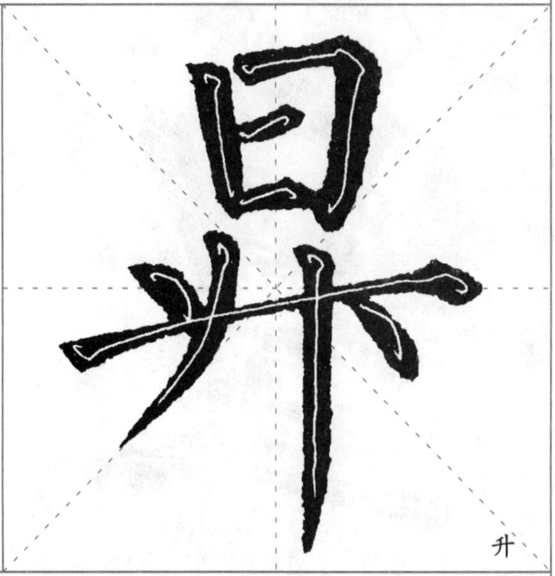
升

戈部 横画取斜势，长短有所变化。斜钩劲挺略带弧度，撇画较短，彼此协调。斜钩上伸下展。

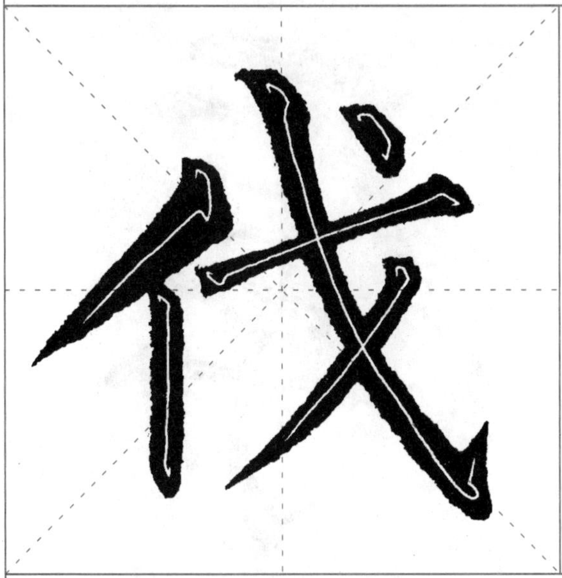

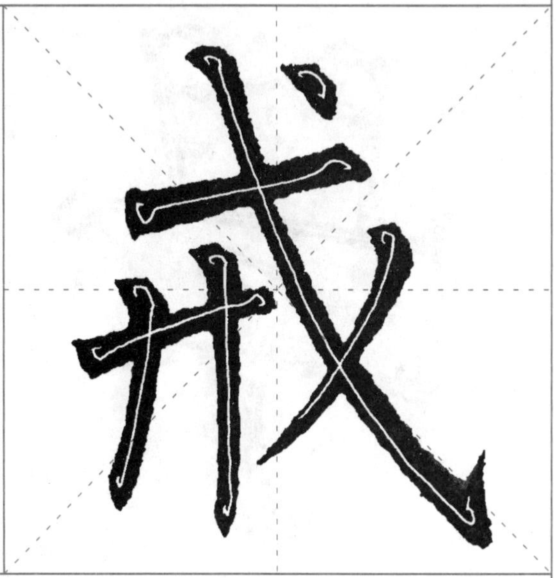

山部 居上时稍扁，略带斜势，整体不宜大。

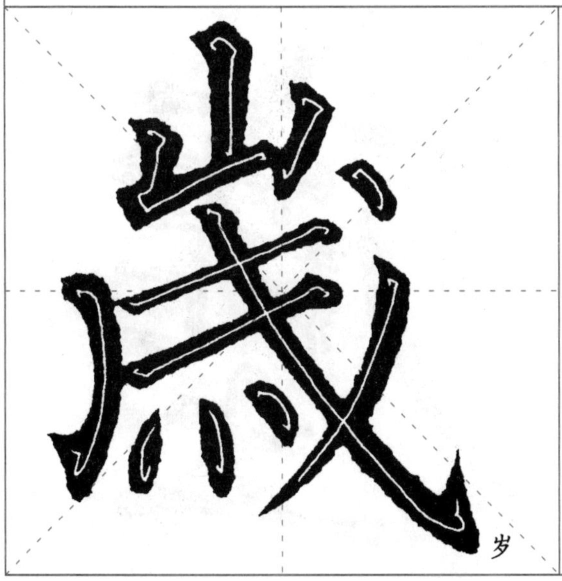
岁

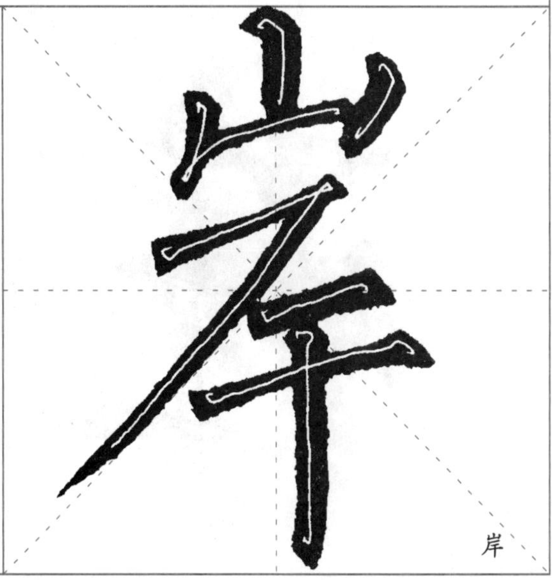
岸

王部 居下时，横画取势稍平坦，间距较小，底横画长。被顶部覆盖时，底横不宜过长。

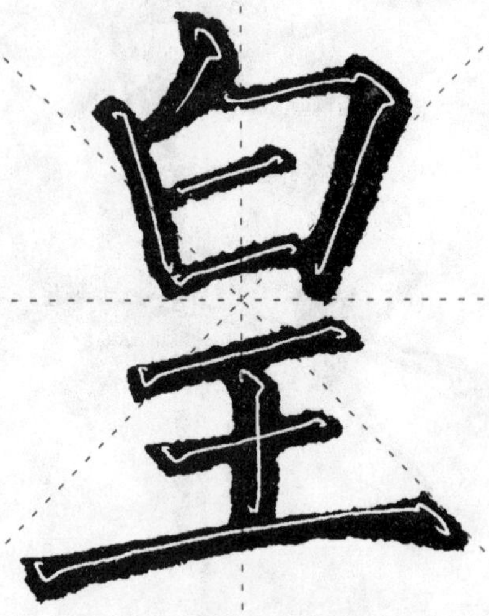

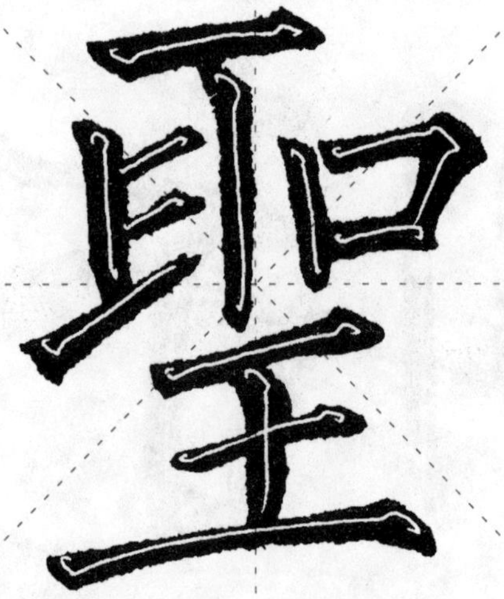

圣

子部 横撇的横段稍短，竖钩写作弯钩且弯势不宜大，横撇与弯钩配合要把握住重心。位居下部时横画较长。

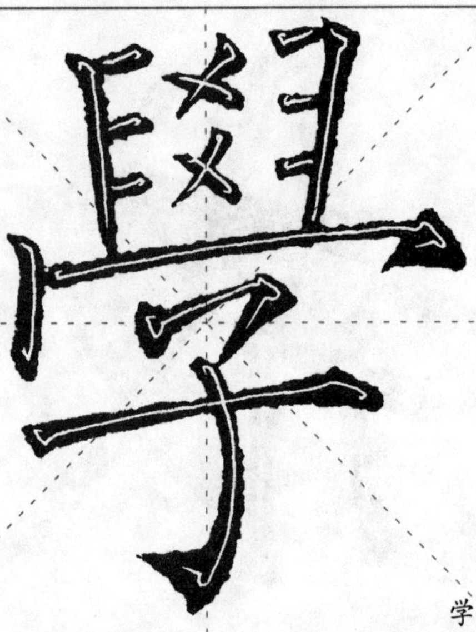

学

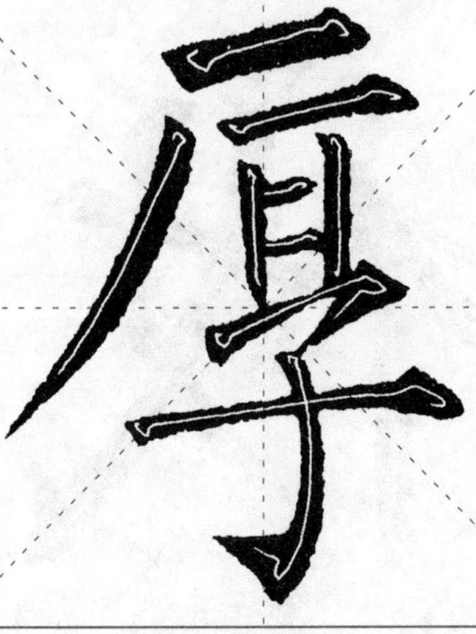

厚

土部 居下时，横画取势平坦。上部笔画多时，两横靠拢，形扁。

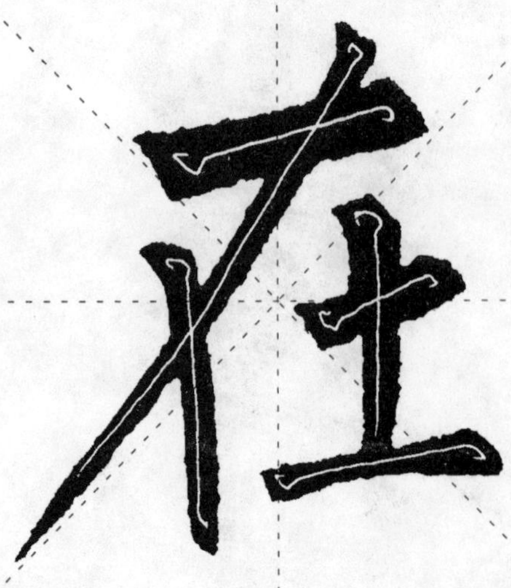

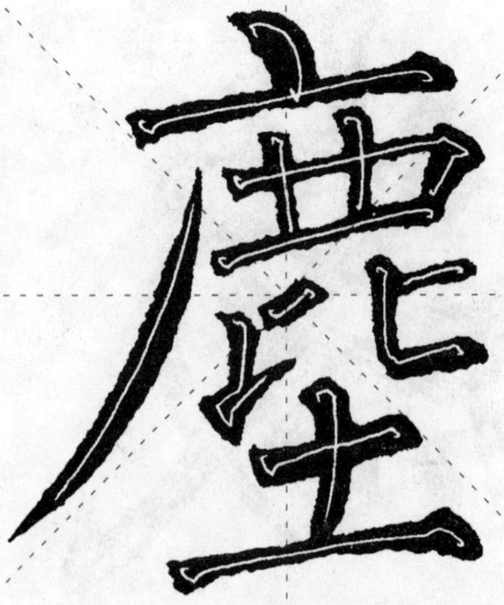

尘

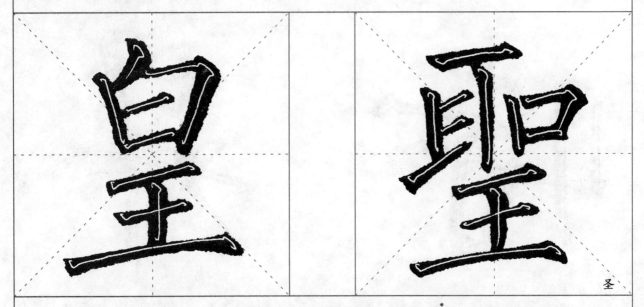

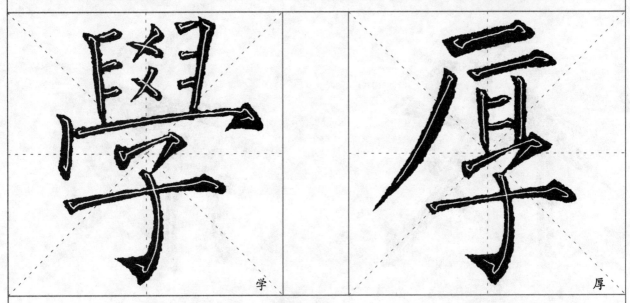

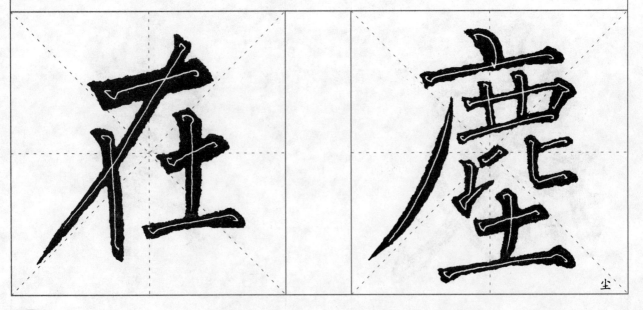

灬部 四点水平均匀分布，形态各异，但均指向字心。

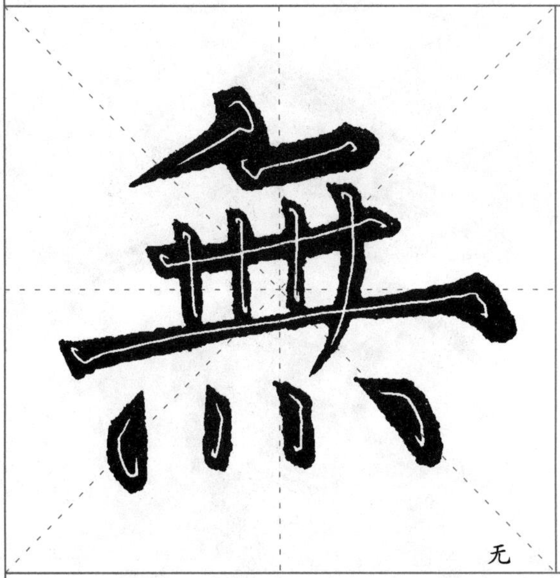
无

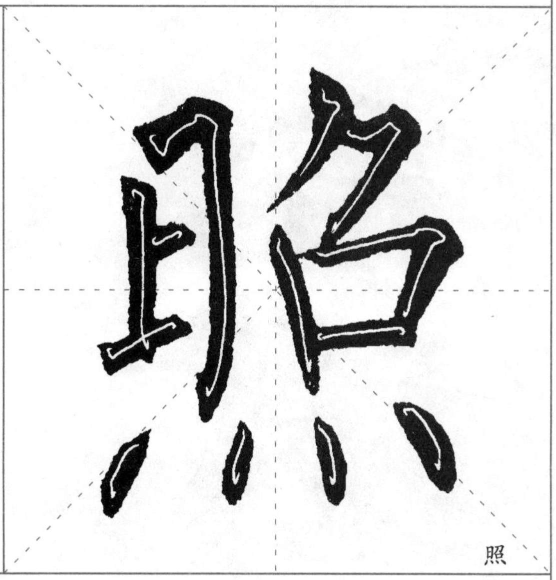
照

日部 竖画要写得柔和自然，横折与竖画要写得协调，里面横画居中，居下时底横不能超出横折的竖段。

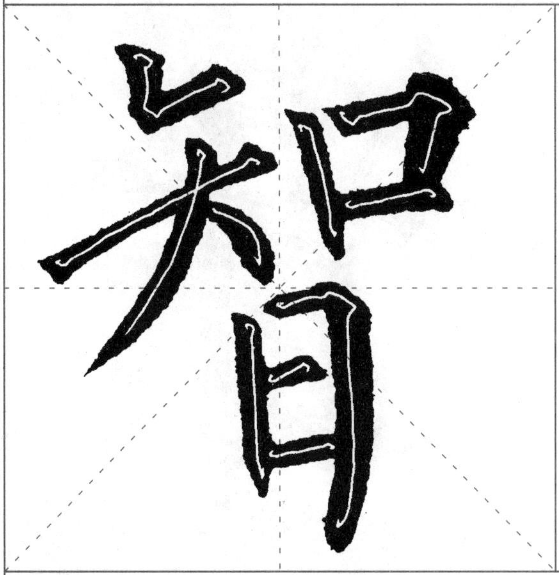

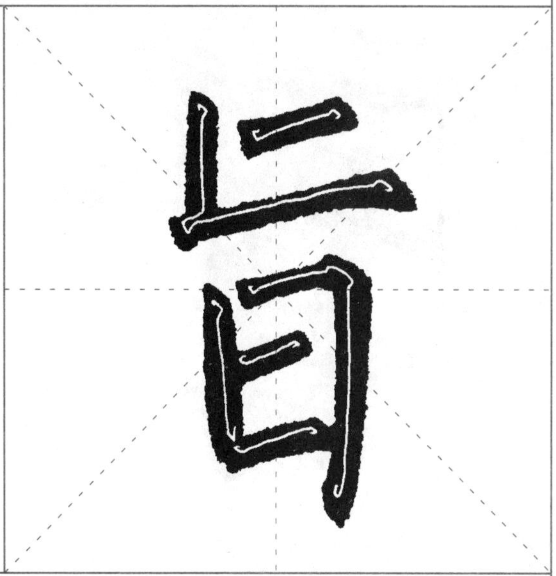

木部 居下时，横画细长，竖画写作竖钩且位于横画上方的部分收缩，改撇、捺为点，两点左低右高，遥相呼应。

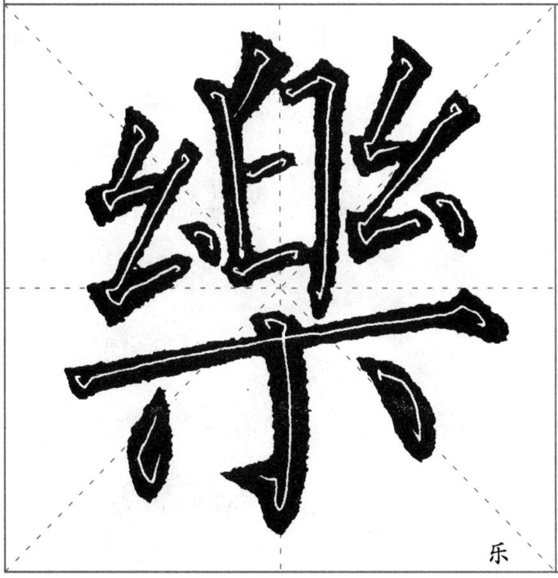
乐

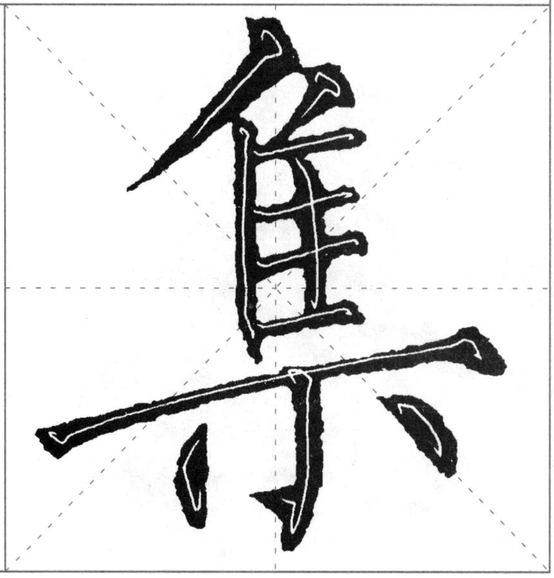

禾部 居上时，上撇取势平坦，上撇与横稍靠拢。下部宽时，撇捺稍收敛；下部窄时，撇捺稍伸展。

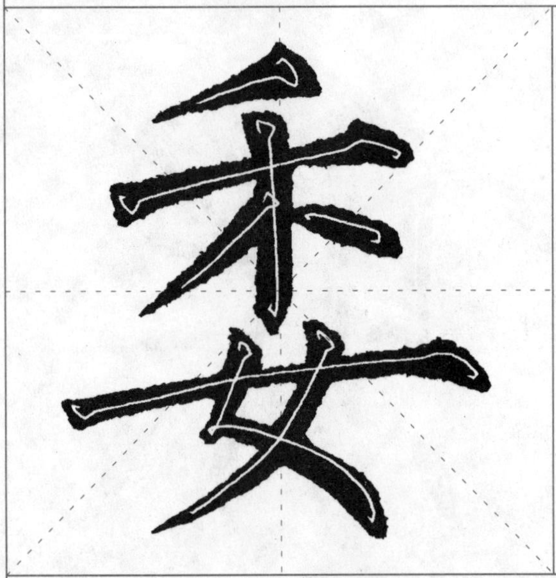

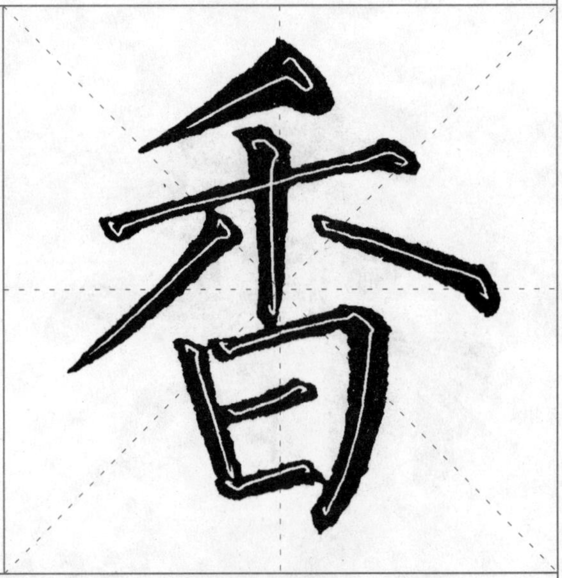

貝部 左竖较横折的竖段要短细些。里面两小横右不写满，下横起笔左伸，下侧点与撇点的角度适当。

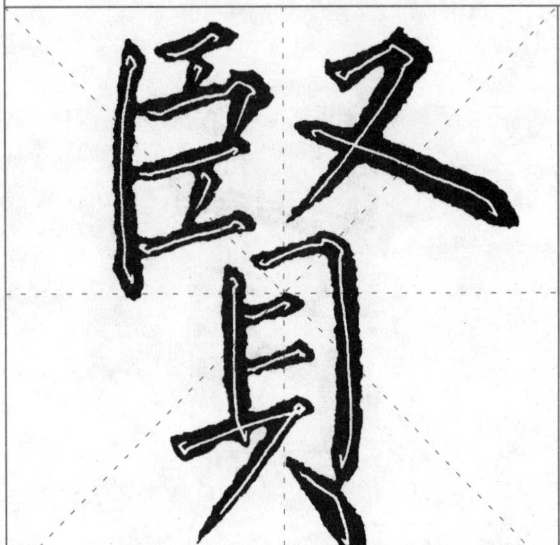

贤

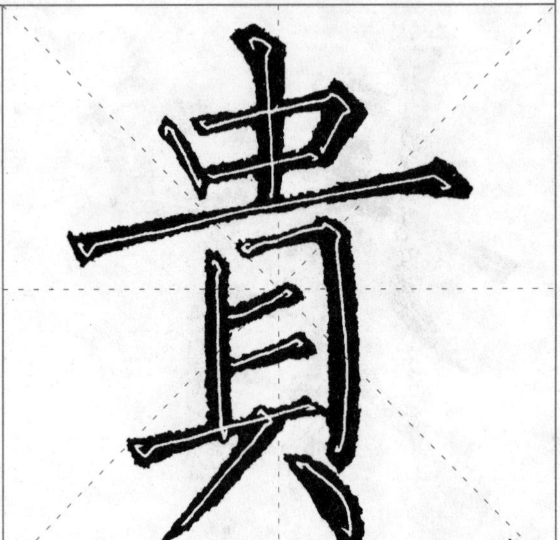

贵

心部 整体宽扁，三点一线，卧钩大小依上部结构尺寸而定。

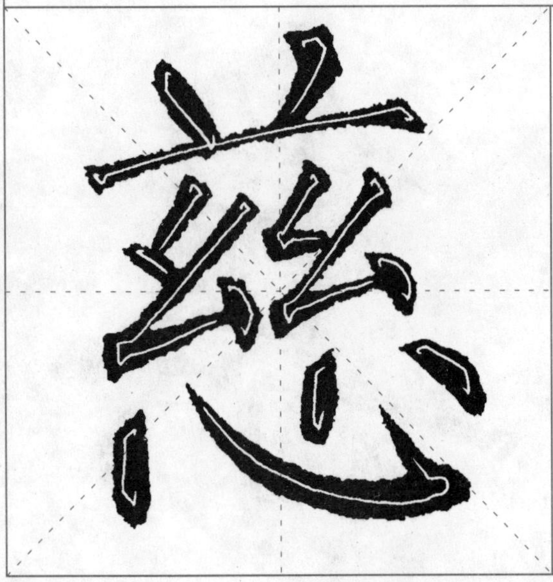

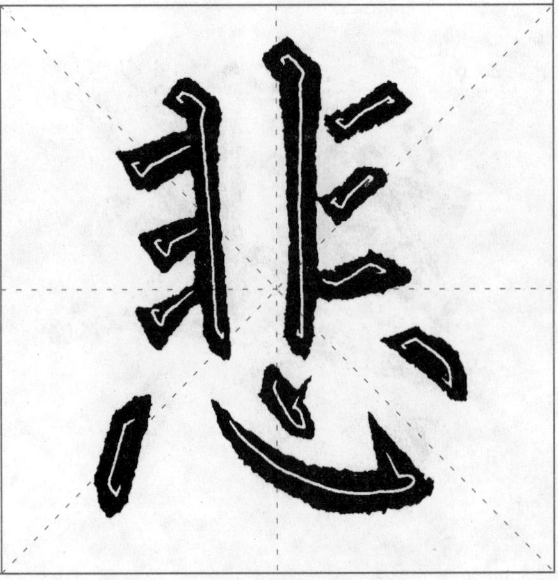

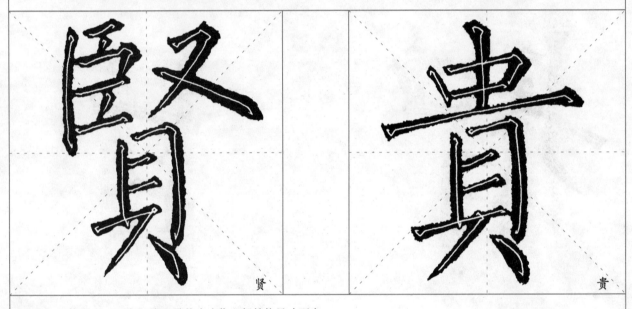

示部 上横较短，两横间距不宜太窄，竖钩居中，左右两点左低右高。居下时两横画间距稍宽，字形略宽扁。

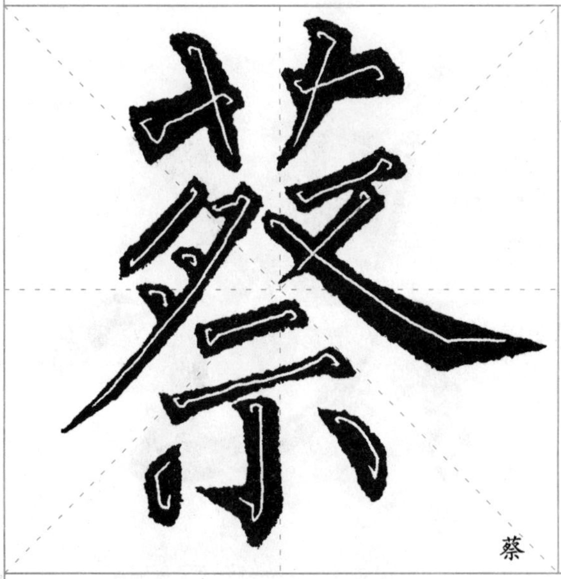
蔡

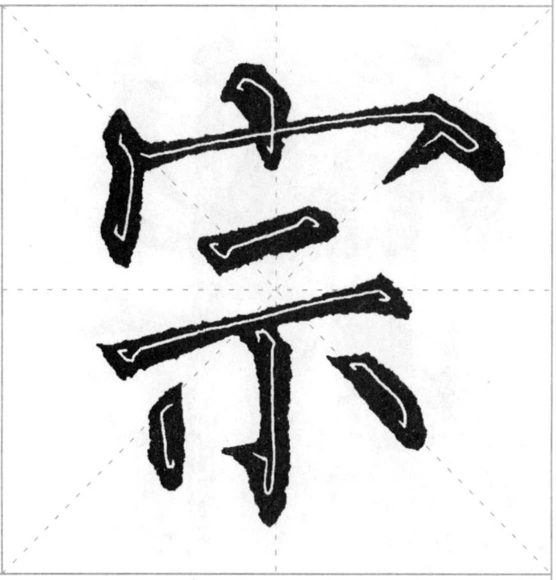

艹部 分作两部书写，笔顺为短竖、左横、右横、短撇。

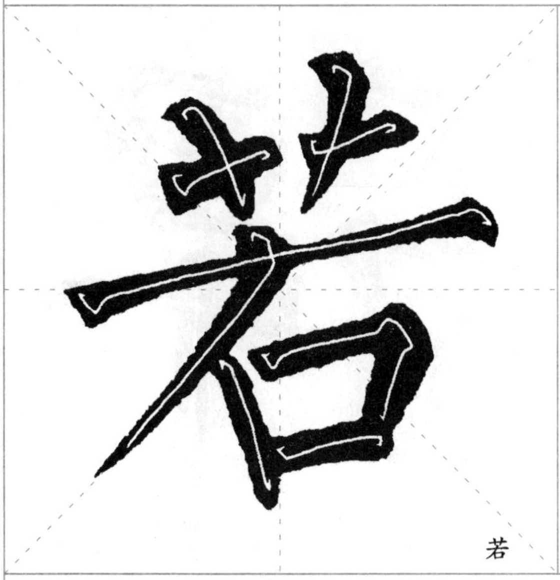
若

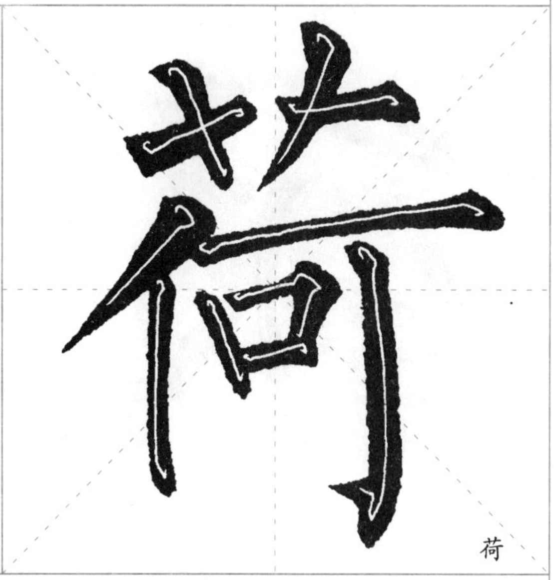
荷

穴部 整体宽扁且带斜势，横钩的横画部分用笔轻。

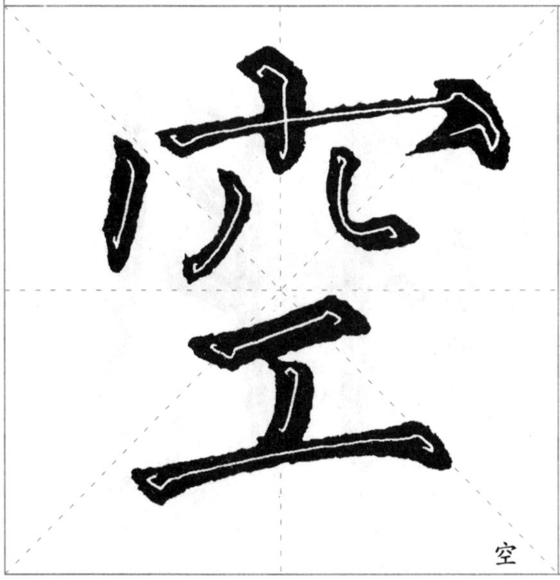
空

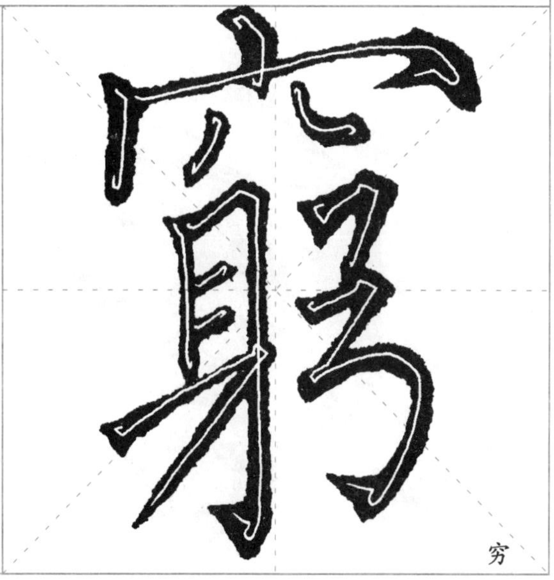
穷

田部 左竖和横折的竖段均略向里收，折笔粗壮。里横较细，右边不写满，中竖端正。位居字上时取扁形，居字左时取窄形。

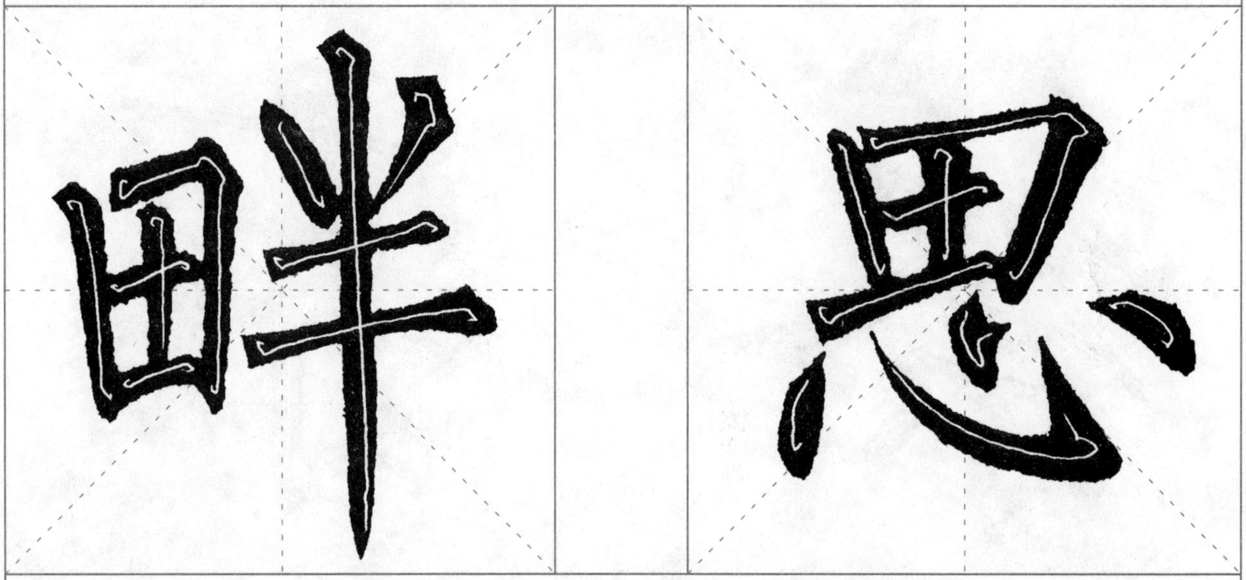

石部 短横上仰，短撇不宜太平坦，“口”较小。用于左旁时，位置靠上，字形略小。

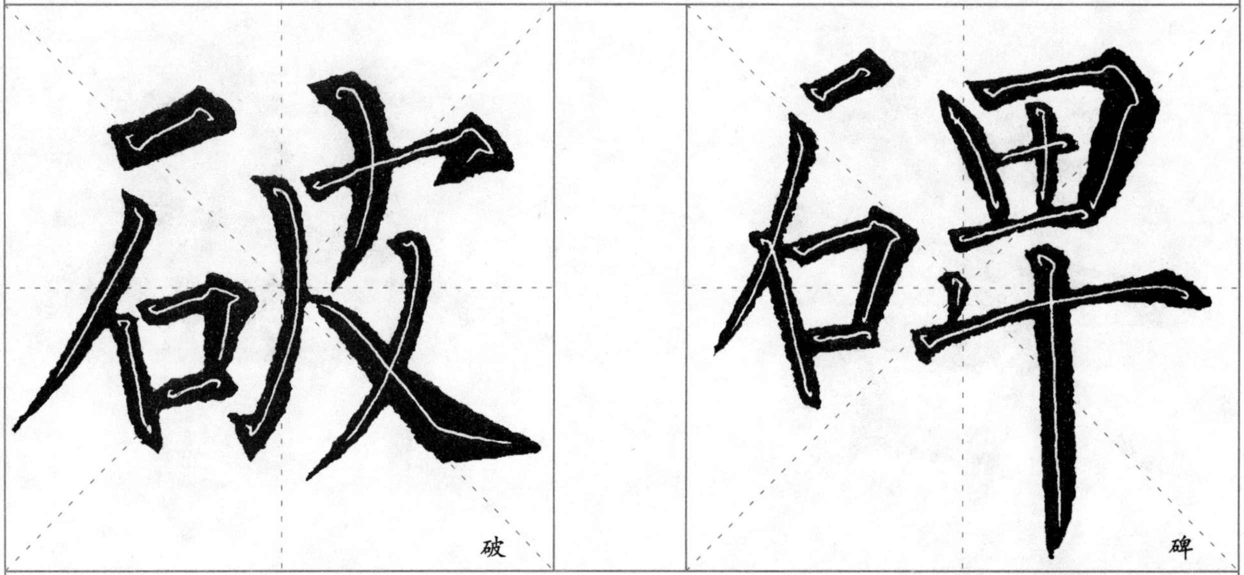

目部 左竖轻细。横折的横段不宜长，竖段粗壮且长于左竖。里面两横右不写满，间距要匀，下横画右不出横折的竖。字形窄长。

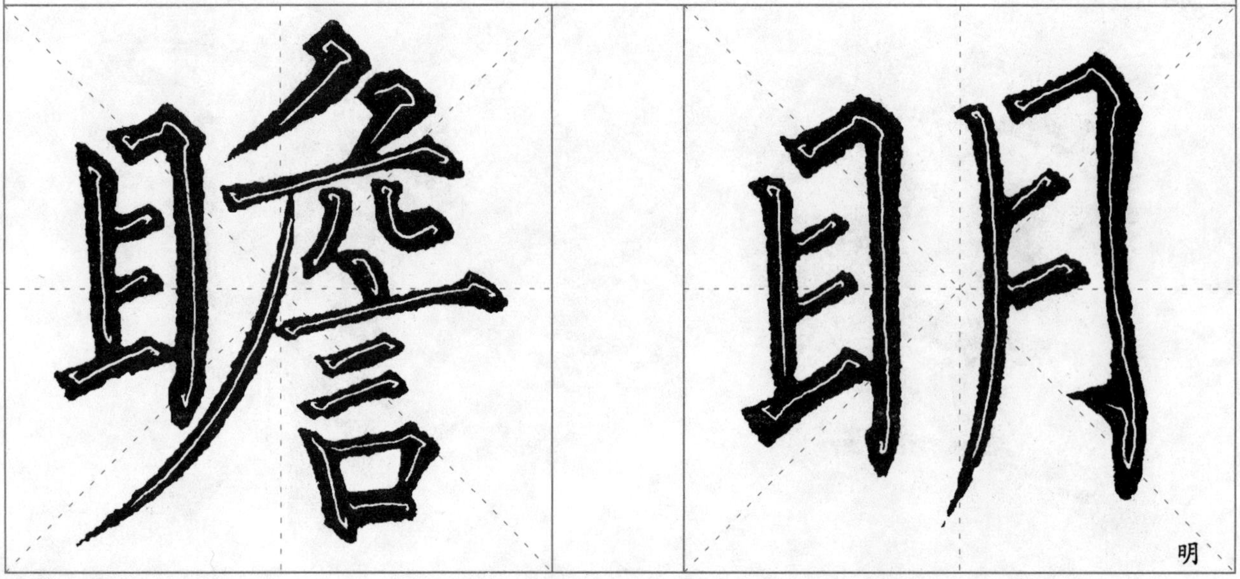

見部 横折的竖段长且粗于左竖，两小横右不写满。下横起笔左伸，收笔与撇画连写。竖弯钩与撇画协调。

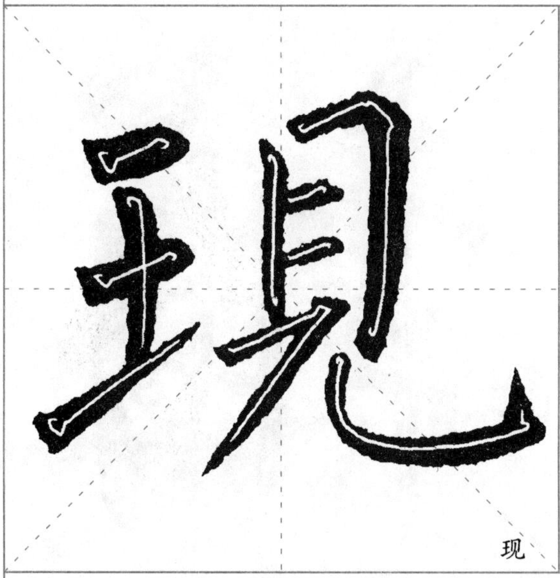
现

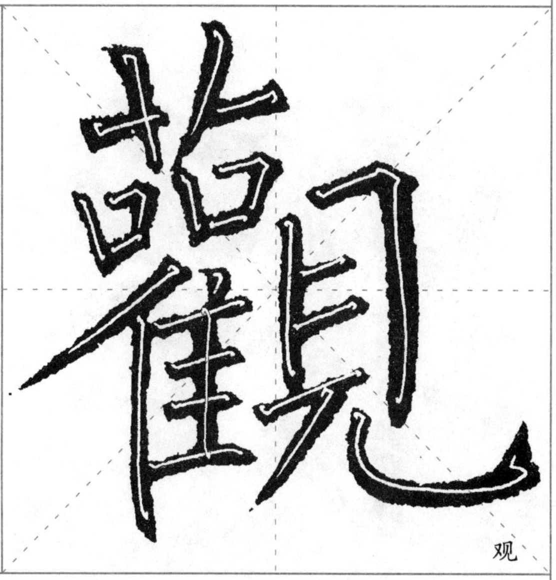
观

貝部 左竖较横折的竖段要短细一些，两小横右不写满。下横起笔左伸，撇点与斜点的角度适当。

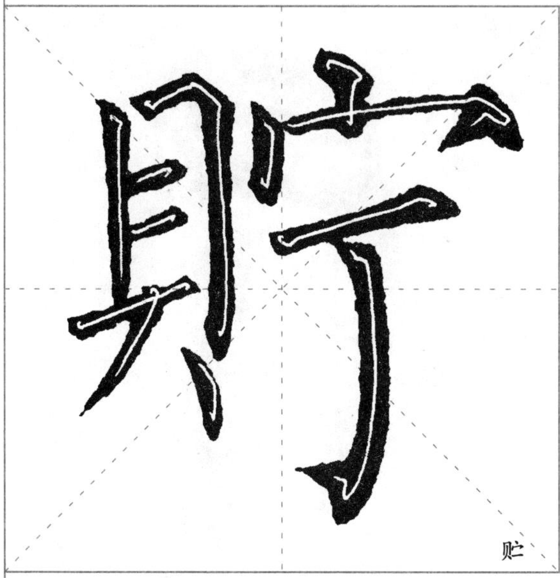
贮

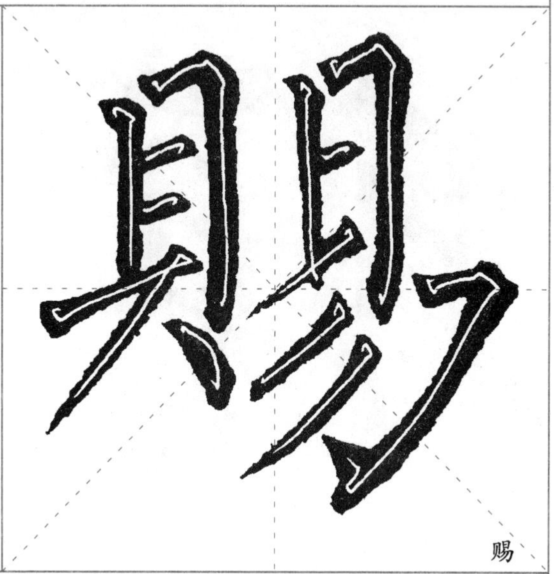
赐

皿部 位于字的下部，呈扁形。左竖与横折的竖段均略向内斜，里面两竖上开下拢且稍细，下横画要长，轻起重收笔。

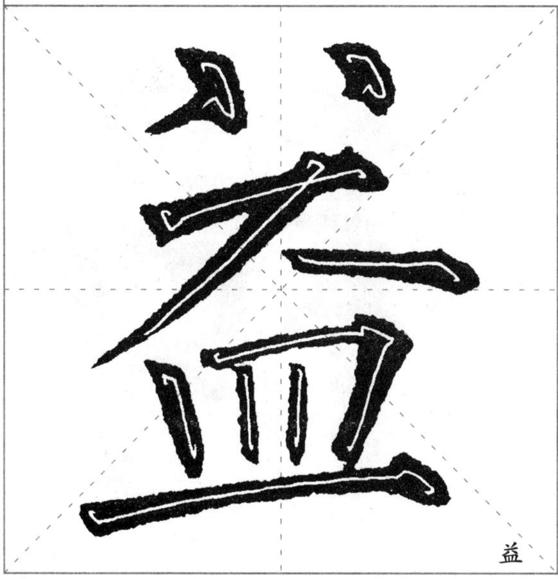
益

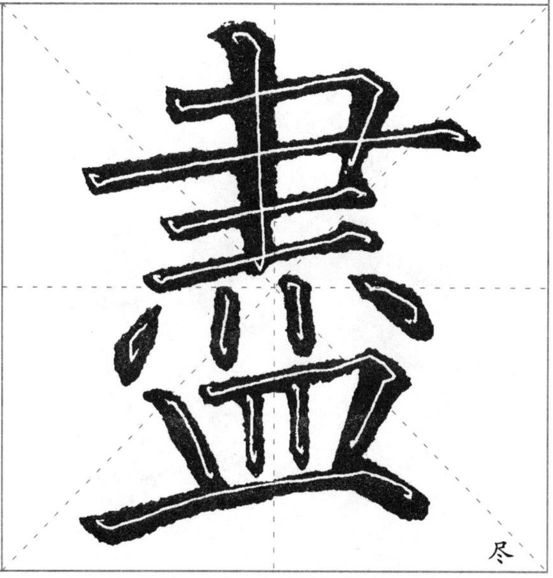
尽

車部 上横画较短。作左旁时，下横画左伸右缩，中部“曰”左竖与横折的竖段均向内收，里面小横画右不写满，中竖正直，收笔用垂露。

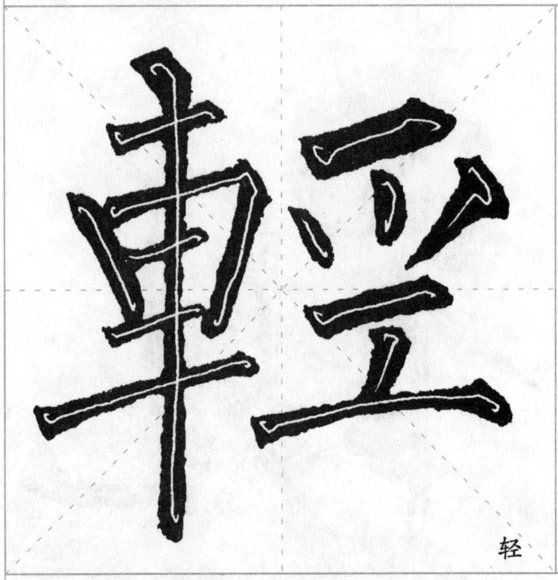

轻

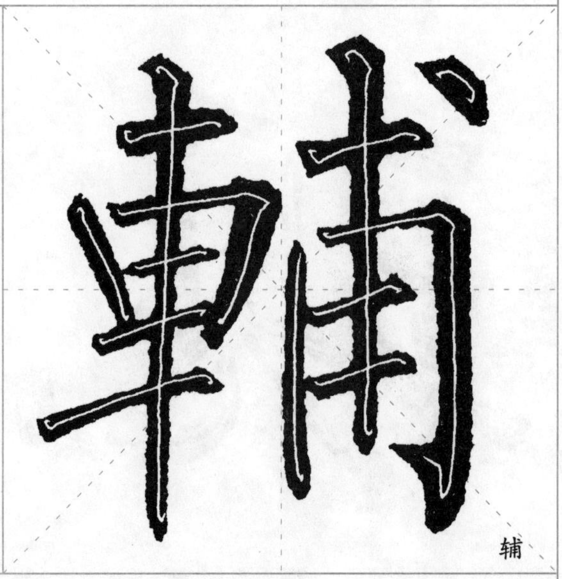

辅

月部 在左时左低右高，带斜势；在下时变撇为竖。

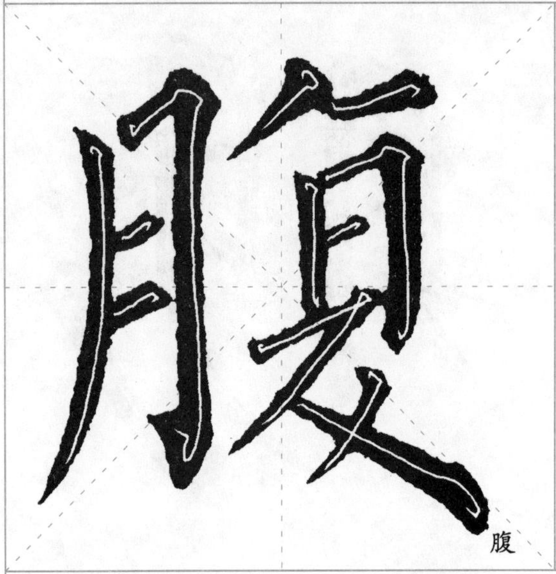

腹

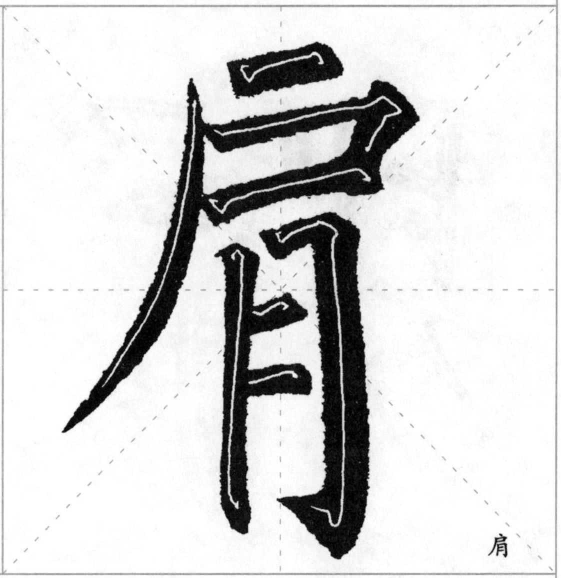

肩

禾部 上撇取势稍平。作左旁时，横画左伸右缩。竖画于横画偏右处与之相交，下撇直而不宜长，捺画改为点。

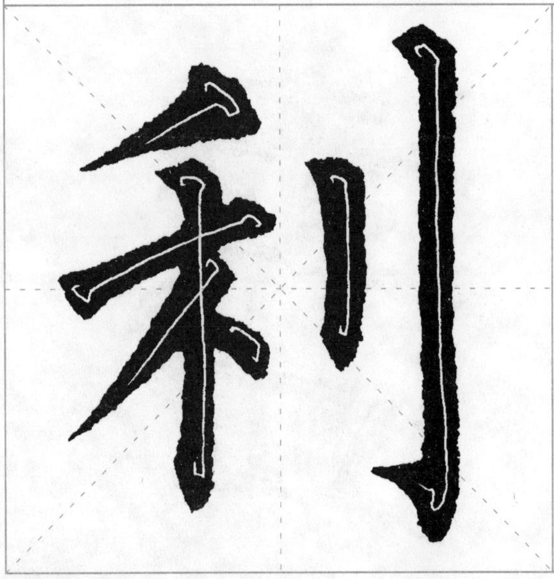

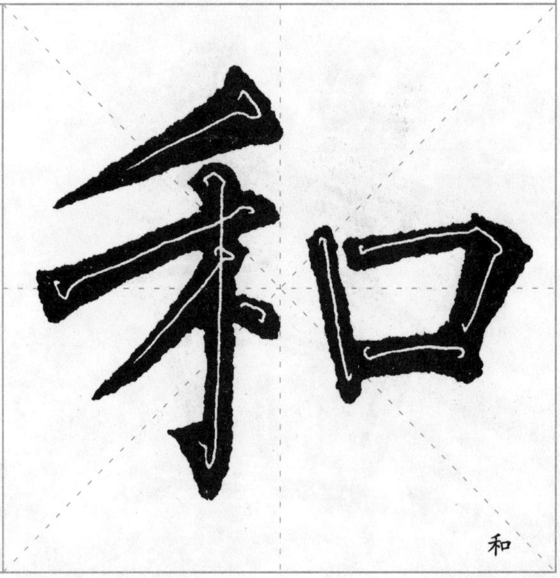

和

𡗗部 三横均扛肩，都不宜长。撇、捺伸展，覆盖下部结构。

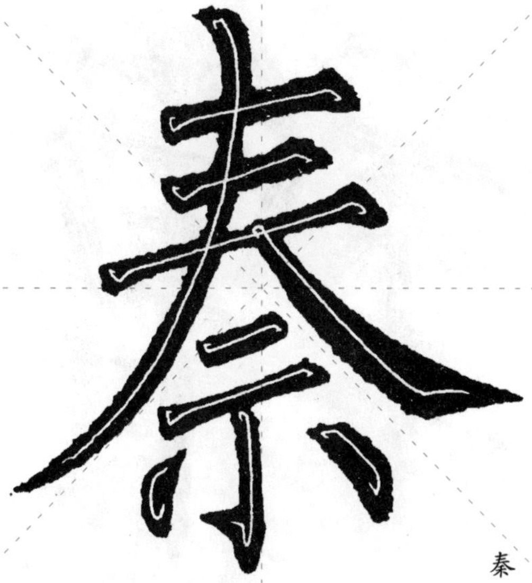

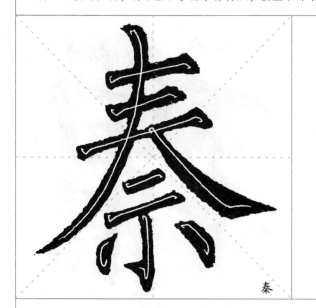

秦

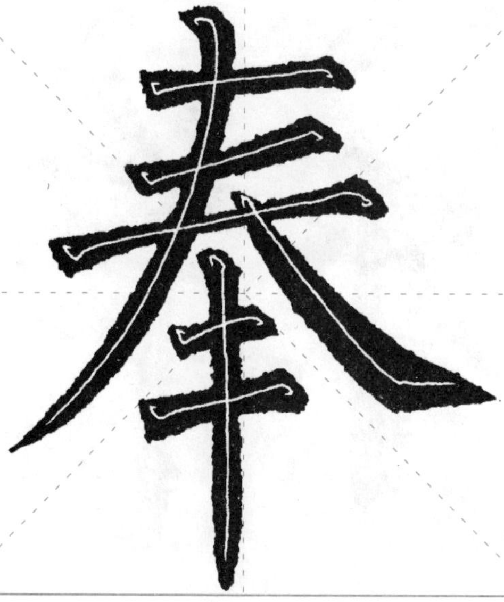

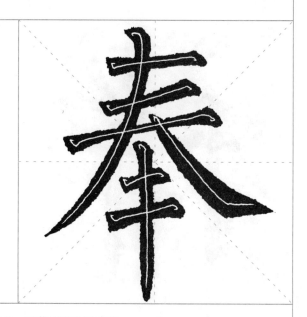

⺮部 一般位居上部。撇短而斜，短横起笔较低，点不能太靠左，要使三笔取得平衡。

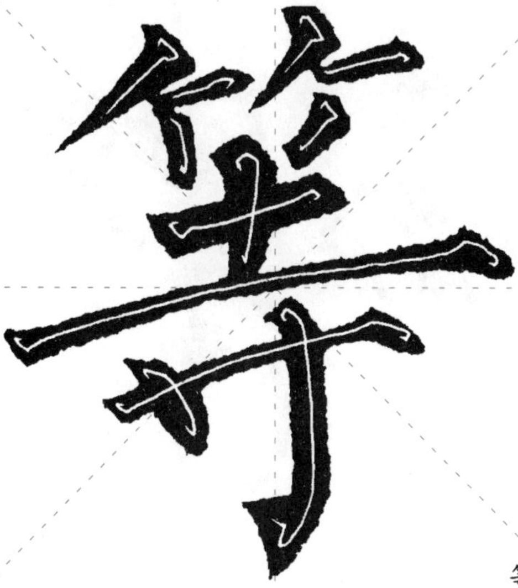

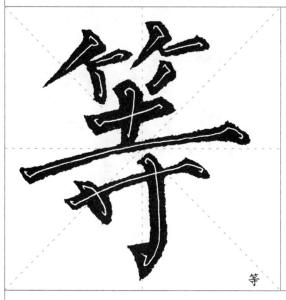

等

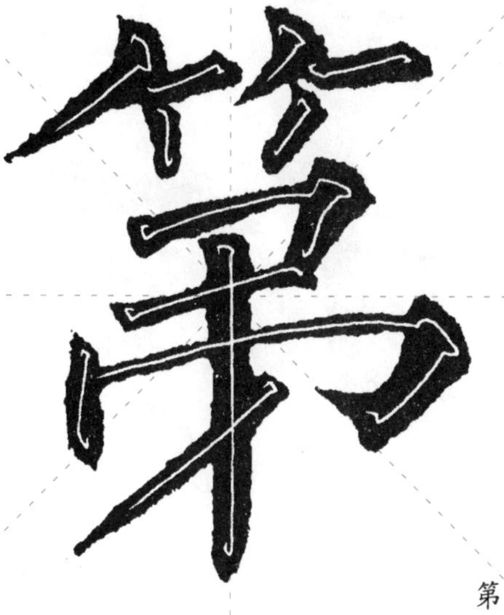

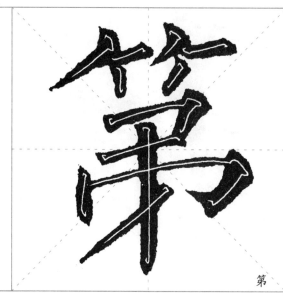

第

立部 居上时，斜点居中，两横上短下长，中间两点上开下合，起笔左低右高。居左时，下横改为提，左伸右缩。

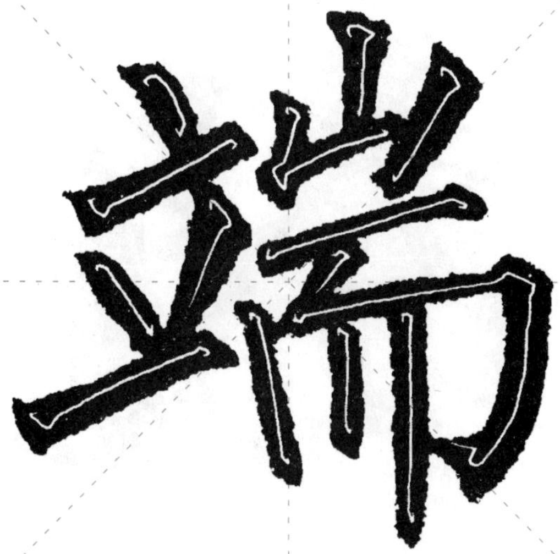

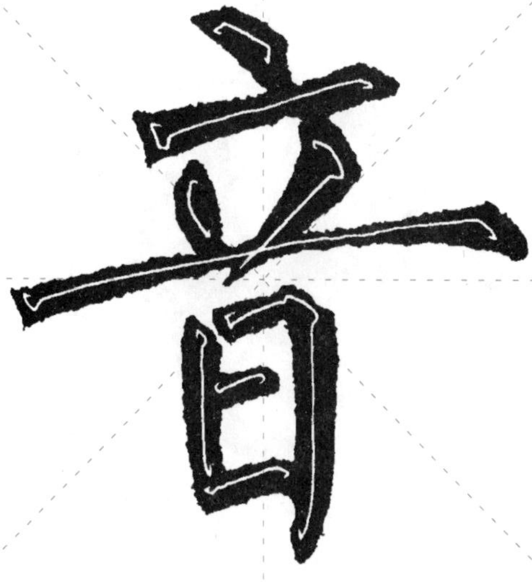

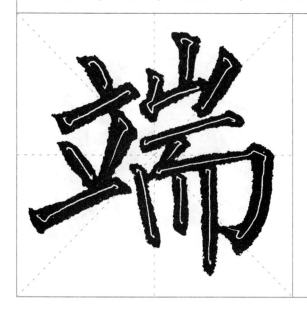

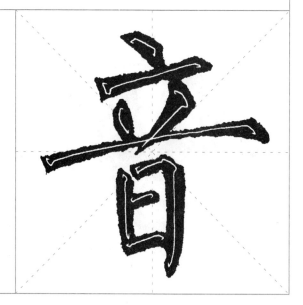

礻部 整体形窄，在左时小于右部，并与右部齐头。

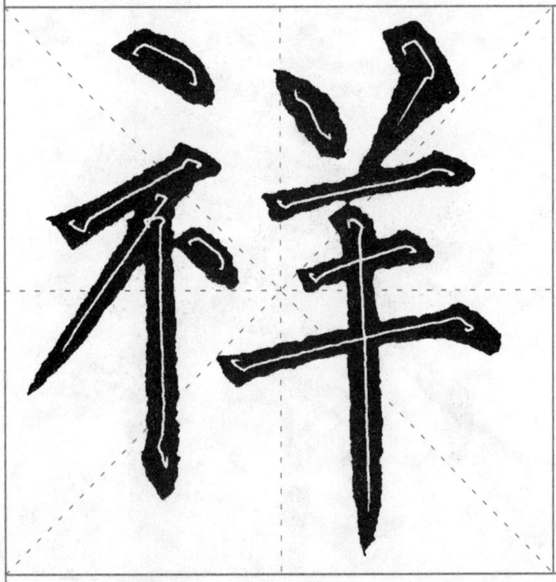

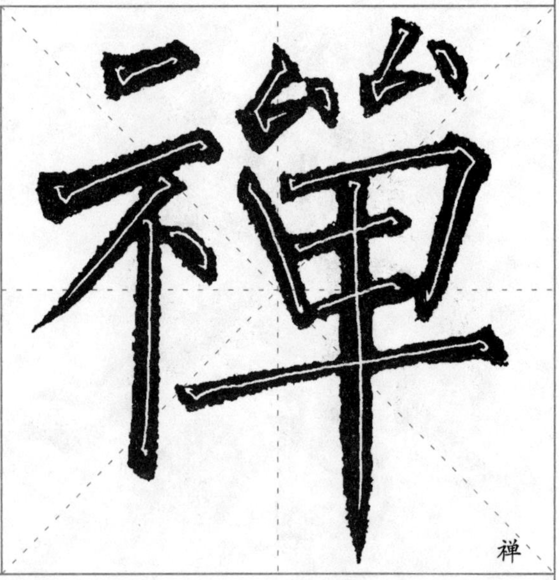

衤部 整体形窄，在左时多比右部高，且与右部齐底。

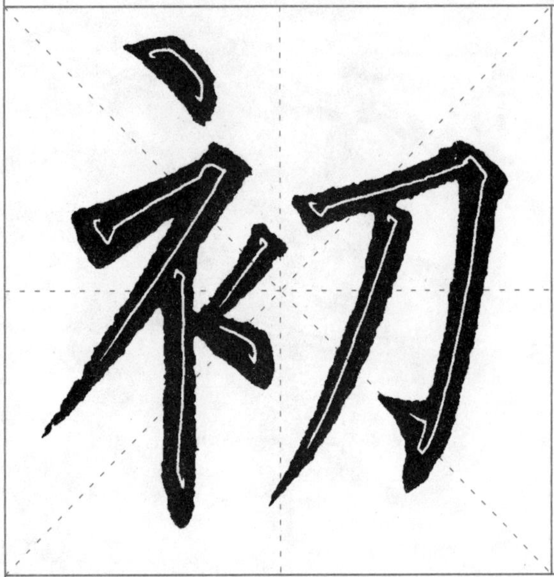

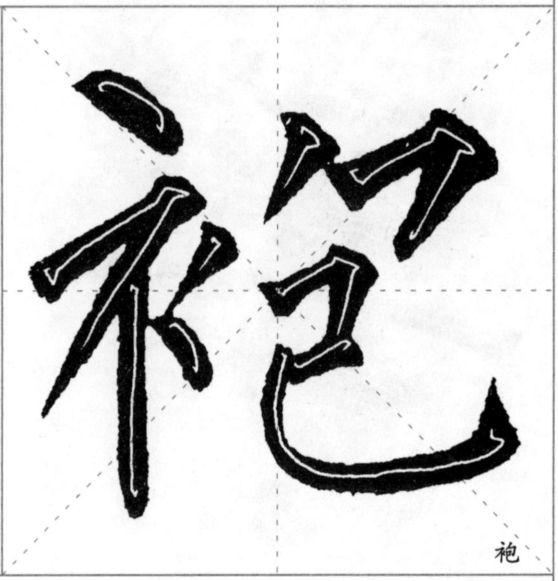

攵部 左收右放，下撇的尾部和捺的头部要注意穿插避让左部。

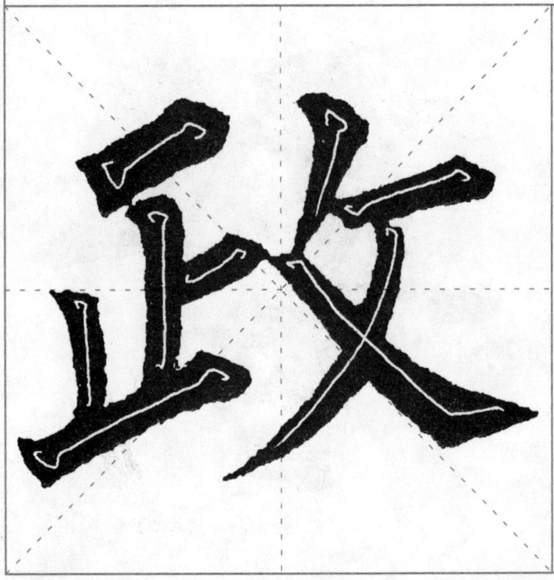

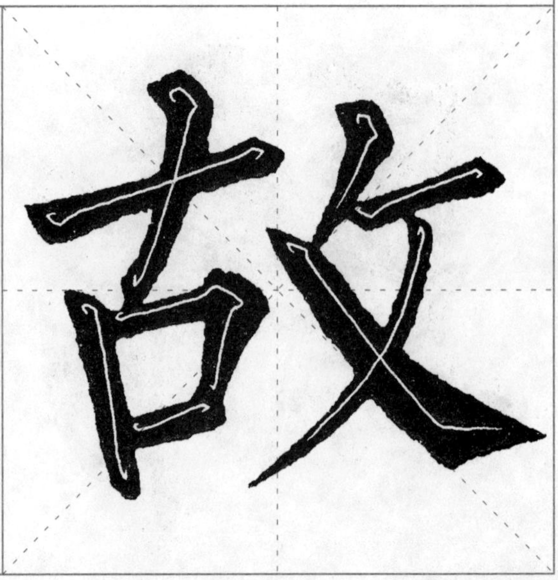

纟部 两撇折上小下大。下三点由左下向右上取势，间距要匀，形态各异。

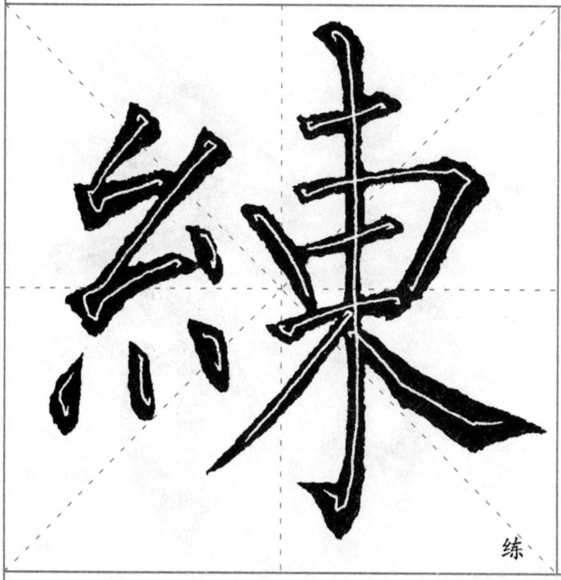

练

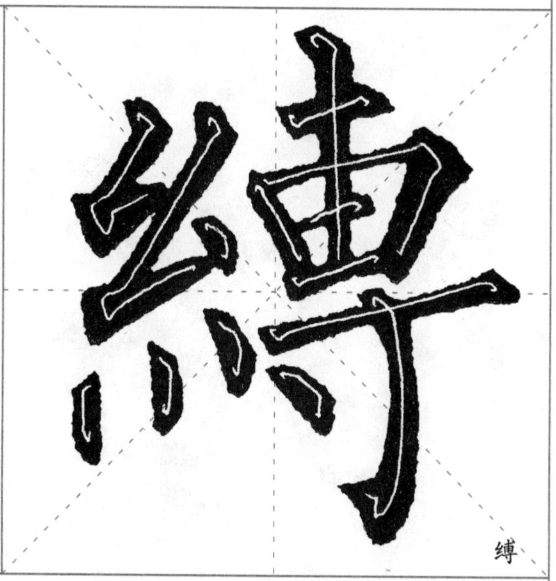

缚

糸部 两撇折上小下大，侧点不宜大。竖钩定位要注意使总体平衡，左右两点左低右高，遥相呼应。

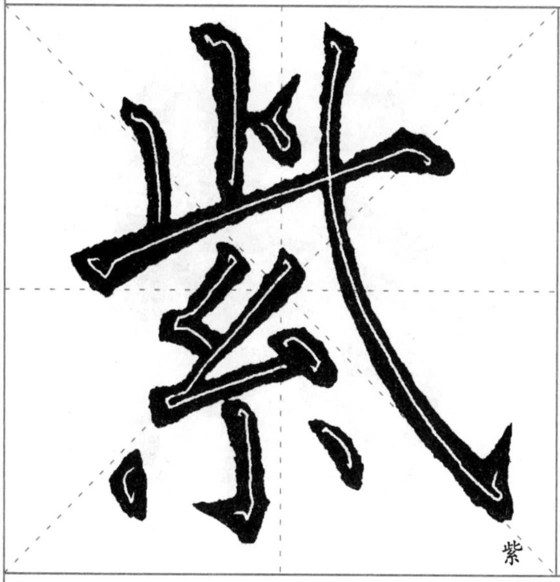

紫

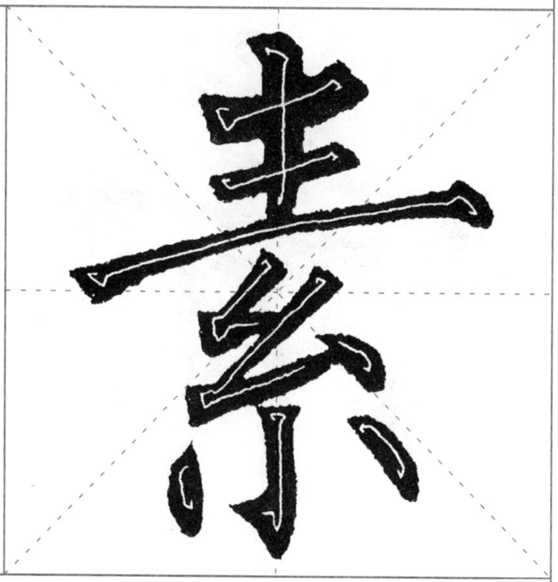

素

馬部 居左时形窄，居下时形宽。注意几个横向笔画的平行等距。

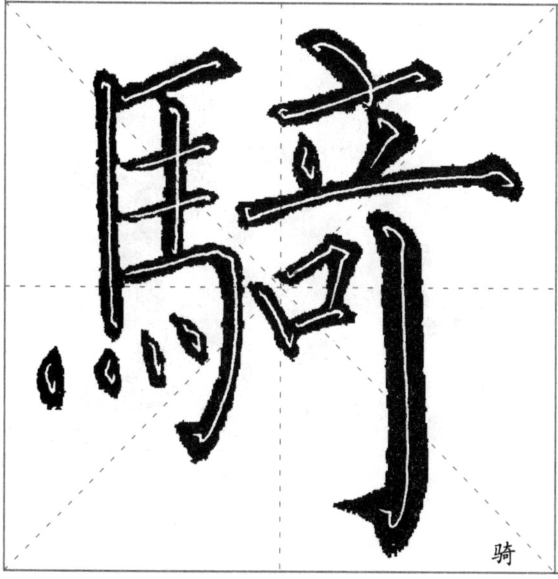

骑

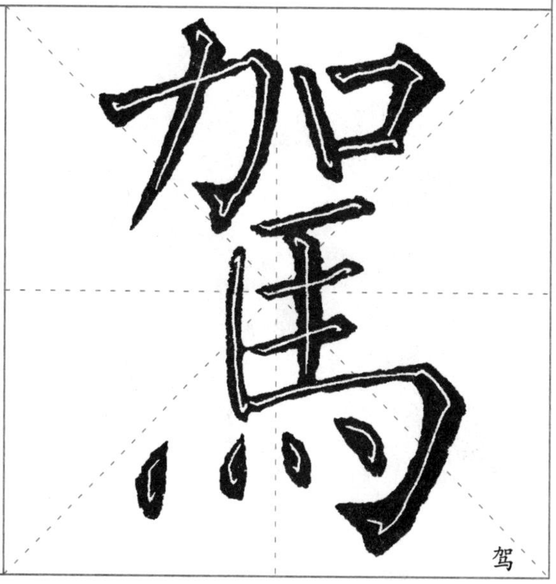

驾

言部　居左时，斜点偏横画上方右侧，上横画向左伸，下部“口”的短竖和横折的竖段向里斜收。字形窄长。

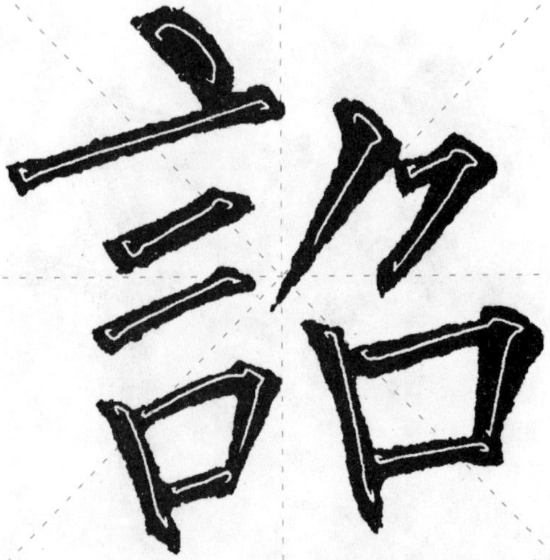
诏

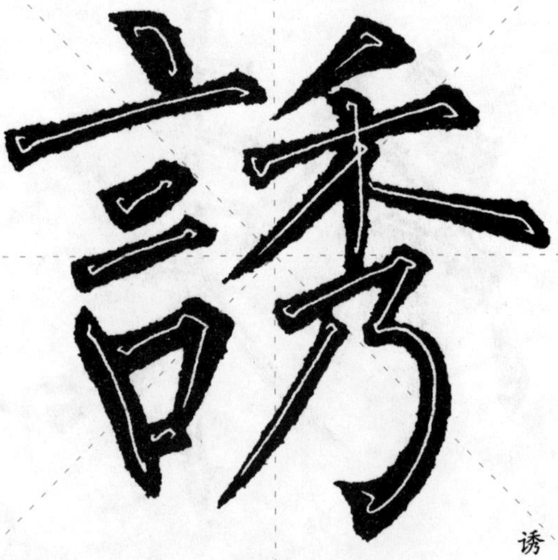
诱

青部　上、中横短，下横长，三横间距较匀。中竖要正直。“月”不宜写宽，左竖撇写成垂露竖。

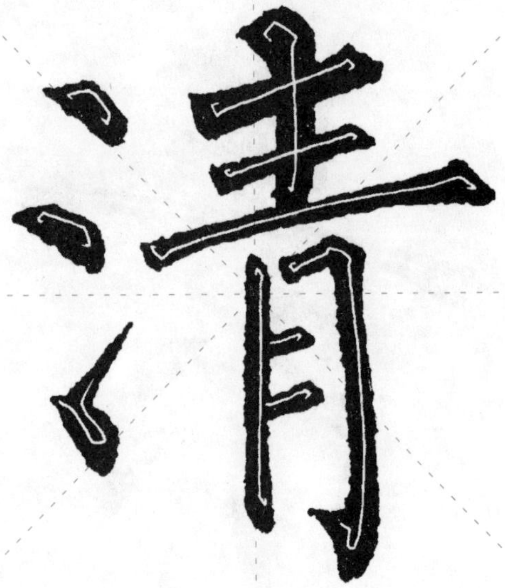

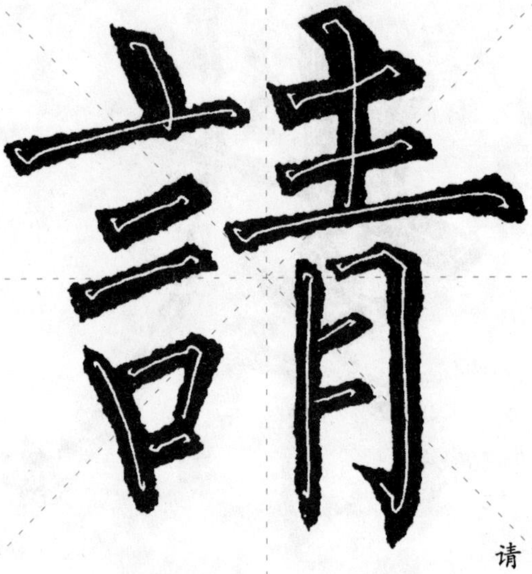
请

隹部　左竖直长，收笔用垂露。右边的点、横画之间要紧凑，底横稍长。四横间距要匀，不可写作两个“土”。

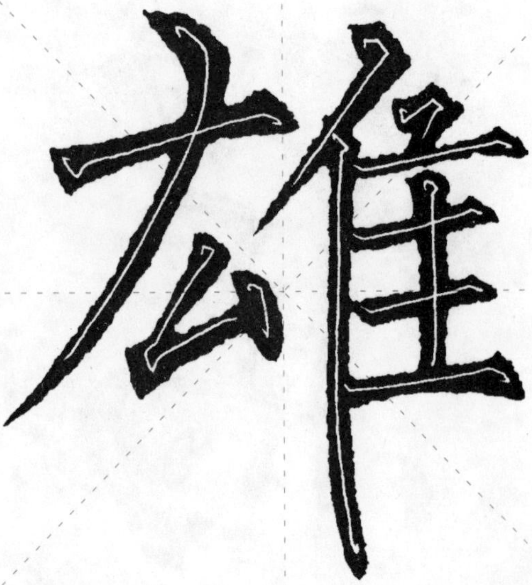

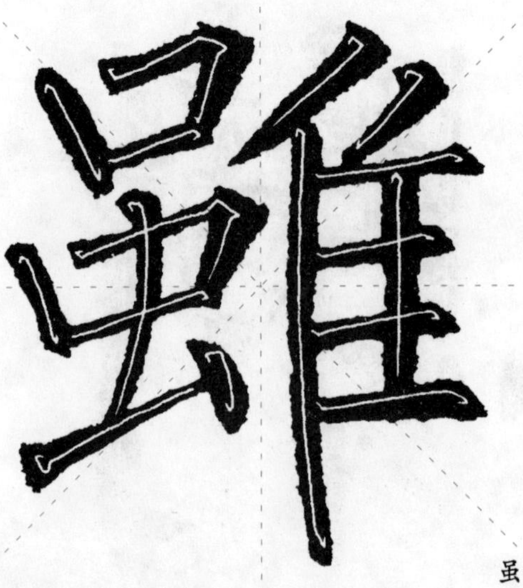
虽

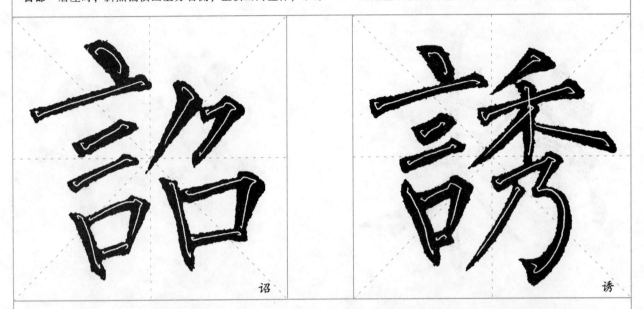

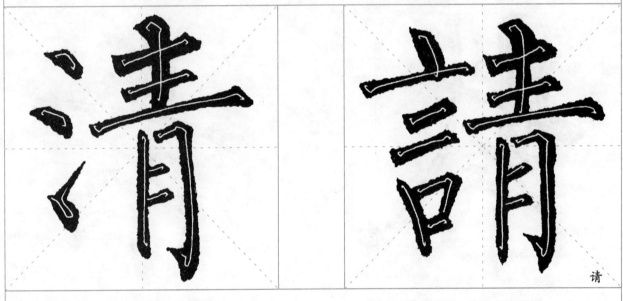

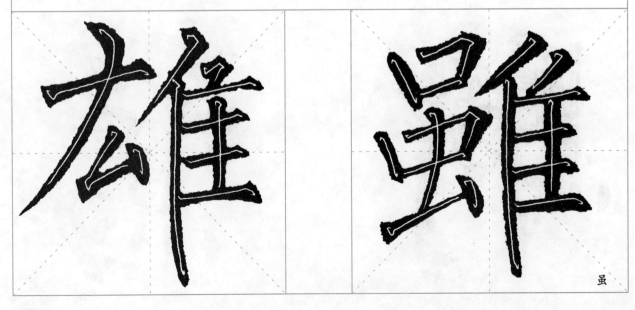

頁部 横画较细；短撇直，靠上横下方偏左起笔；左竖较横折的竖段要短，两小横右不写满；下撇点与侧点的角度要适当。

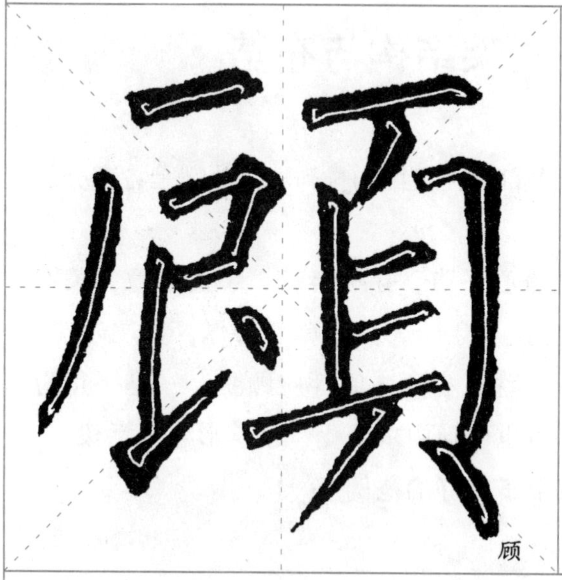

顾

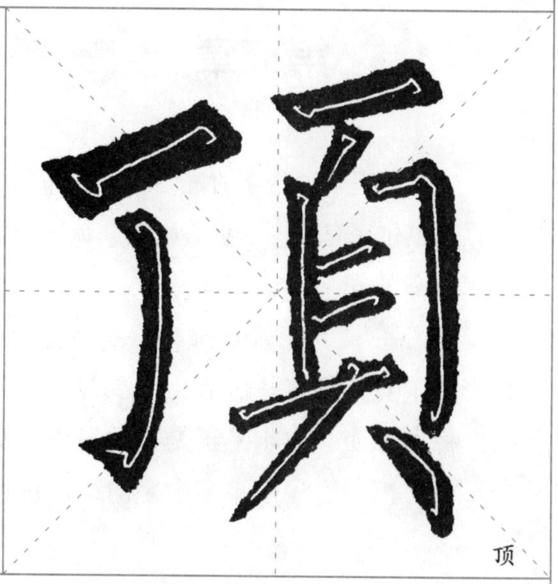

顶

金部 作左旁时，上部人字头要倾斜，捺画改为点；下部两短横向右上扬，两点左低右高互相呼应，底横向右上取势。

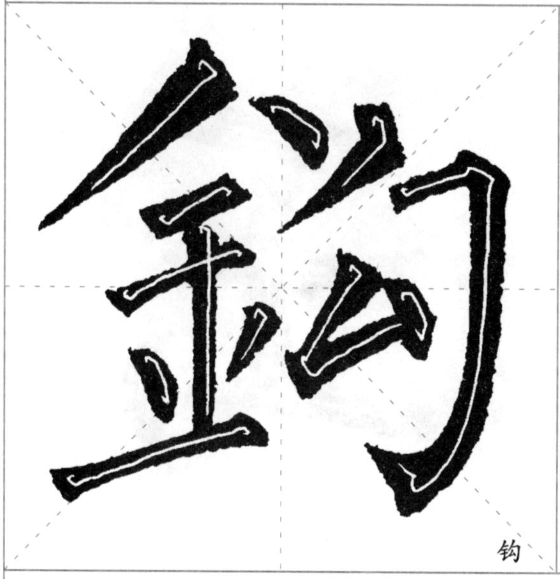

钩

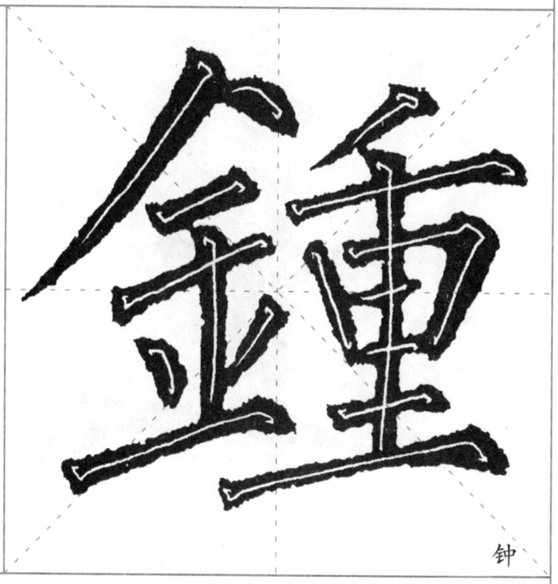

钟

雨部 上横短，横钩的宽度要适当。短竖居中，要写得粗壮。四点的形态应有变化，留白要匀称。

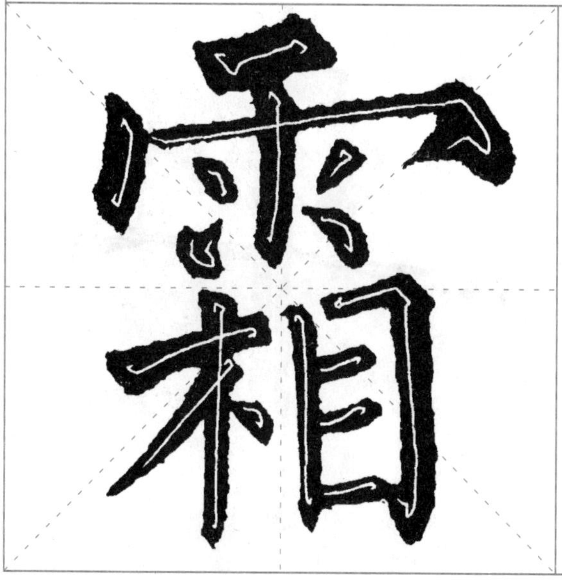

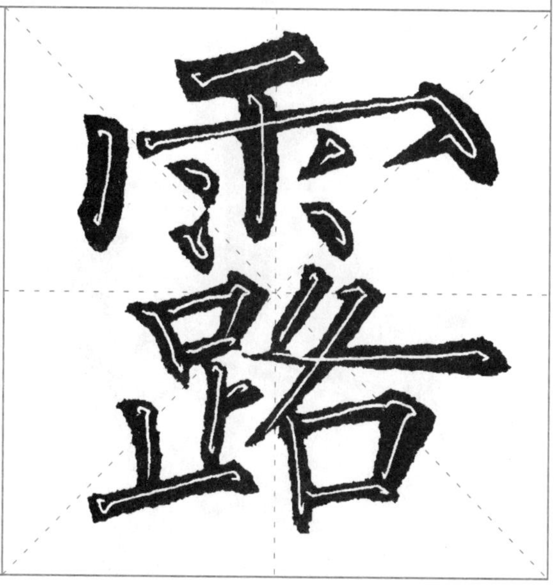

第五章 《玄秘塔碑》间架结构与布势

汉字的间架是指字的笔画构成和布局，结构是指各部分的搭配和排列，布势则是各部分之间的取势和呼应，要求重心平衡，疏密匀称。

楷书的间架结构与布势，主要抓住三点：一是重心平稳，穿插避让。字要平稳，关键在于重心平稳，安排笔画时，要注意笔画之间的避让、穿插。二是疏密匀称，首尾呼应。每个字不管笔画多少，看上去要疏密得当，书写时要注意点画之间呼应顾盼。三是平正为主，稳中求变。力求平正是初学书法的基本要求，但也要稳中求变化，使字形生动活泼。

柳公权《玄秘塔碑》中字的结体特点给我们留下了很好的范例。

横平 横平，不是指横画要写得水平。横画一般要写得略上扬，视觉上才平稳，尤其是长横。

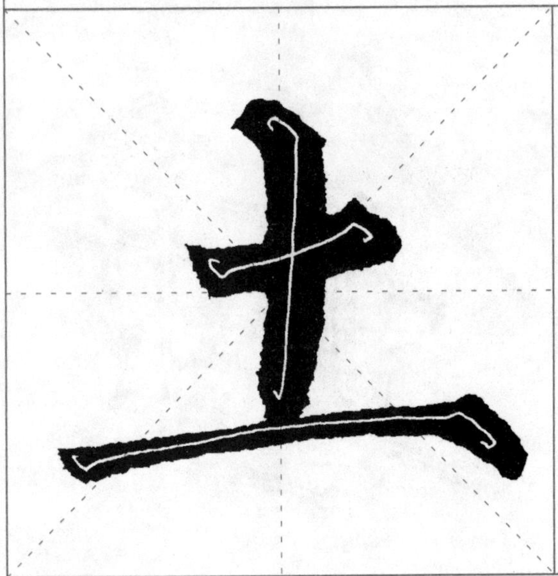
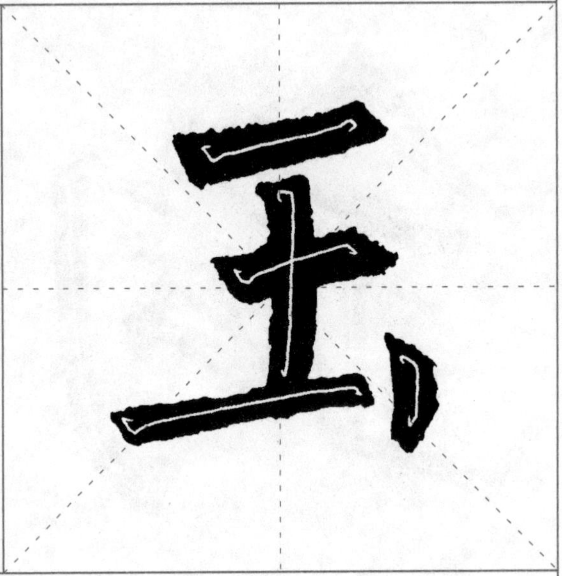

竖正 竖正，主要指字中的长竖和中间的短竖要写得正直。左、右两边的短竖一般向内斜，且右竖长于左竖。

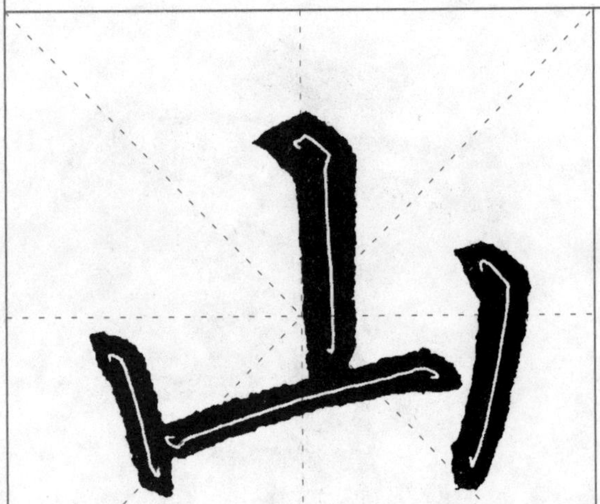
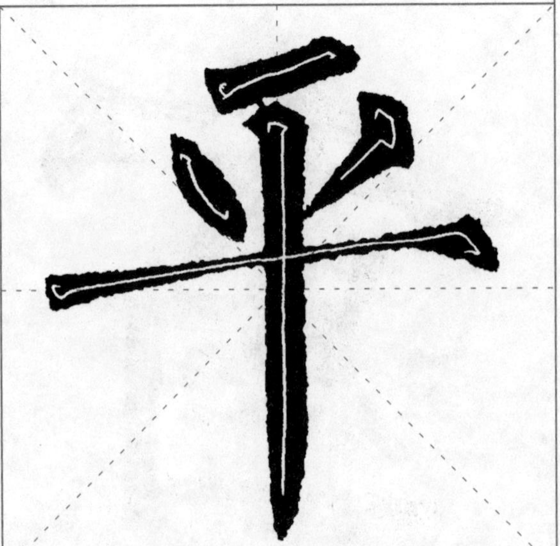

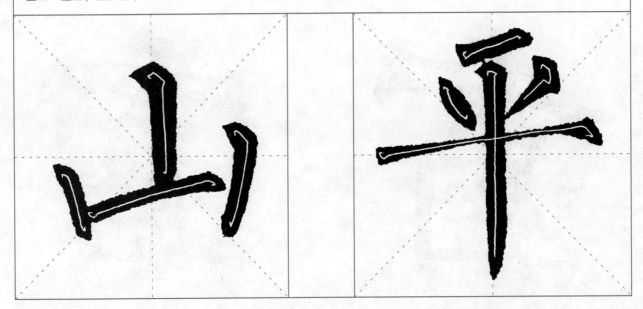

弯正 带弯势的竖钩在字中起支撑作用时，钩部居中，才能使字在倾斜中取得平正。

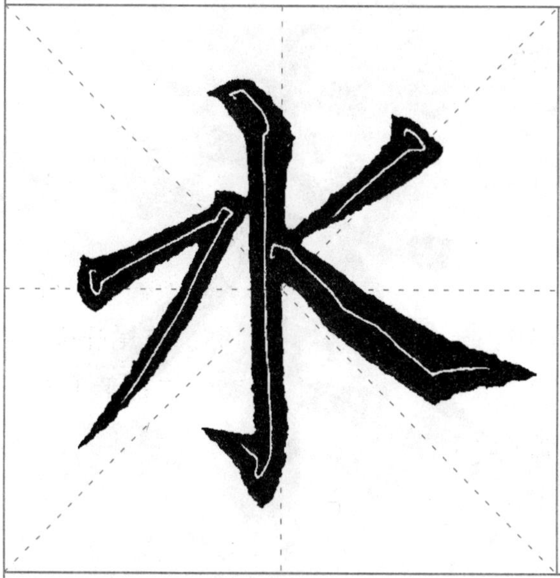

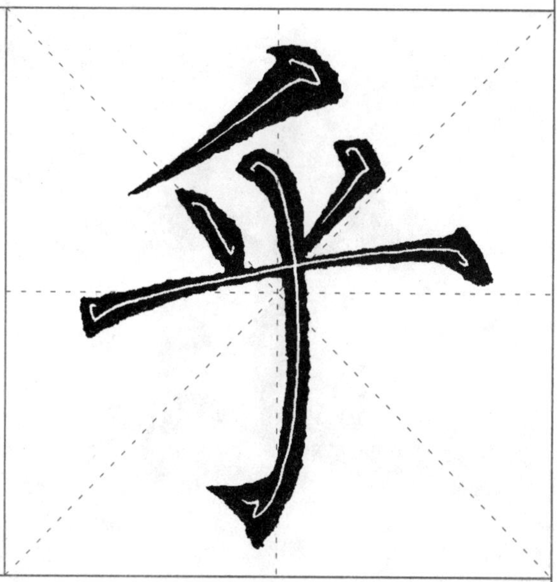

斜正 含倾斜笔画多的字，应该使斜画相交的交点居中，如此才能使字在倾斜中取得平正。

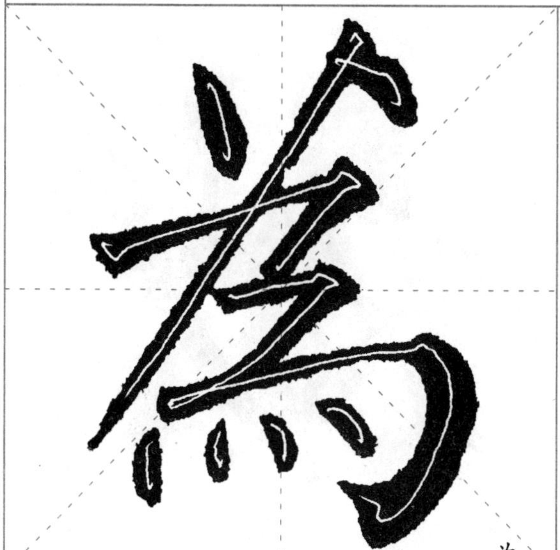

为

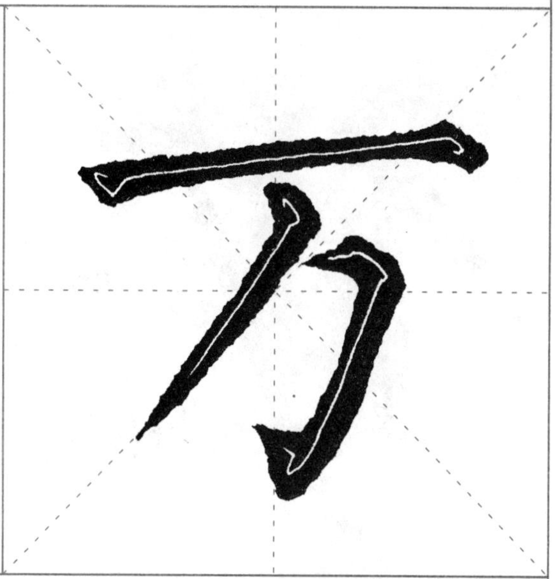

间隔匀称 一个字内，笔画之间的间隔距离要基本匀称，尤其笔画繁多的字，不能有的部分太拥挤，而有的部分又太分散。

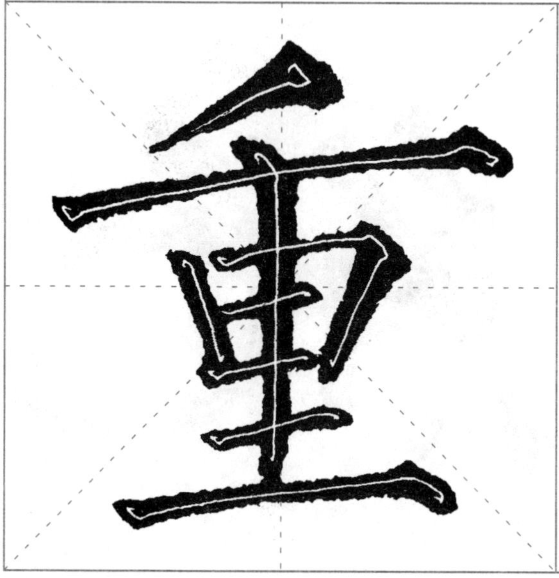

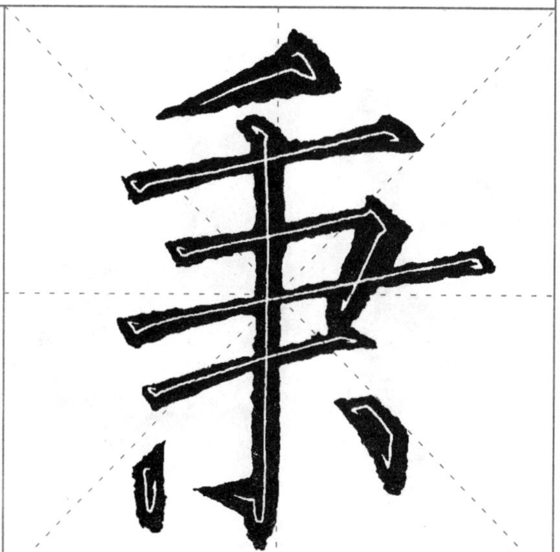

秉

左右对称 字中的左右对应笔画形状相同、相似的，两边的形态也应写得对称、相似，这样字才能显得平稳。

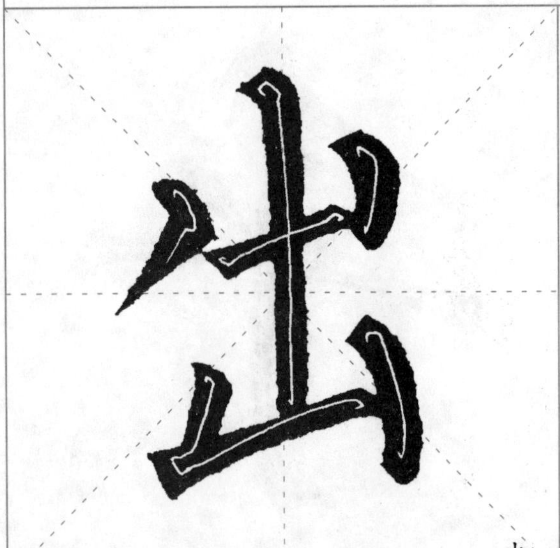

出

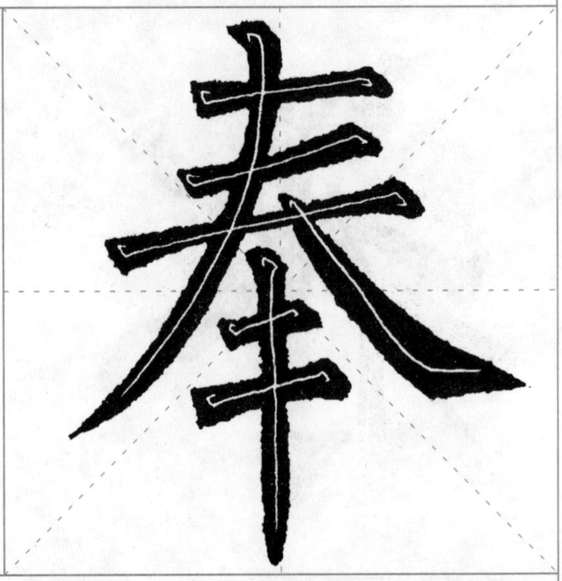

左右穿插 左右两部之间的笔画多而且拥挤或发生冲突时，应该各自上下位移，相互插入对方空隙处，以使字的笔画匀称。

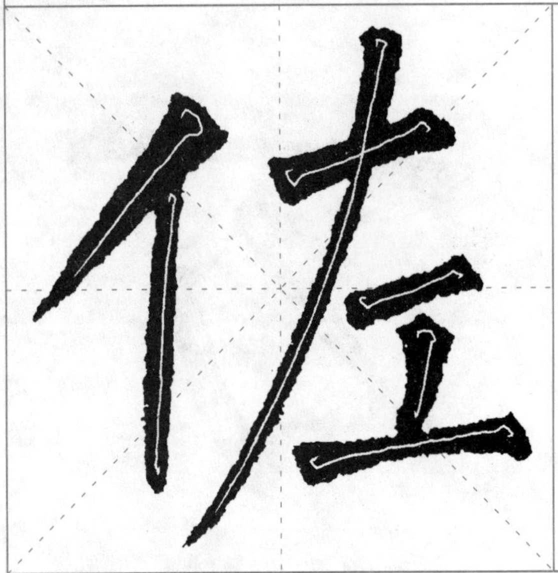

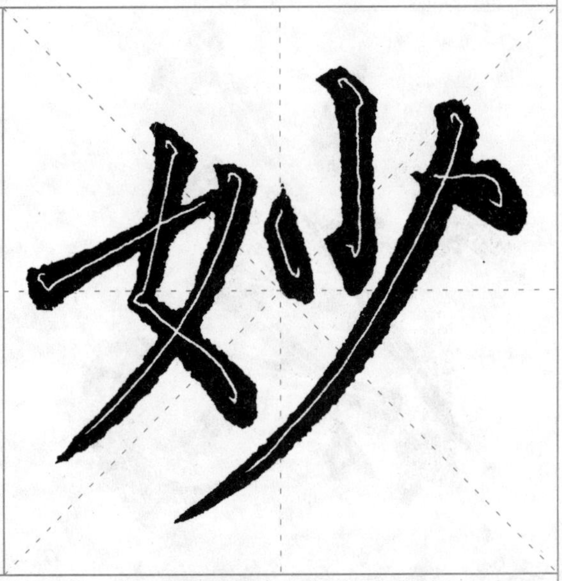

左右相背 左右两部分的笔画结构有的相向，有的相背，各有不同的体势。左右相背的要彼此关照，气势贯通，力戒板滞。

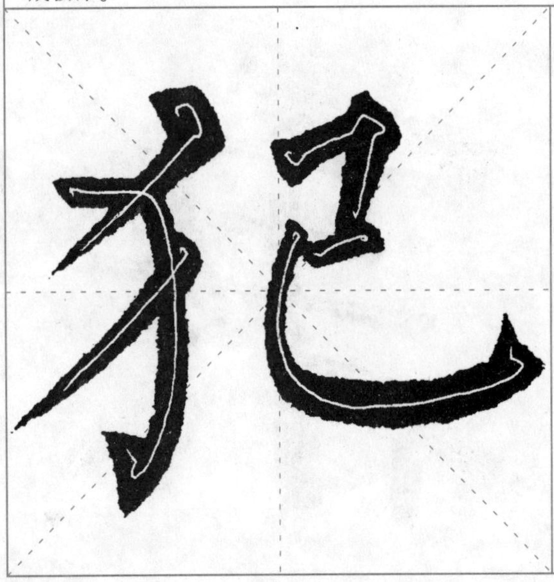

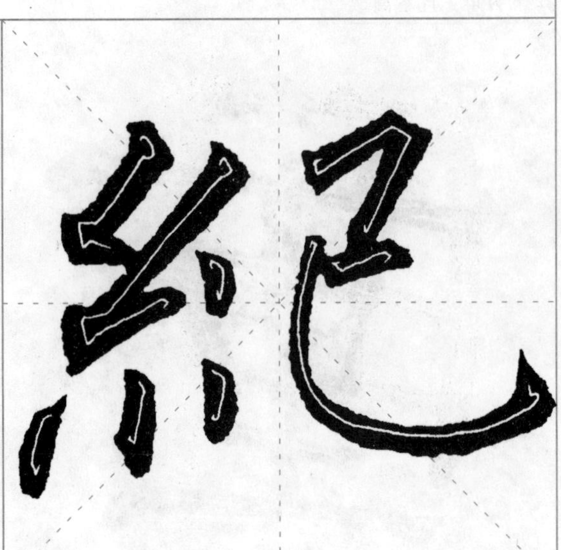

纪

左右等高　字的左右两部分的高度相等，则字形多为方形。左右两部分要互相照应，避免离散，使结字平衡稳定。

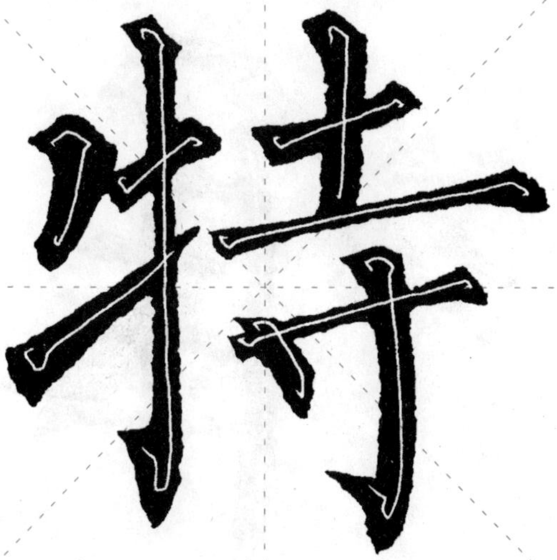

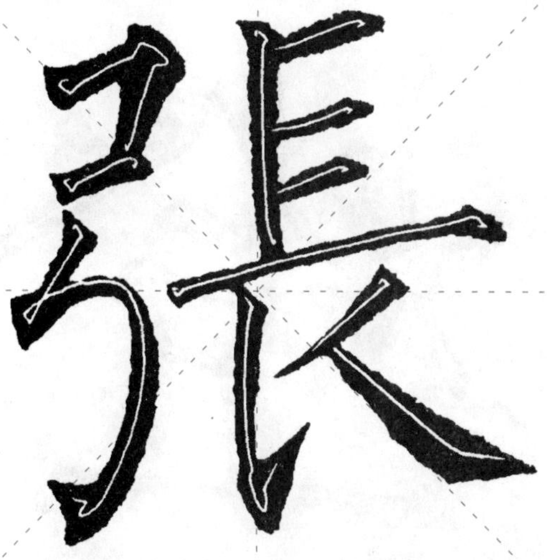

张

左窄右宽　左右结构的字，左边笔画少于右边的，要写得左窄右宽，以右部为主。右部端正，左部偏旁依附右部，并向右部靠拢。

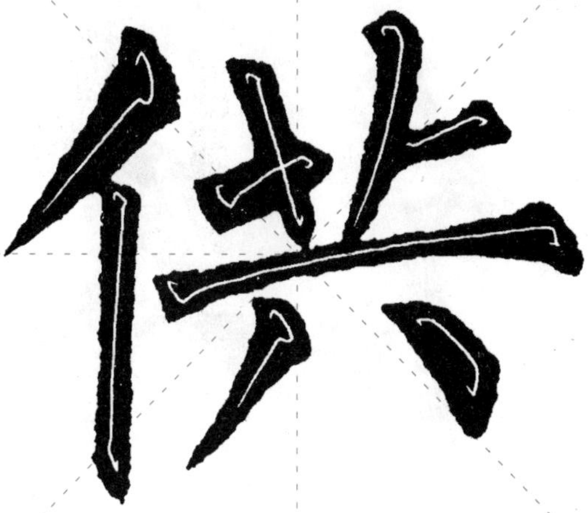

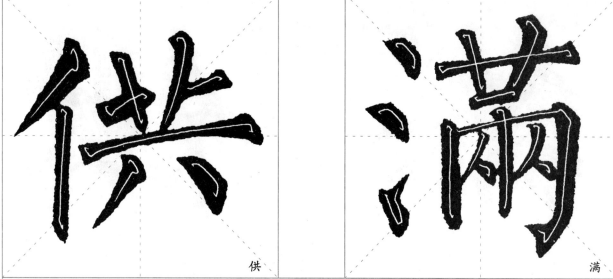

供

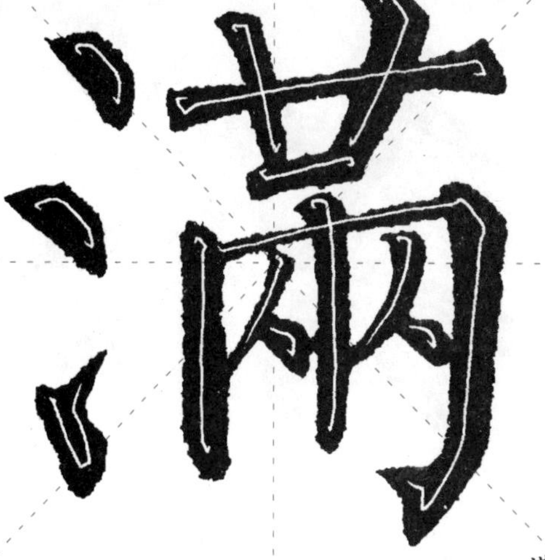

满

左宽右窄　左右结构的字，左边笔画多于右边的，要写得左宽右窄，以左部为主。右部偏旁的长竖（竖钩）要写得劲挺、下伸，且不离散。

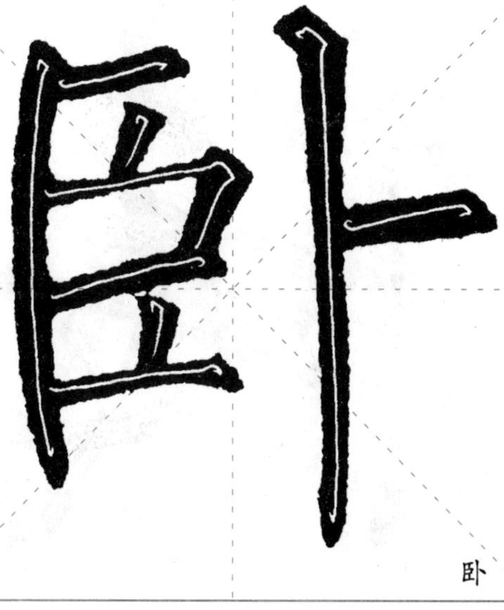

卧

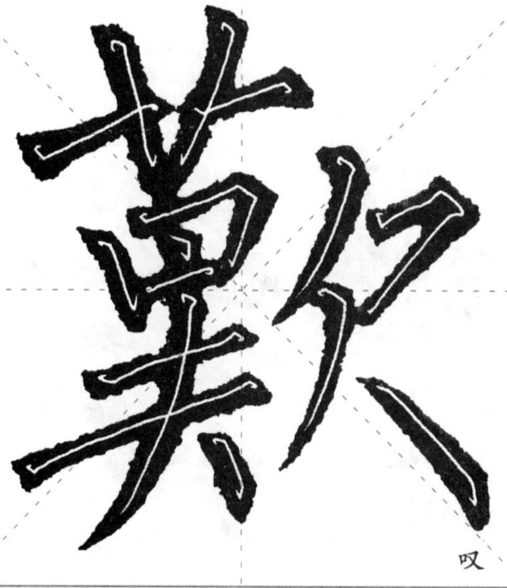

叹

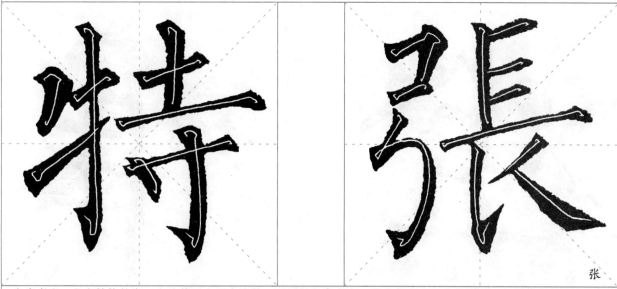

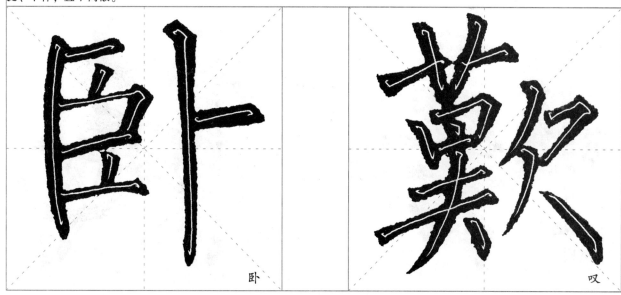

左短右长 以右部为主、左部短小的字，右部要端正、舒展。左部收缩且向上靠，以避让右部，使右部笔画能得以伸展。

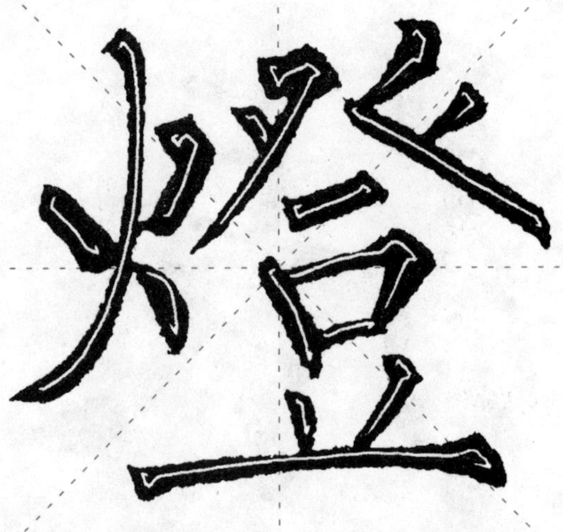

灯

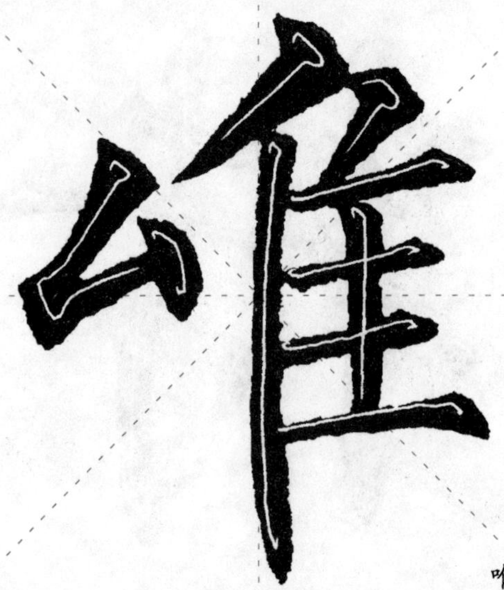

唯

左长右短 以左部为主、右部短小的字，左部要写端正、舒展。右部要向下靠，右上要留空，这样才能显得平衡、稳当。

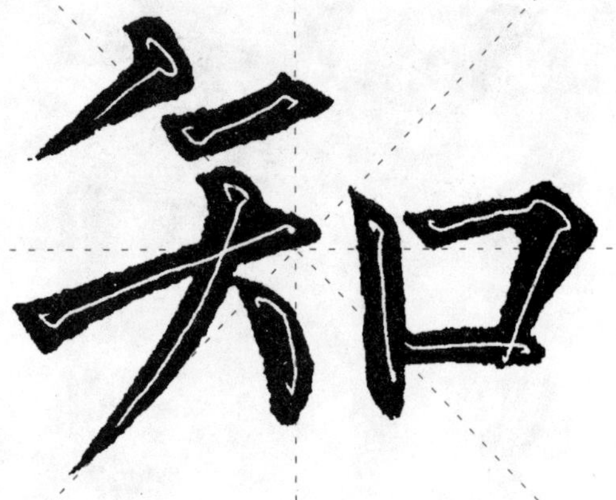

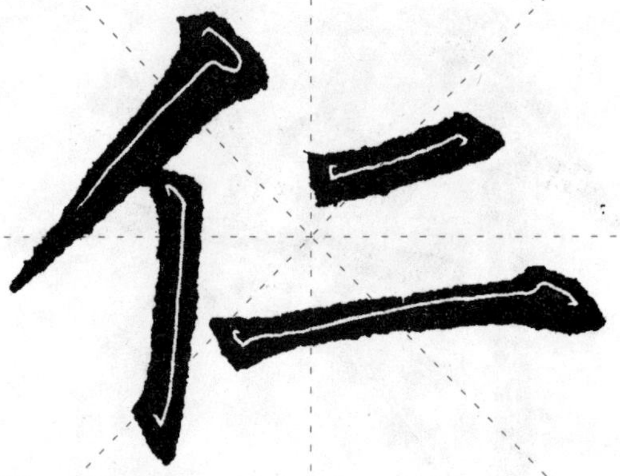

左合右分 字的右部是由上下几层合成的，写好左旁写右部时，上下几层要靠拢，上下对正，形成整体，形要端正、稳定。

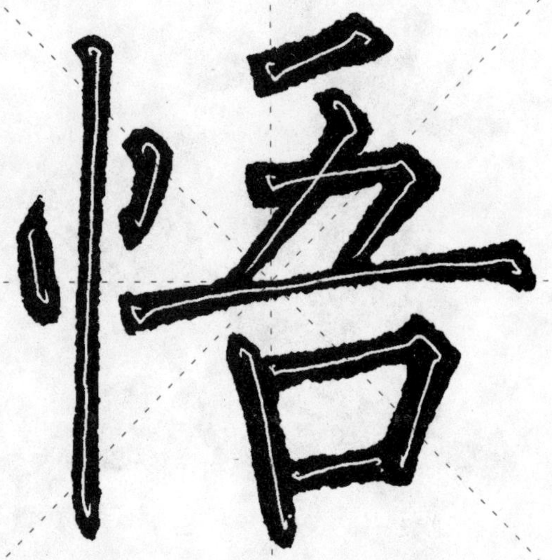

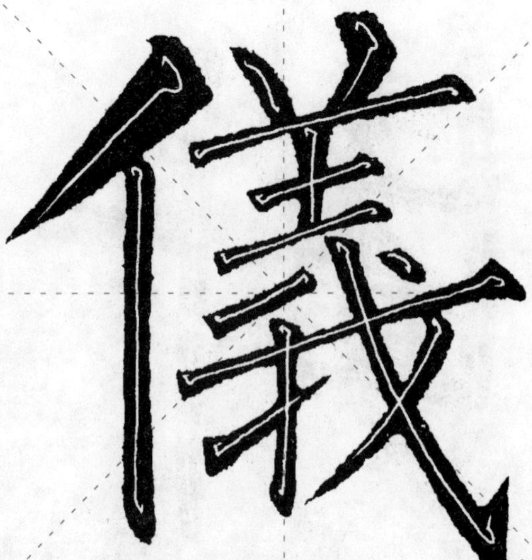

仪

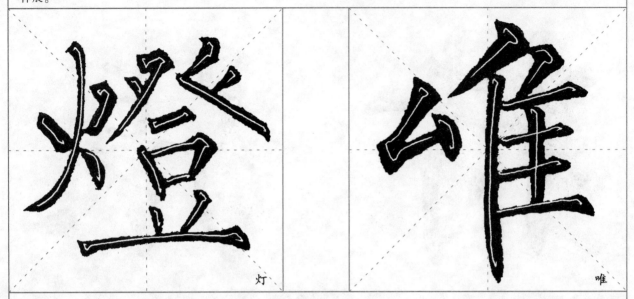

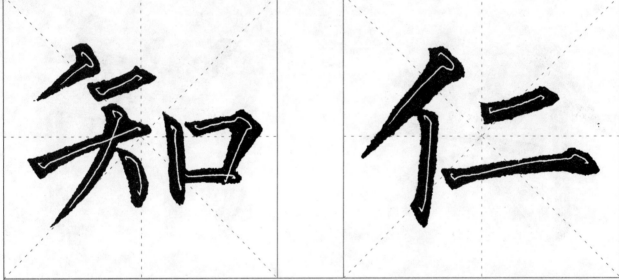

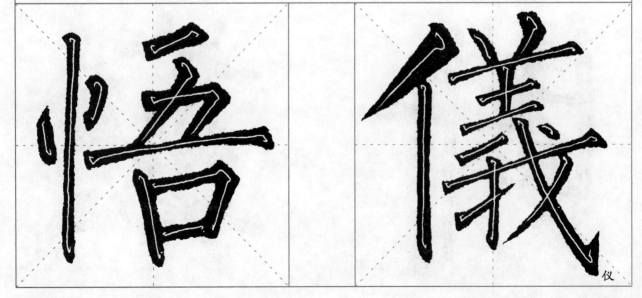

左分右合 字的左部是由上下几层合成的，左部要写得上下几层靠拢，形成端正、稳定的整体，然后再与右旁组合。

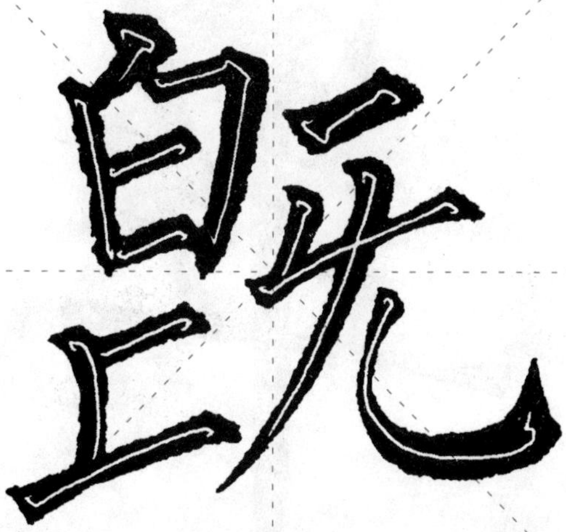

既

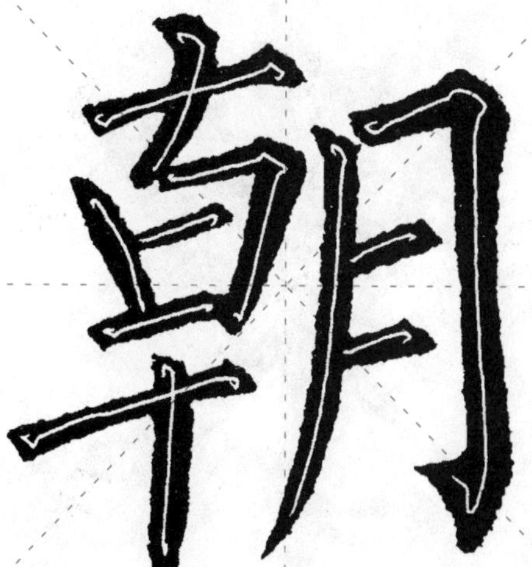

上宽下窄 字的上部笔画繁密占地较大，而下部笔画稀少时，要任由其上部宽大，以避免局促。上下两部中心要对正。

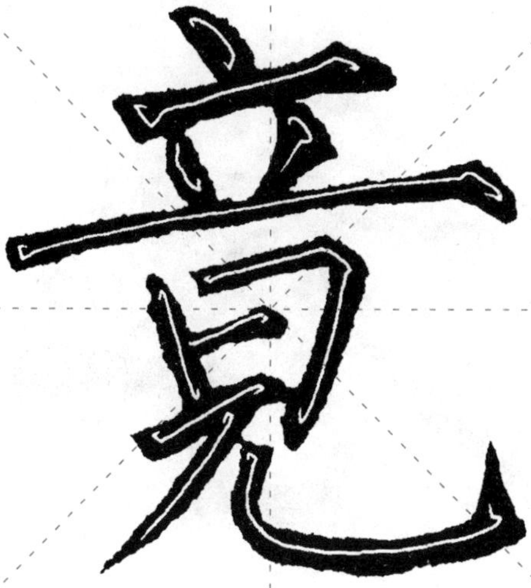

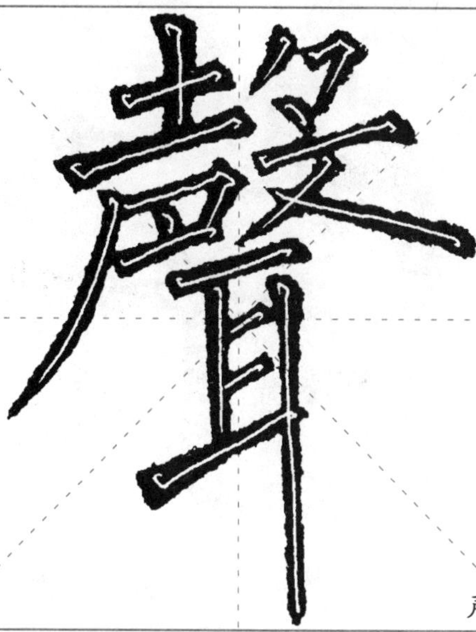

声

上窄下宽 上下结构的字中，如果上部笔画稀少或形小时，要任由其下部宽大，以使下部能稳托字的上部。

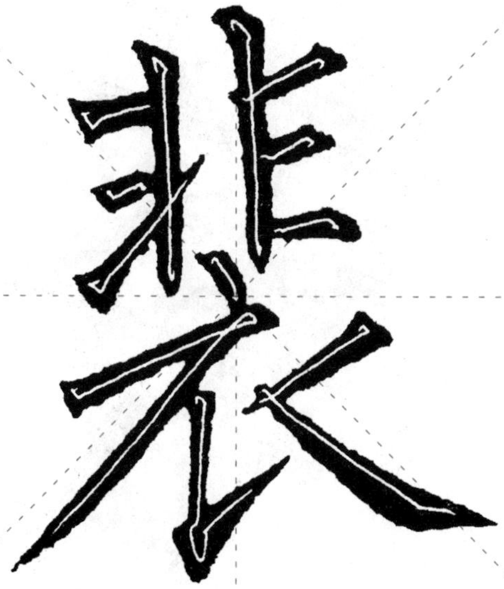

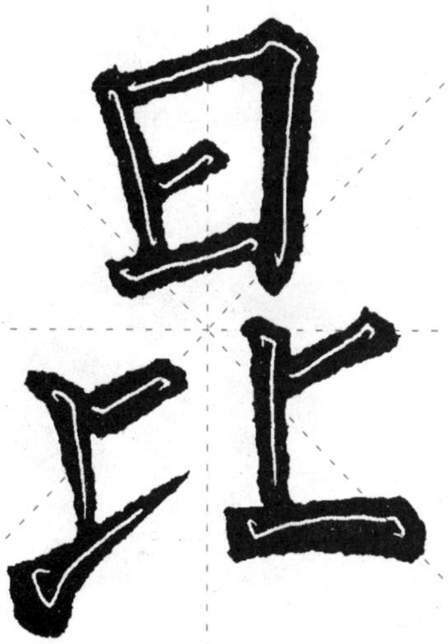

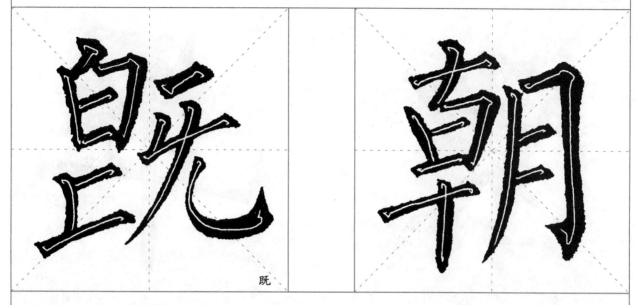

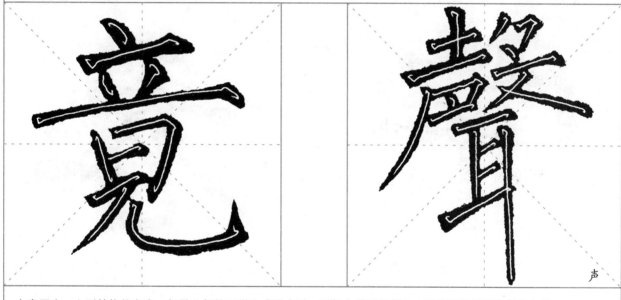

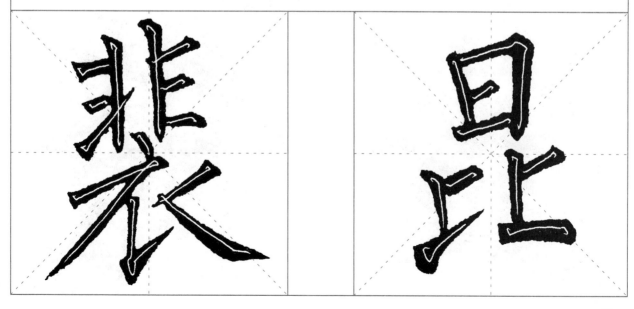

中竖宜正 字中部的长竖笔画，要写得不偏不倚，中正挺直，支撑起全字。

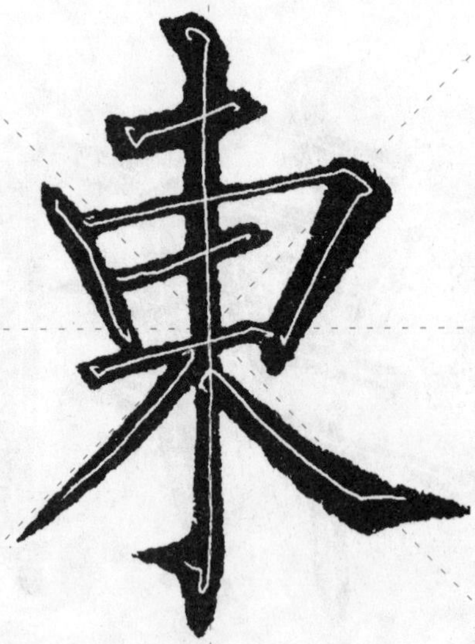
东

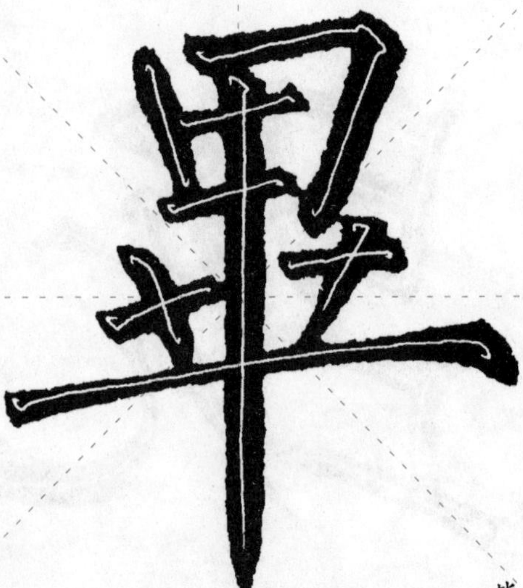
毕

上覆盖下 有“宀”“人”“雨”等字头的字，上部要写得宽阔些，能覆盖住下部笔画。下部有长横时可将其适当缩短。

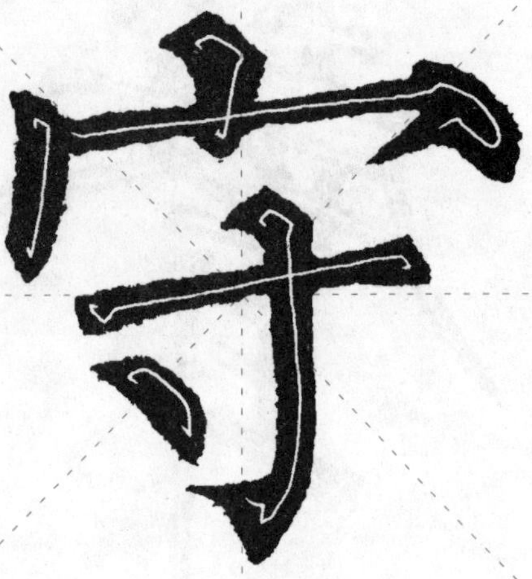

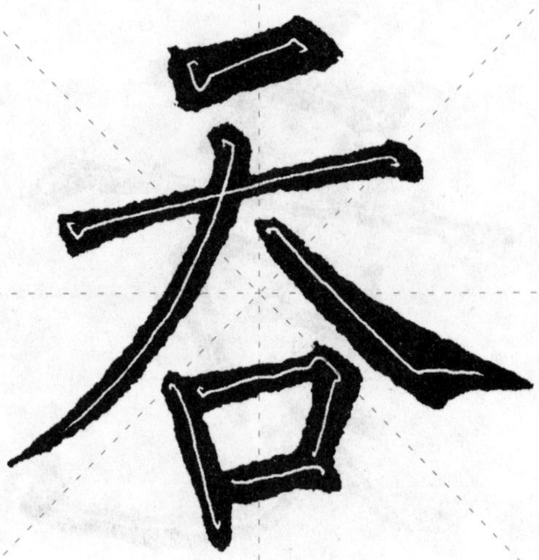

上下相等 上下结构的字中，如果上下两部分各占二分之一高度，书写时要求上下之间中心对正。

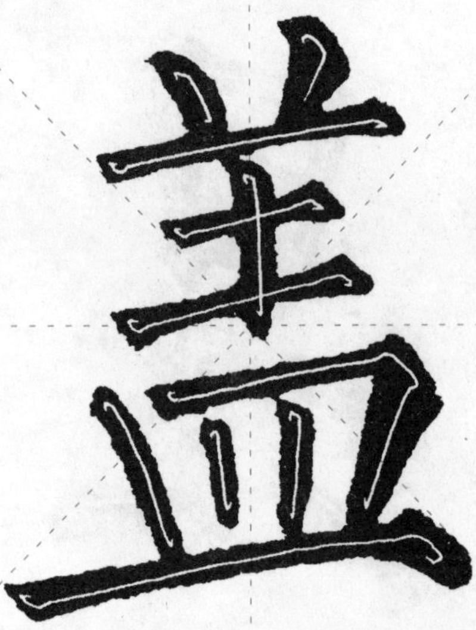

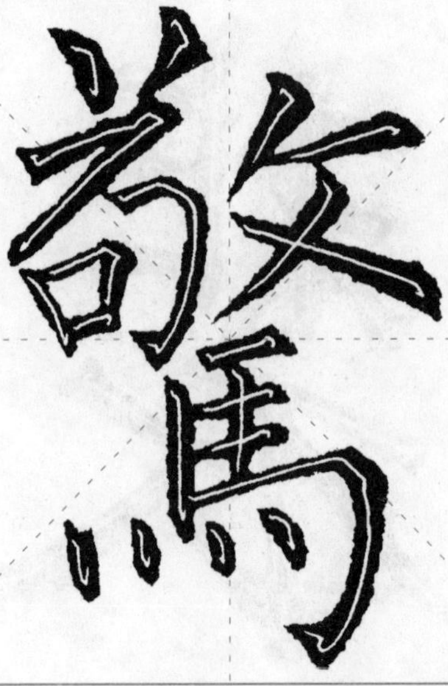
惊

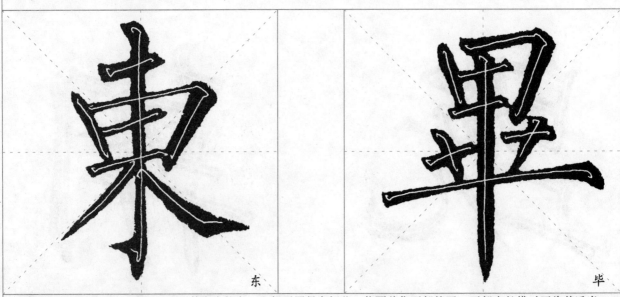

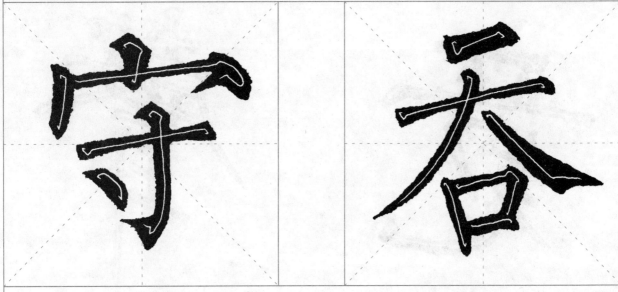

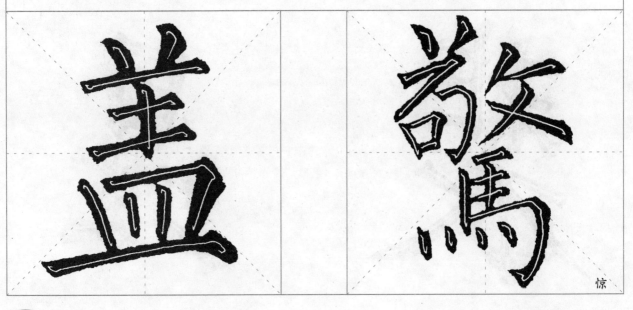

扫码看视频

上短下长 有“艹”“日”等字头的字，上部要写得短，下部占位要大，中竖或中心线左右所占位置基本对称。

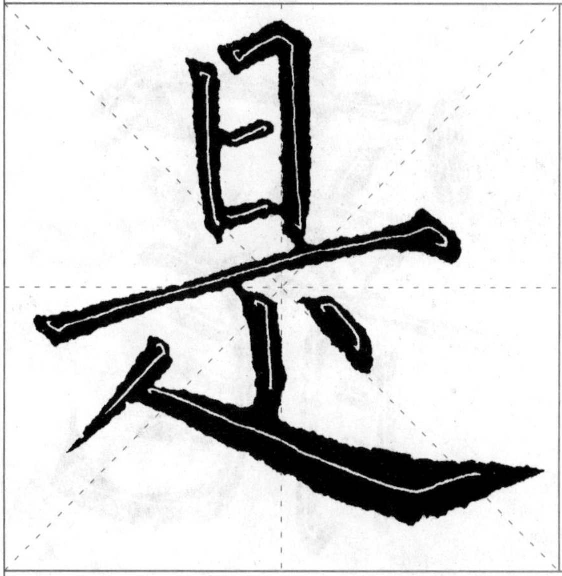

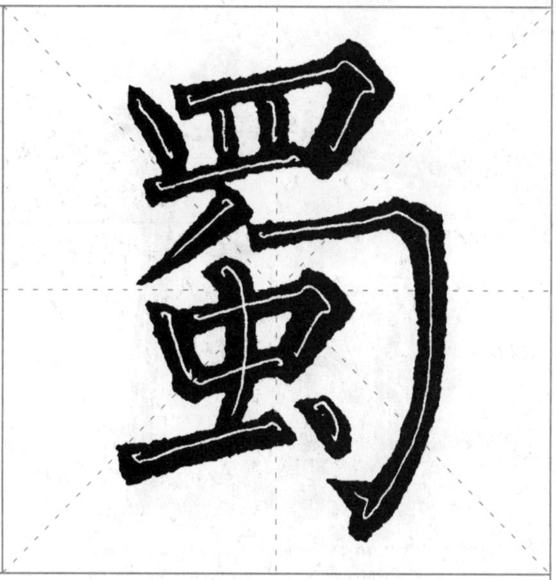

上长下短 有“灬”“皿”“八”等字底的字，上部要写得长，下部占位要小，中心线左右所占位置基本对称。

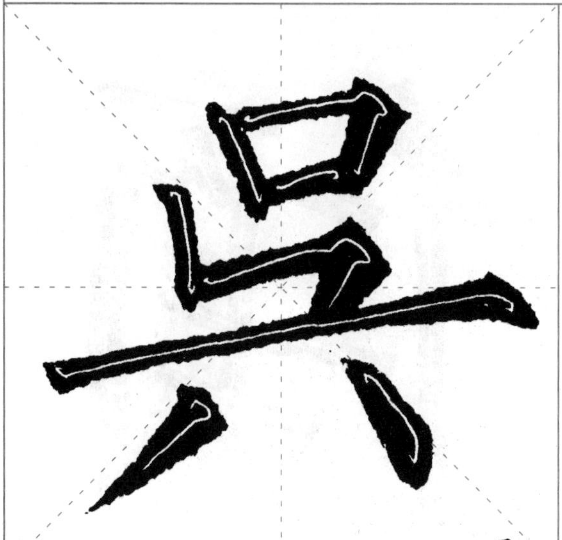

吴

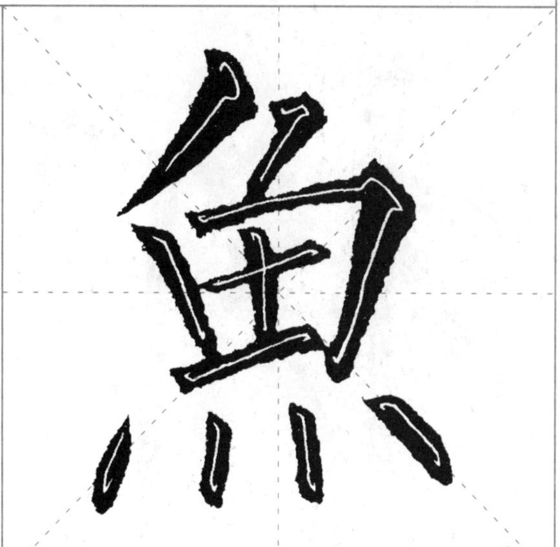

鱼

上分下合 如果字的上部由左右两部合成，则书写要分而不散，形成整体，再与下部组合，上下两部分间隔紧凑。

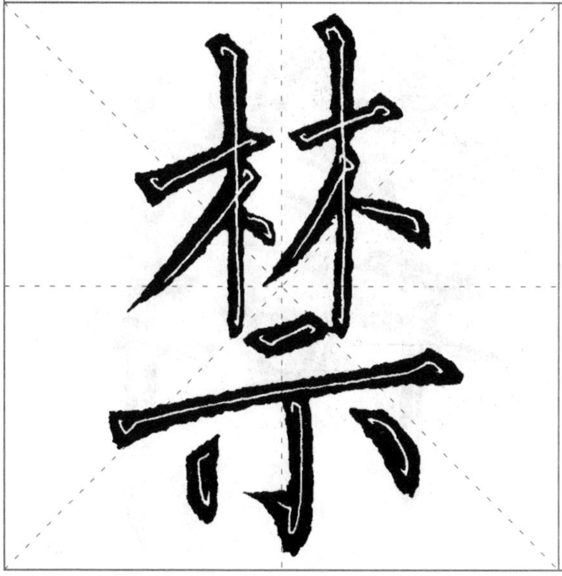

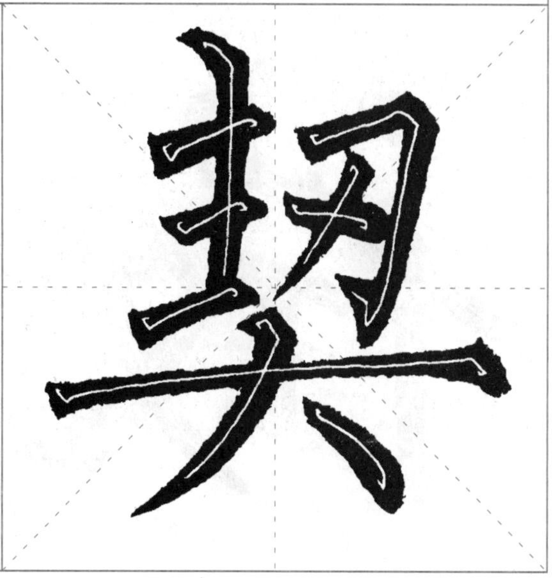

上合下分 如果字的下部由左右两部合成，则书写要相互靠拢，形成整体，与上部组合时向上靠，避免散乱疏松。

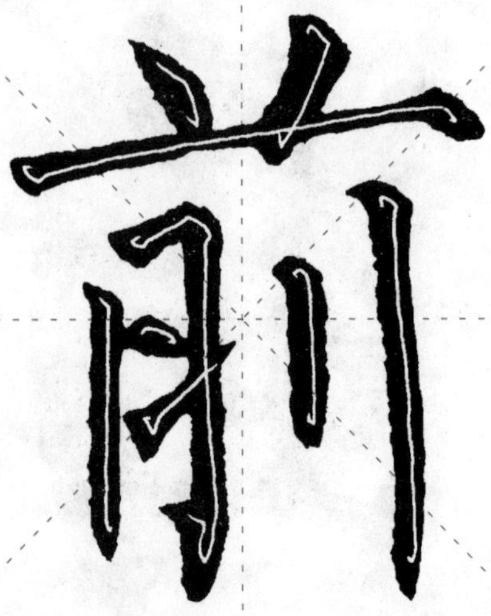

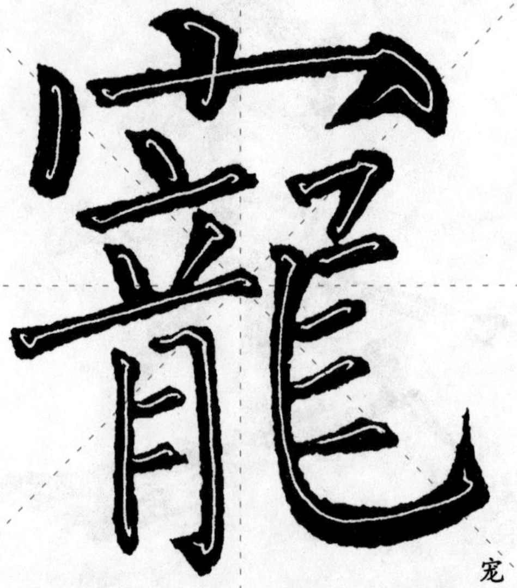

宠

中短靠上 在左中右结构的字中，中间部分较短时，书写时要向上靠，下部留空，同时左侧取位略上，右侧稍向下伸展。

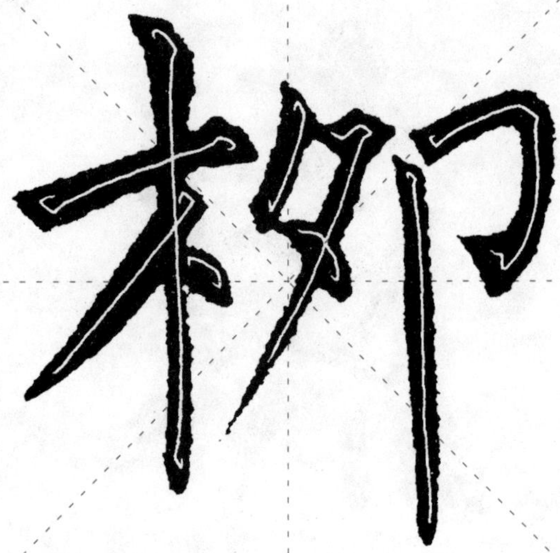

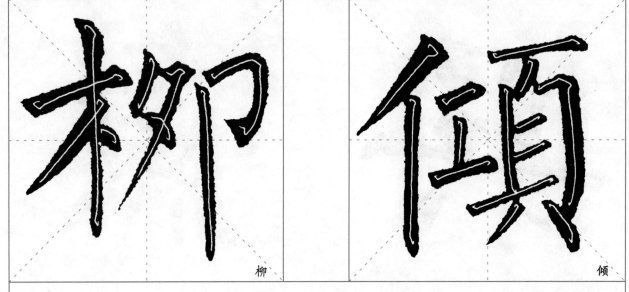

柳

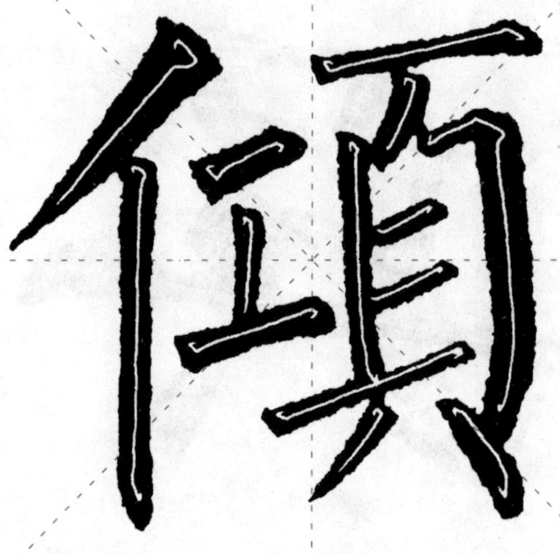

倾

中窄而长 在左中右结构的字中，如果左右部分的笔画较多，中部应写得窄而长，以给左右部让出空间。

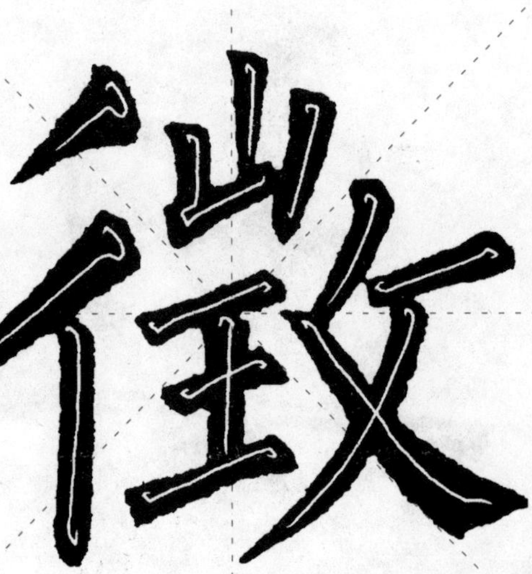

徽

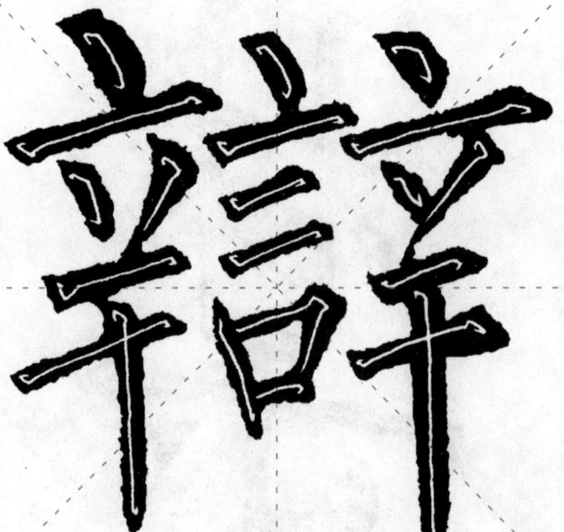

辩

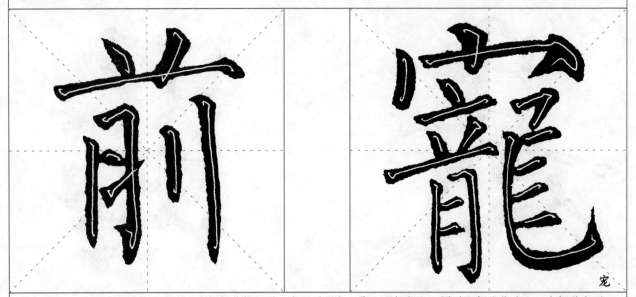

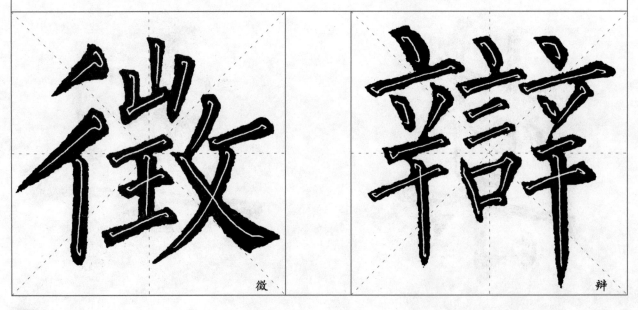

上下大者中小　上中下三部分纵列的字，各部应宽窄不一，以免呆板。若主要笔画集中在上部和下部，则中间部分应写窄小些。

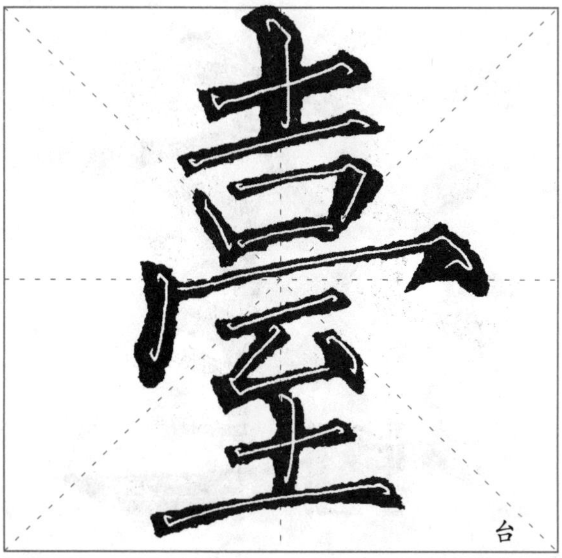

台

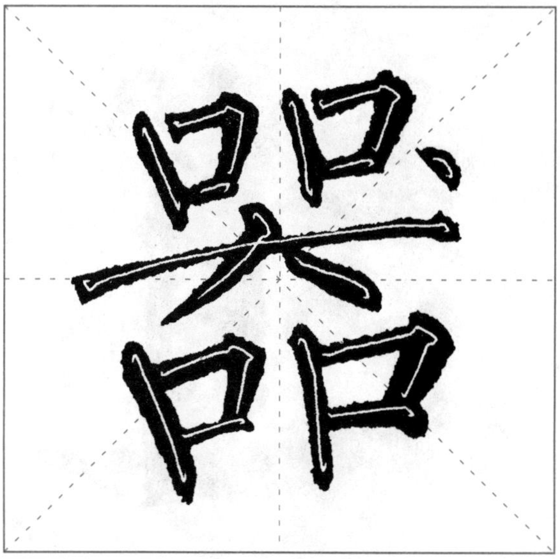

中大者独雄　上中下三部分纵列的字，若中间笔画宽大较占地方，则要突出主要部位，上下部适当紧缩。

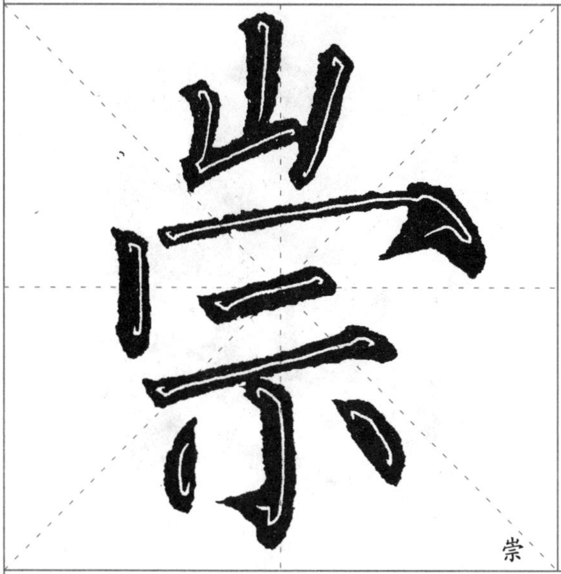

崇

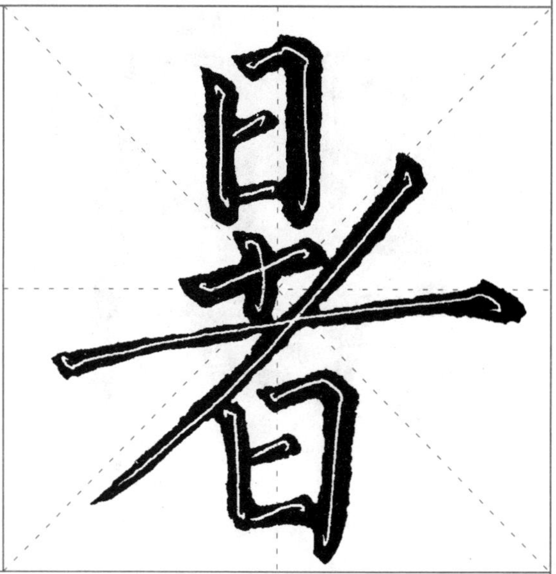

左上包围　部首在左上方，内包部分应向中心靠拢，其中的长笔画可适当向右下伸展。

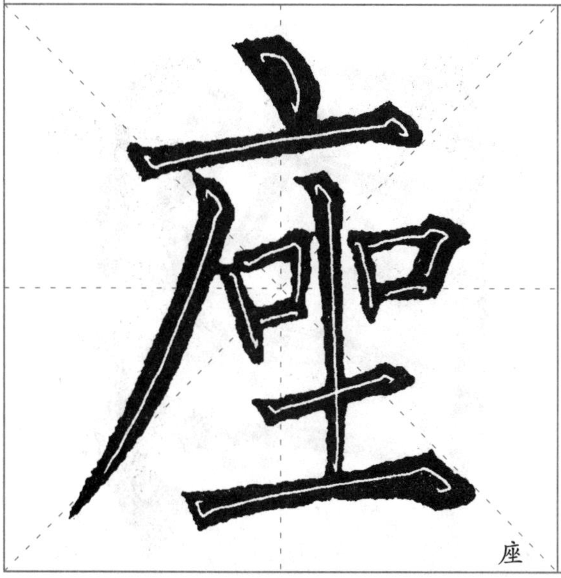

座

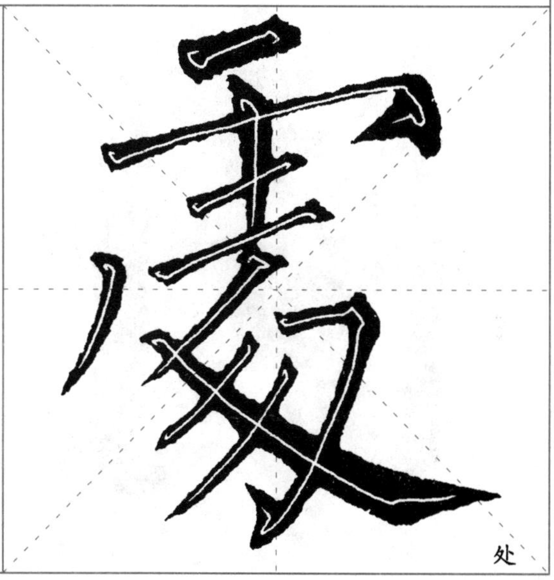

处

左下包围 部首在左下方，如带走之的字，被包围部分其形宜窄，宽度不能超过走之的长捺，整个字应紧凑匀称。

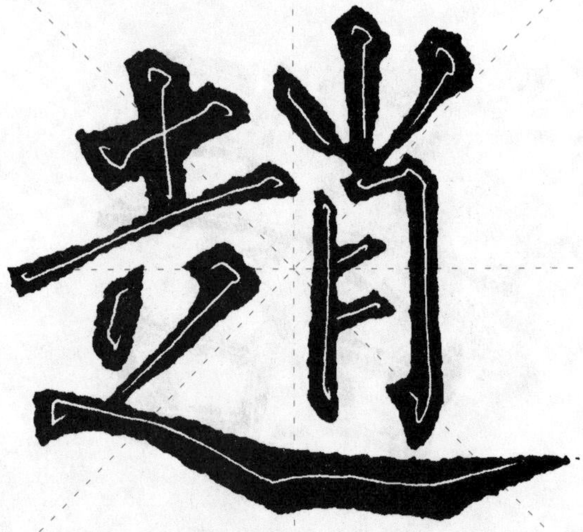

赵

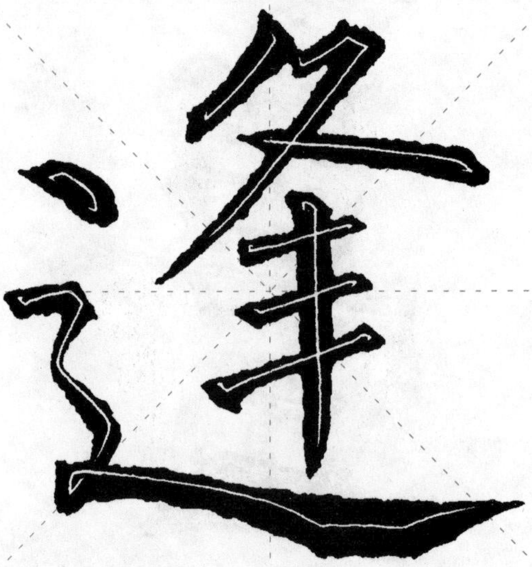

三面包围 上包下时，内包部分尽量向上靠拢。左包右时，内包部分应窄于部首中的底横。

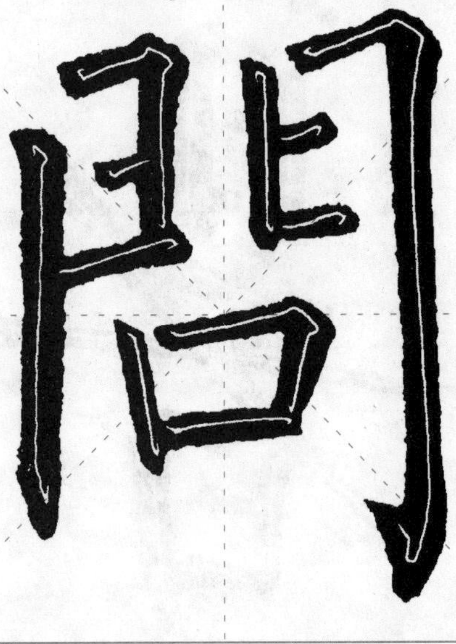

问

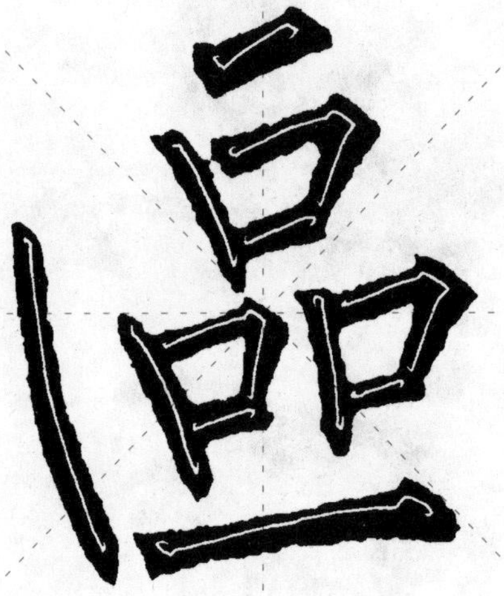

区

四面包围 部首方正，两边竖左轻右重，左短右长。略呈长方形时，两边竖皆竖直。略呈扁形时，两边竖皆内斜。内包部分布白要匀称。

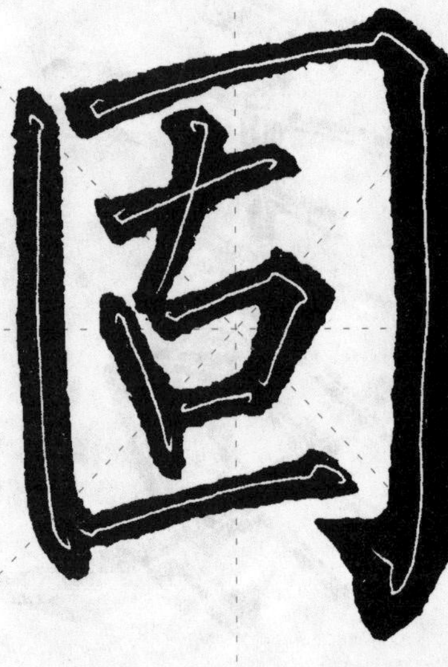

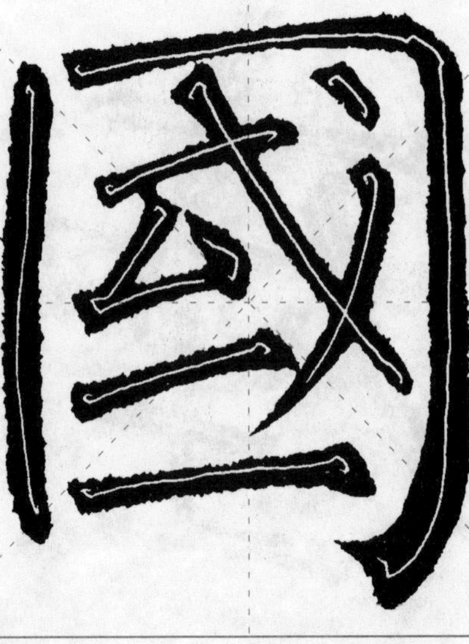

国

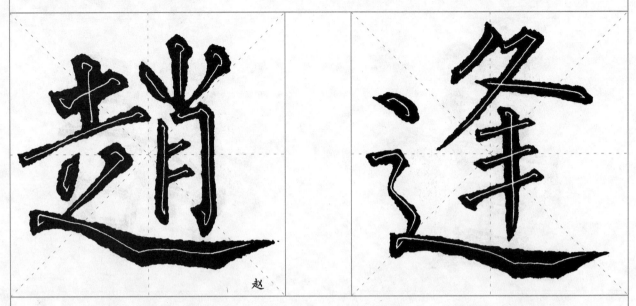

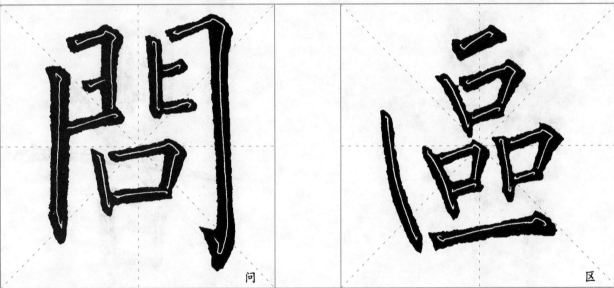

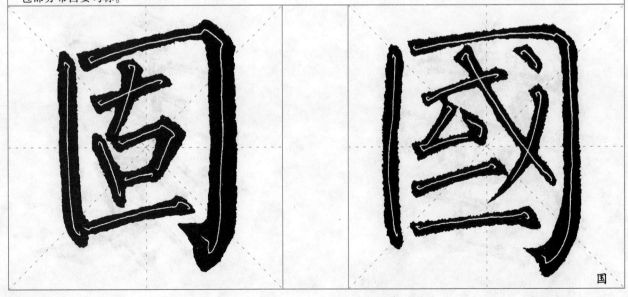

重、并 字的上下结构相同，下部分较大，以取承上之势。左右同形并列的字，略分主次，左略小而右稍大。

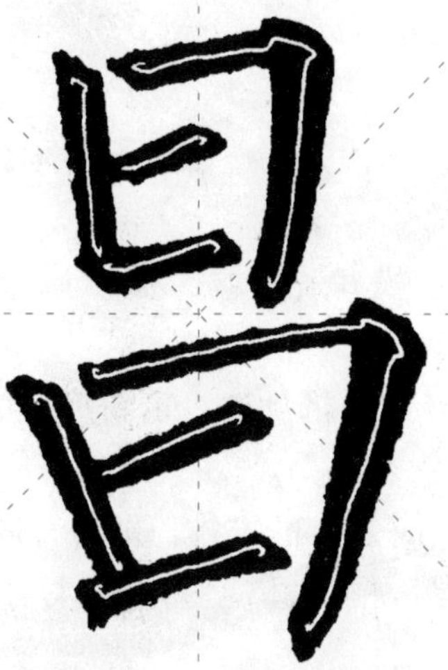

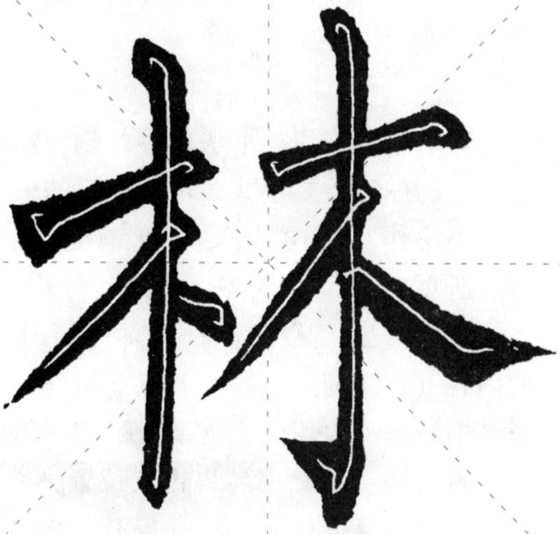

向、背 左右相迎、笔势向内收聚的字，要左右相倚，互相穿插。左右笔势相背，两部不宜远离，须各尽姿态，彼此照应。

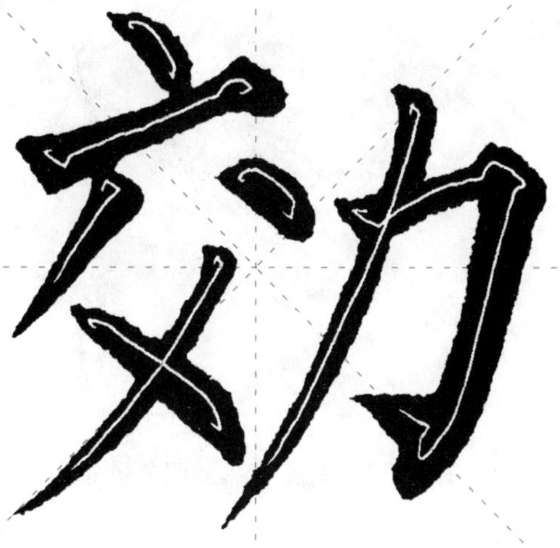

效

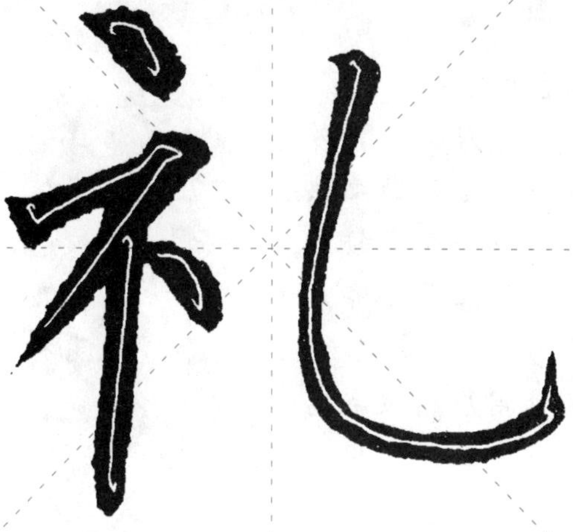

偏、斜 笔势偏一侧时，要偏中求正，将其中一笔尽势延长以平稳重心。字形斜一边时，宜随其字势，在动势中求平衡。

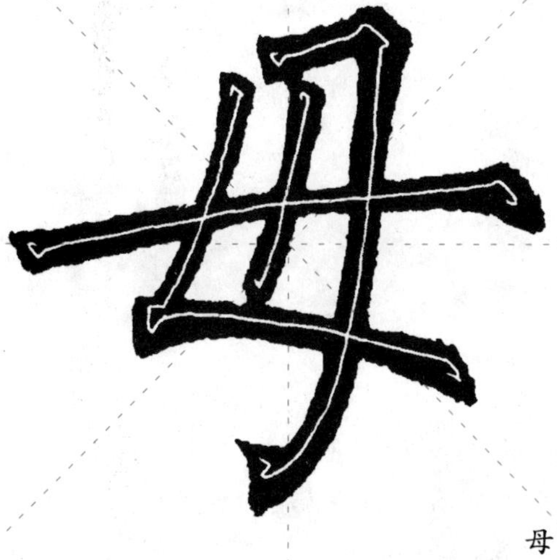

母

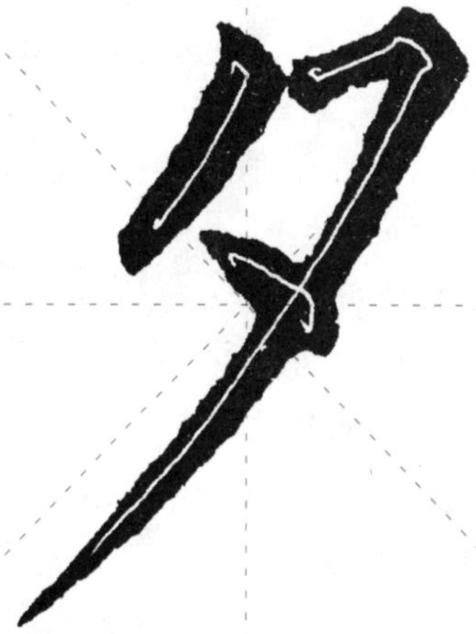

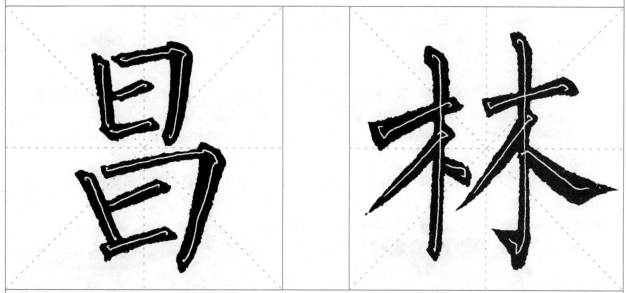

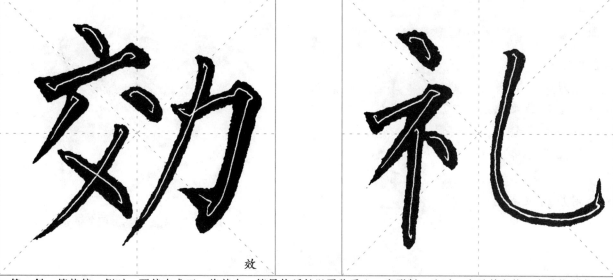

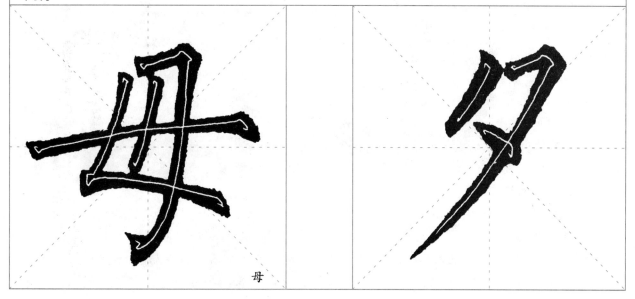

第六章　作品的临摹与创作

对学书者来说，书法作品的创作一般要经过临帖、集字和创作等几个阶段。集字创作是书法创作的一种重要形式，可为今后的书法学习奠定坚实的基础。

书法作品形式多样，一般有竖式（条幅、中堂、对联）、横式（横幅、长卷）、方形（斗方、册页）、扇面（折扇、团扇）等几大类。

集字作品，其字皆与原碑帖关系密切，将原碑帖中的字经过严格挑选，重新组合成一个新的内容（古诗词、对联、名言警句等），其书写内容与原碑帖内容无关。

书法作品由正文、落款及钤印三部分构成，将这三部分进行总体的安排，即为布局。

古人说：“临书易失古人位置，而多得古人笔意；摹书易得古人位置，而多失古人笔意。临书易进，摹书易忘，经意与不经意也。”

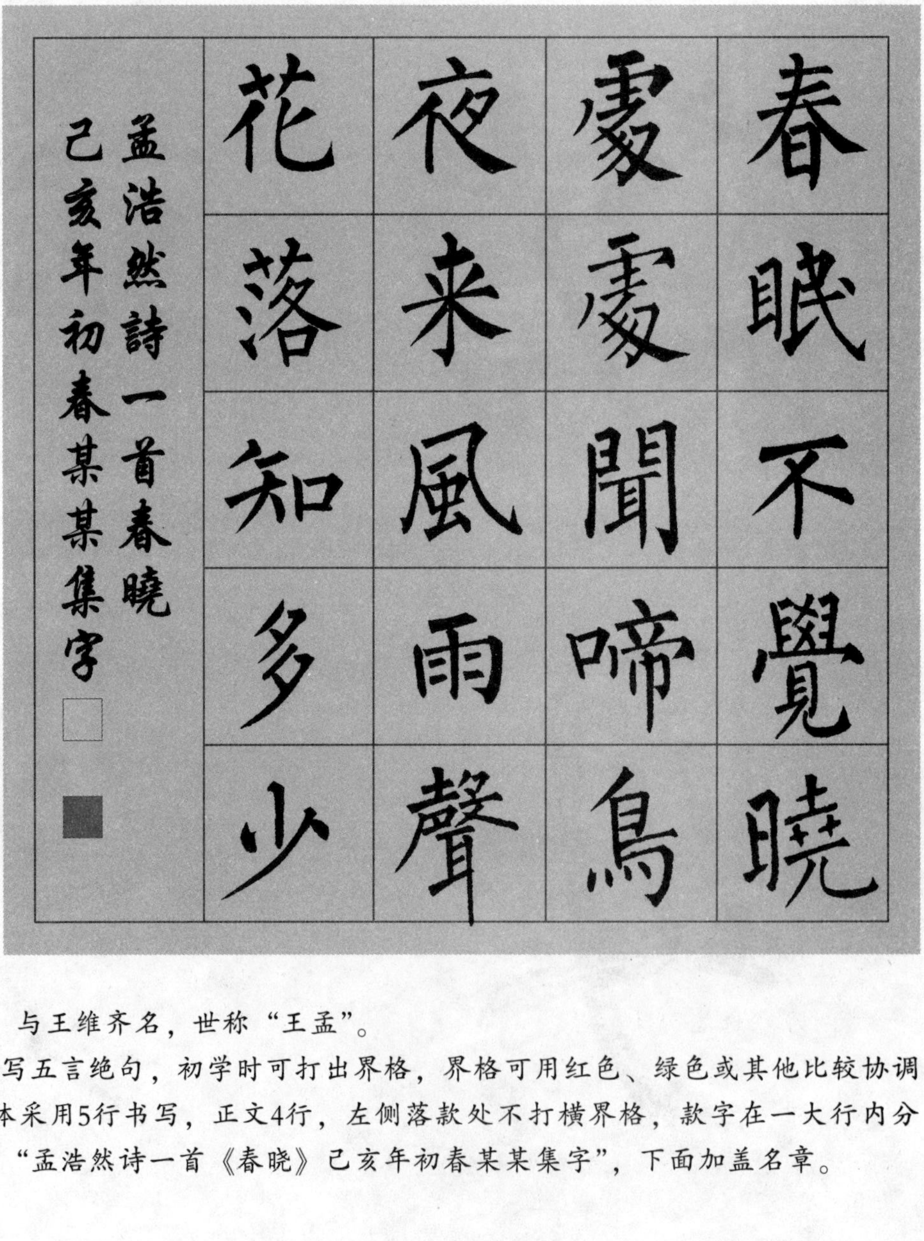

临创提示：

斗方　一种外形接近正方形的书法作品，这一形式较难处理，它容易整齐严肃有余，生动活泼不足，用唐楷来书写更是如此。通常用纸尺寸为四尺整张宣纸横向对开，即高69厘米，宽69厘米。

作品内容为唐代诗人孟浩然的名作《春晓》。孟浩然（689—740），襄阳（今属湖北）人，早年隐居家乡鹿门山读书，40岁入京求仕，失意而归，回乡后一直当隐者。他的诗风格自然流畅，意境清远淡雅。与王维齐名，世称“王孟”。

《春晓》共20字。书写五言绝句，初学时可打出界格，界格可用红色、绿色或其他比较协调的颜色打出。本作品整体采用5行书写，正文4行，左侧落款处不打横界格，款字在一大行内分为2小行，左长右短，即“孟浩然诗一首《春晓》己亥年初春某某集字”，下面加盖名章。

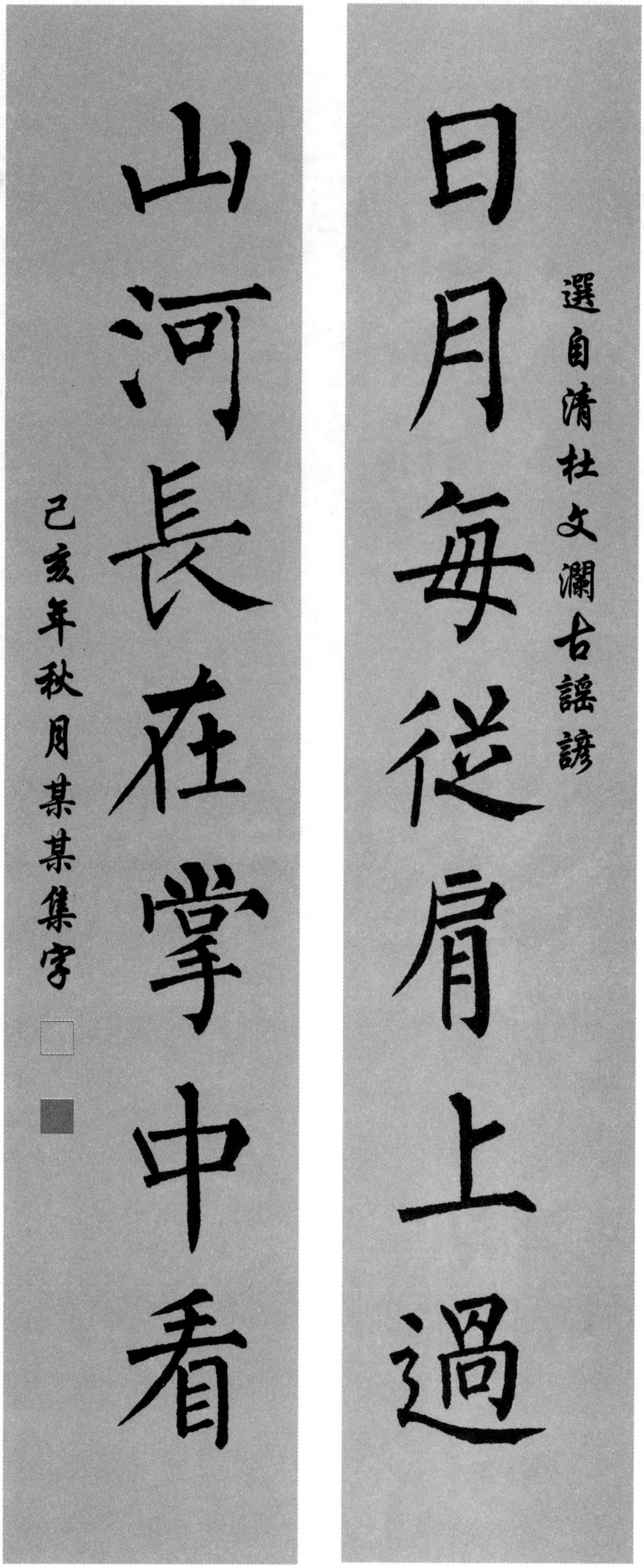
日月每從肩上過
選自清杜文瀾古謠諺
山河長在掌中看
己亥年秋月某某集字

临创提示：

对联　也叫楹联，俗称“对子”。对联的长宽无一定限制，应根据字数的多少而定。对联分为上下两句，字数相等，内容相关且对偶。上联在右，下联在左，上下两联左右对称，上下平齐，左右字字对正；落款在下联左侧居中或偏上。如有上下款时，其上款在上联右侧偏上。

本作品用纸尺寸为四尺整张宣纸竖向3开，即高138厘米，宽23厘米。

本作品正文共14字，分上下联书写，上联右侧落上款，为“选自清杜文澜古谣谚”；下联左侧居中落下款，即“己亥年秋月某某集字”，下加盖名章。

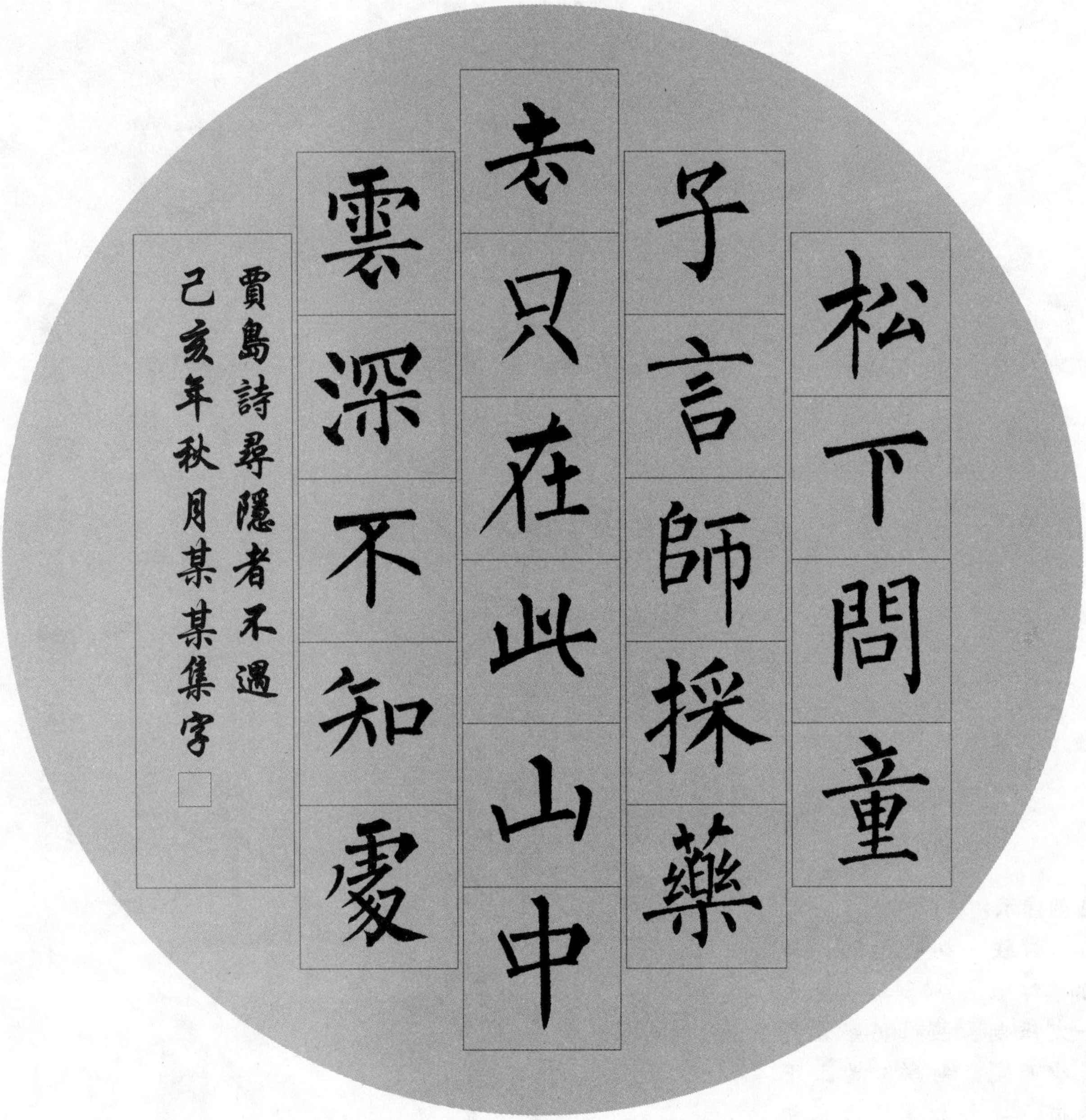

临创提示：

团扇 作品采用团扇形式，用纸尺寸为四尺整张宣纸横向对开，再裁成直径69厘米的圆形。

作品内容为唐代诗人贾岛的名作《寻隐者不遇》，贾岛（779—843），范阳（治今河北涿州）人，早年曾当过和尚，后随韩愈入京城，返俗应举，然而一直没有中第。他的诗多写闲居情景，以苦吟著名。

《寻隐者不遇》共20字。在章法上本作品整体采用5行书写，正文4行，款字在一大行内分2小行，左长右短，即“贾岛诗《寻隐者不遇》己亥年秋月某某集字”，下加盖名章。书写时应注意与圆弧形的边框相协调，根据不同的高度增加或减少每行的字数。

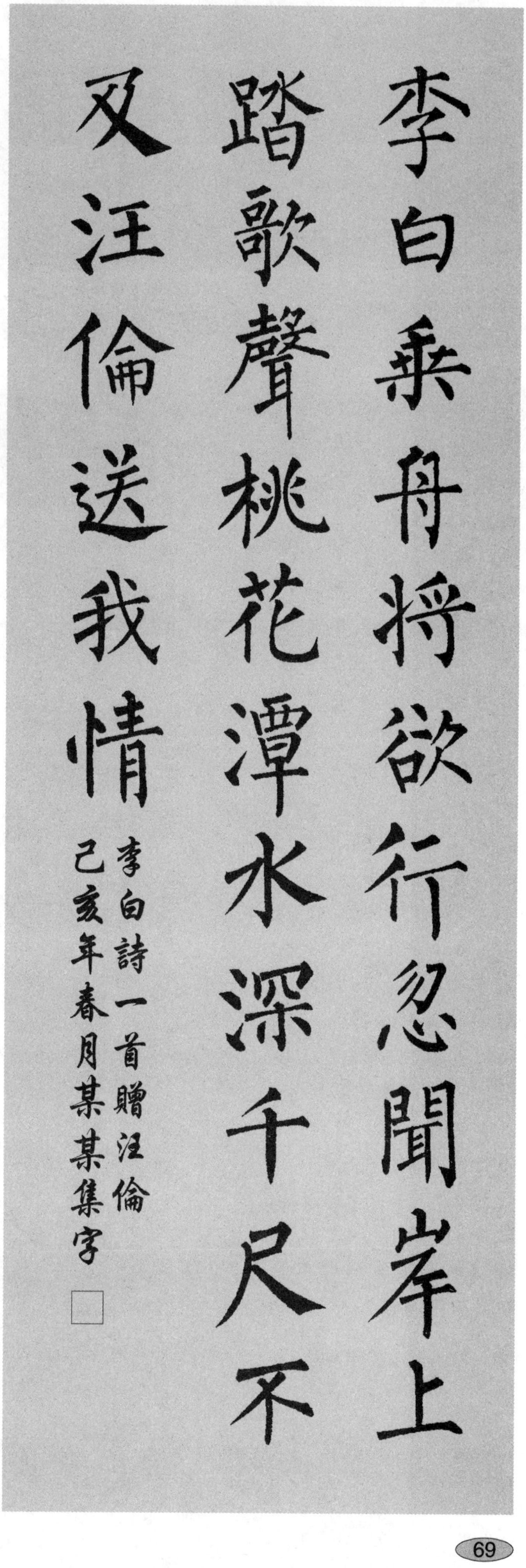
李白乘舟將欲行忽聞岸上
踏歌聲桃花潭水深千尺不
及汪倫送我情
李白詩一首贈汪倫
己亥年春月某某集字

临创提示：

条幅　竖式，一般指长宽比超过3:1或4:1的形制，形式与中堂相似，只是比中堂窄一些。本作品采用直条幅形式，用纸尺寸为四尺整张宣纸竖向对开，即高138厘米，宽约34厘米。

作品内容为唐代诗人李白的名作《赠汪伦》。李白（701—762），字太白，号青莲居士，自称祖籍陇西成纪（今甘肃静宁西南）。早年在蜀中读书漫游，25岁出蜀，曾在宫中任职，受排挤，弃官离开长安。后曾入狱，被流放夜郎（今贵州一带），途中遇赦。晚年病死在安徽当涂。他的诗歌抒发进步思想，抨击权贵，有强烈的爱国主义精神，气势豪放，想象丰富，语言深入浅出。

《赠汪伦》共28字。在章法上，本作品正文采用2行半书写，第3行下部的款字写为2小行，左长右短，即“李白诗一首《赠汪伦》己亥年春月某某集字”，下加盖名章。

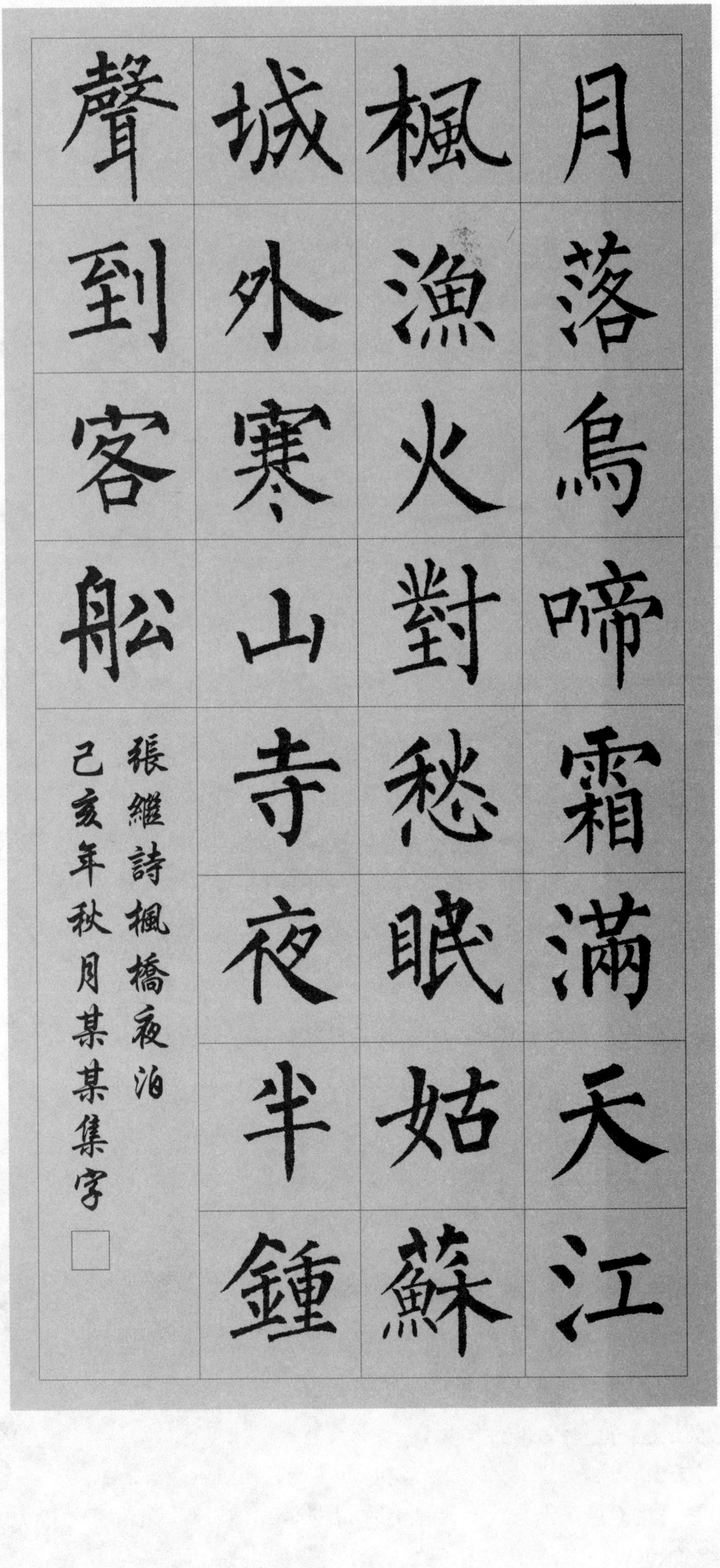

临创提示：

中堂　因其悬挂于厅堂正中而得名。中堂一般用四尺或四尺以上整张宣纸书写，长宽比为2:1。也有用三尺整张宣纸书写的，称小中堂。本作品用纸尺寸为四尺整张宣纸，即高138厘米，宽69厘米。

作品内容为唐代诗人张继的名作《枫桥夜泊》。张继（生卒年不详），字懿孙，南阳（今属河南）人，一说襄州（今湖北襄阳）人。天宝十二年（753）进士。其景物诗自然清秀，情景交融，富有韵味，在艺术上有一定成就。

《枫桥夜泊》共28字，在章法上采用正文、款字共书写4行的形式。初学时可打出界格，界格可用红色、绿色或其他比较协调的颜色打出。在本幅作品中，前面3行每行为正文8字，最后一行为正文4字，下空安排款字的书写，即“张继诗《枫桥夜泊》己亥年秋月某某集字”，下加盖名章。

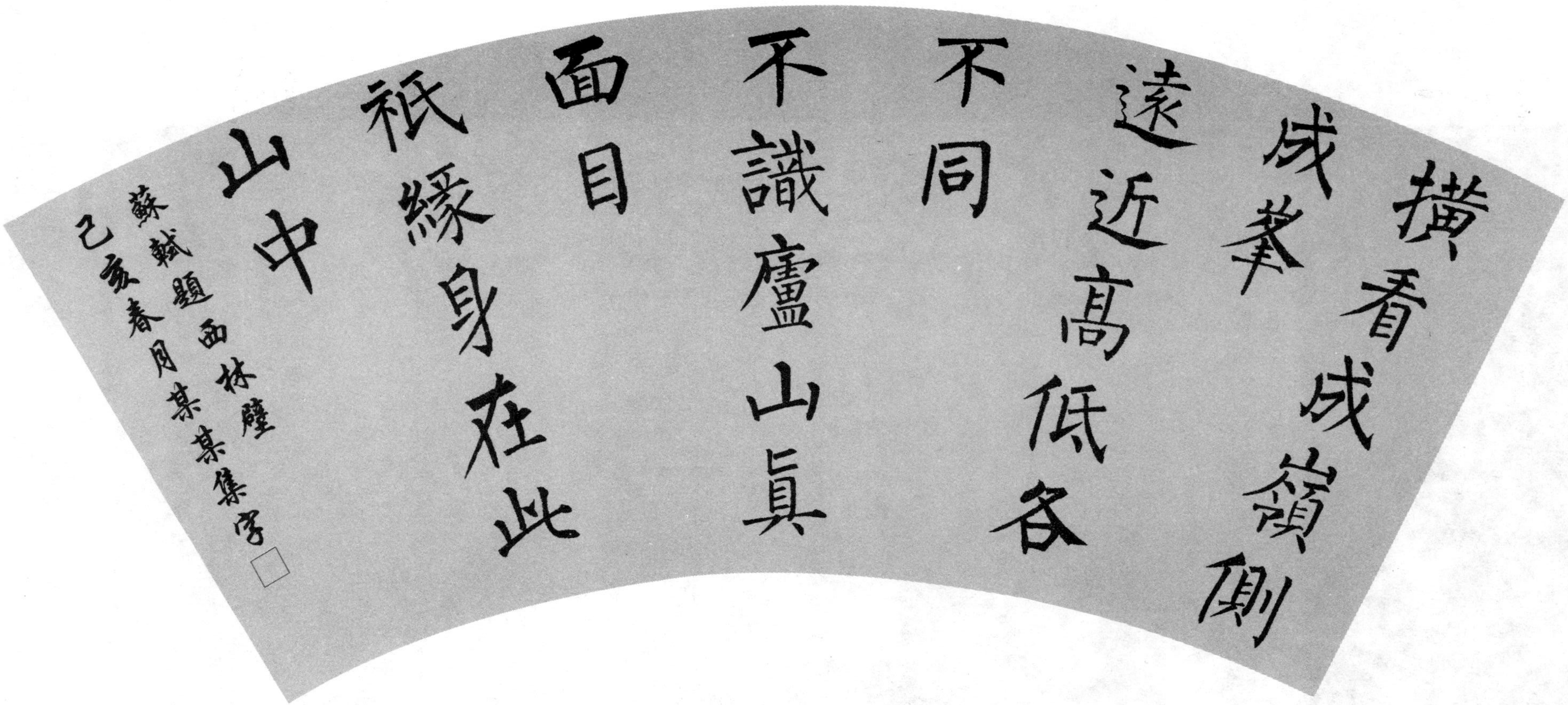

临创提示：

扇面　扇面有团扇、折扇之分。作品采用折扇形式，用纸尺寸为四尺整张宣纸横向3开，即高46厘米，宽69厘米，再裁成折扇形。

作品内容为宋代诗人苏轼的名作《题西林壁》。苏轼（1037—1101），字子瞻，号东坡居士，眉州眉山（今属四川）人，北宋著名文学家，在诗、词、文、书、画各个领域都有卓越的成就。

《题西林壁》共28字。在章法上，本作品正文采用8行书写。书写时应要注意提前计算好扇骨与书写字数的关系，妥善安排扇骨之间的空白处，巧妙地安排好字数。本作品正文所采用的排列方法为“五二”式，即首行为5字，第2行为2字，循环排列，这样不仅使扇面的形式具有跳动感，空间布白也得以平衡。款字在一大行内分为2小行，左长右短，即“苏轼《题西林壁》己亥春月某某集字”，下加盖名章。

附：《玄秘塔碑》原碑（局部）

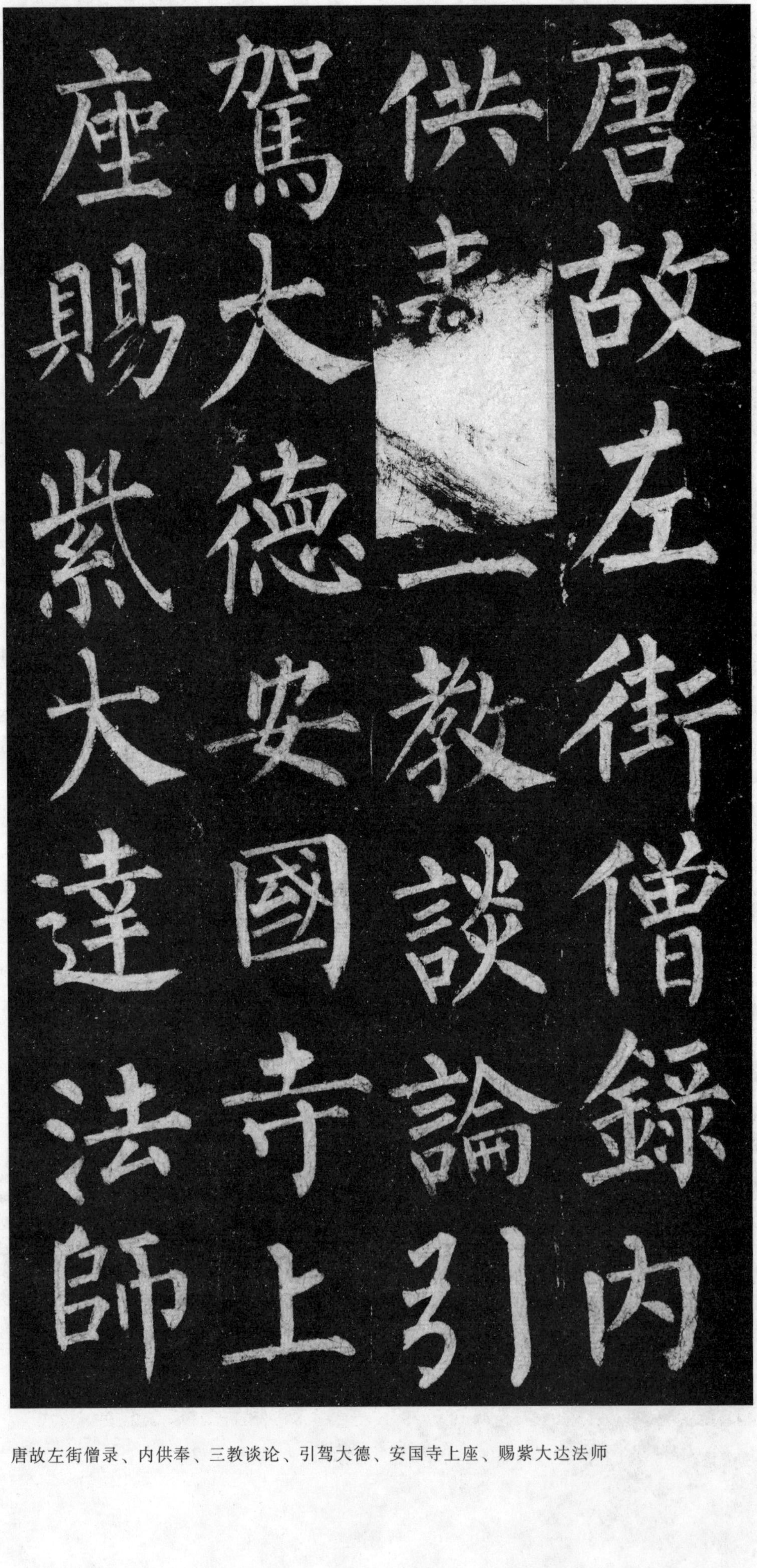

唐故左街僧录、内供奉、三教谈论、引驾大德、安国寺上座、赐紫大达法师

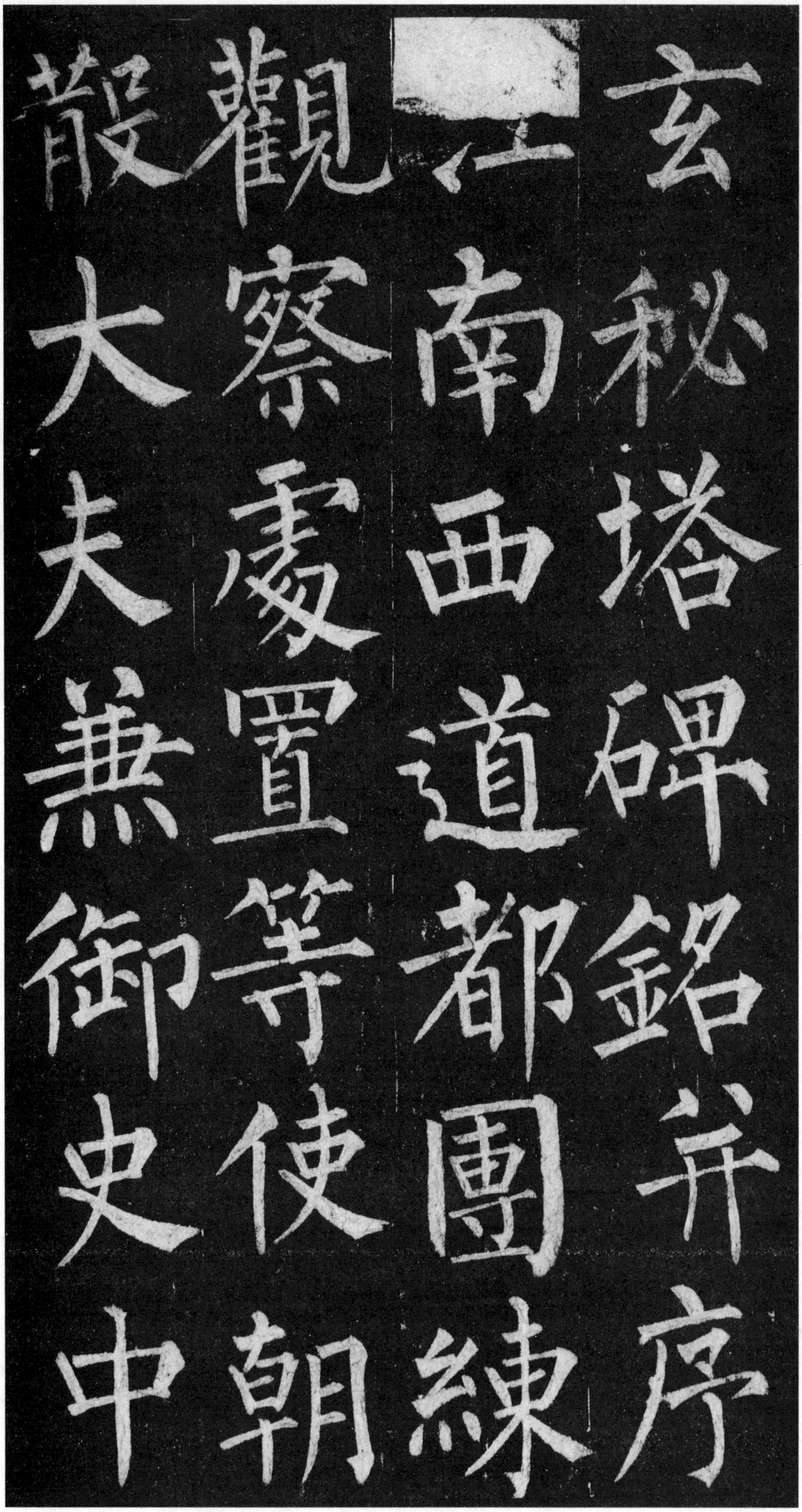

玄秘塔碑铭并序。江南西道都团练、观察处置等使，朝散大夫兼御史中

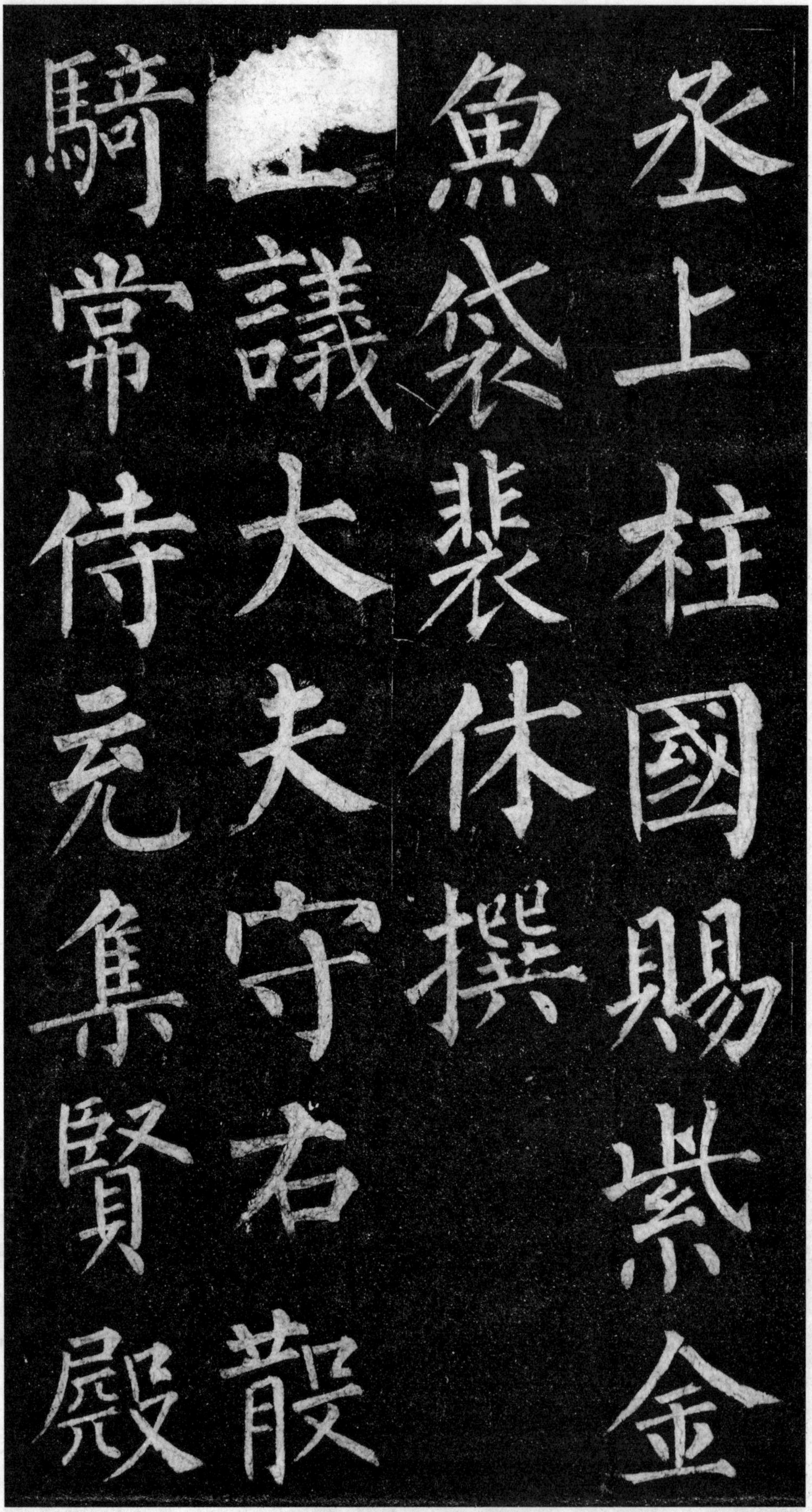

丞、上柱国、赐紫金鱼袋裴休撰。正议大夫、守右散骑常侍、充集贤殿

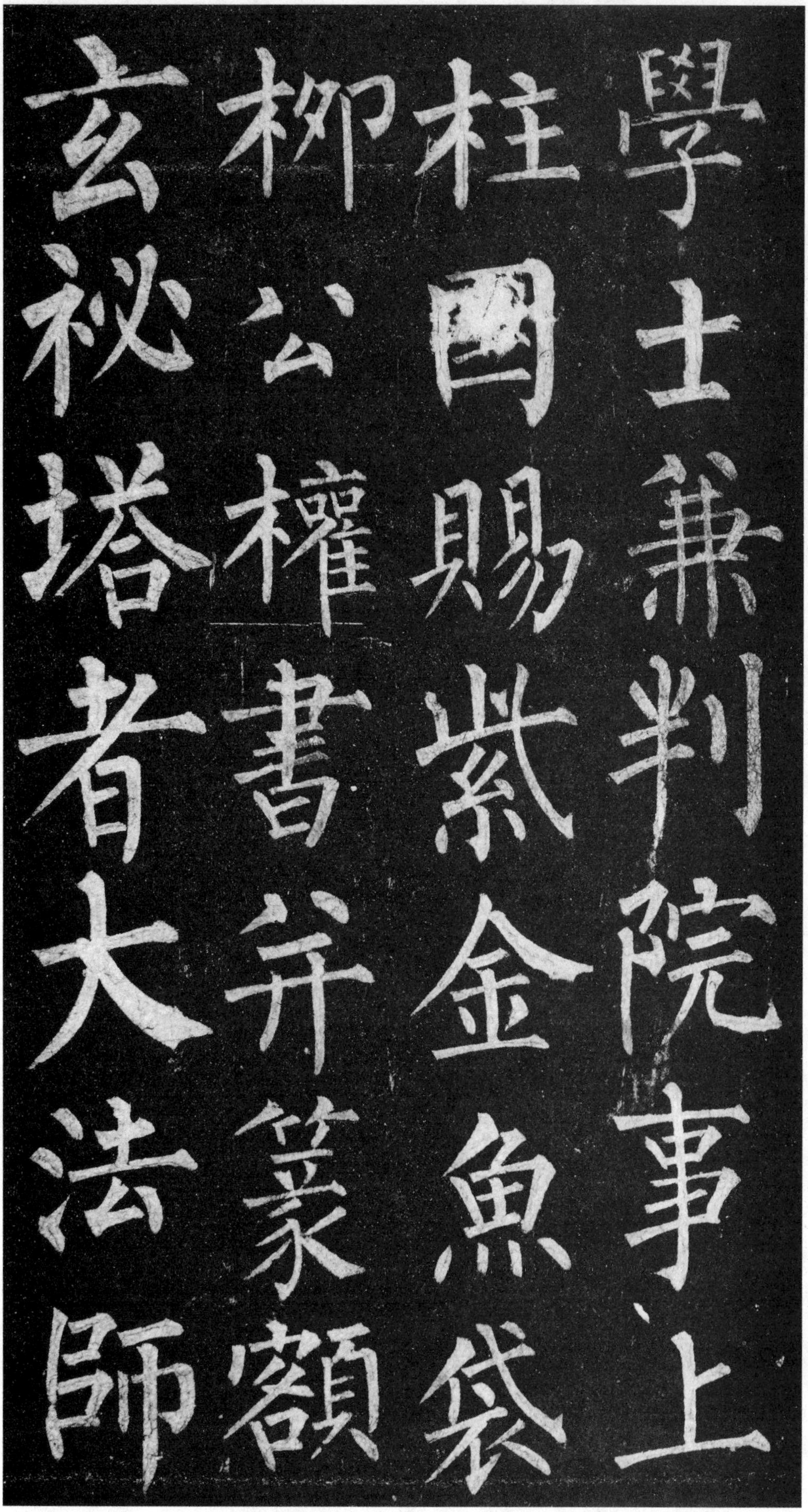

学士、兼判院事、上柱国、赐紫金鱼袋柳公权书并篆额。玄秘塔者，大法师

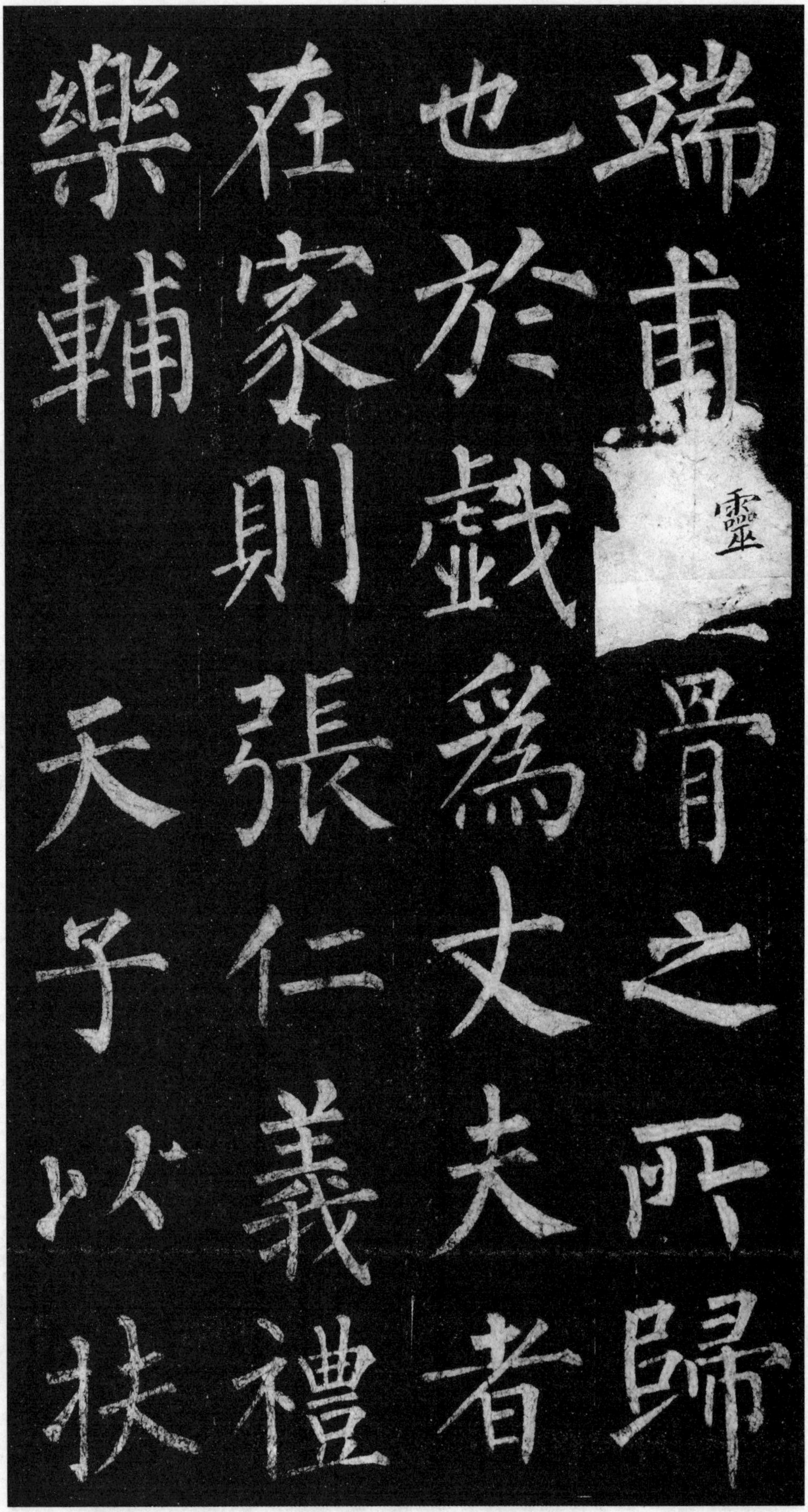

端甫灵骨之所归也。於戏！为丈夫者，在家则张仁义礼乐，辅天子以扶

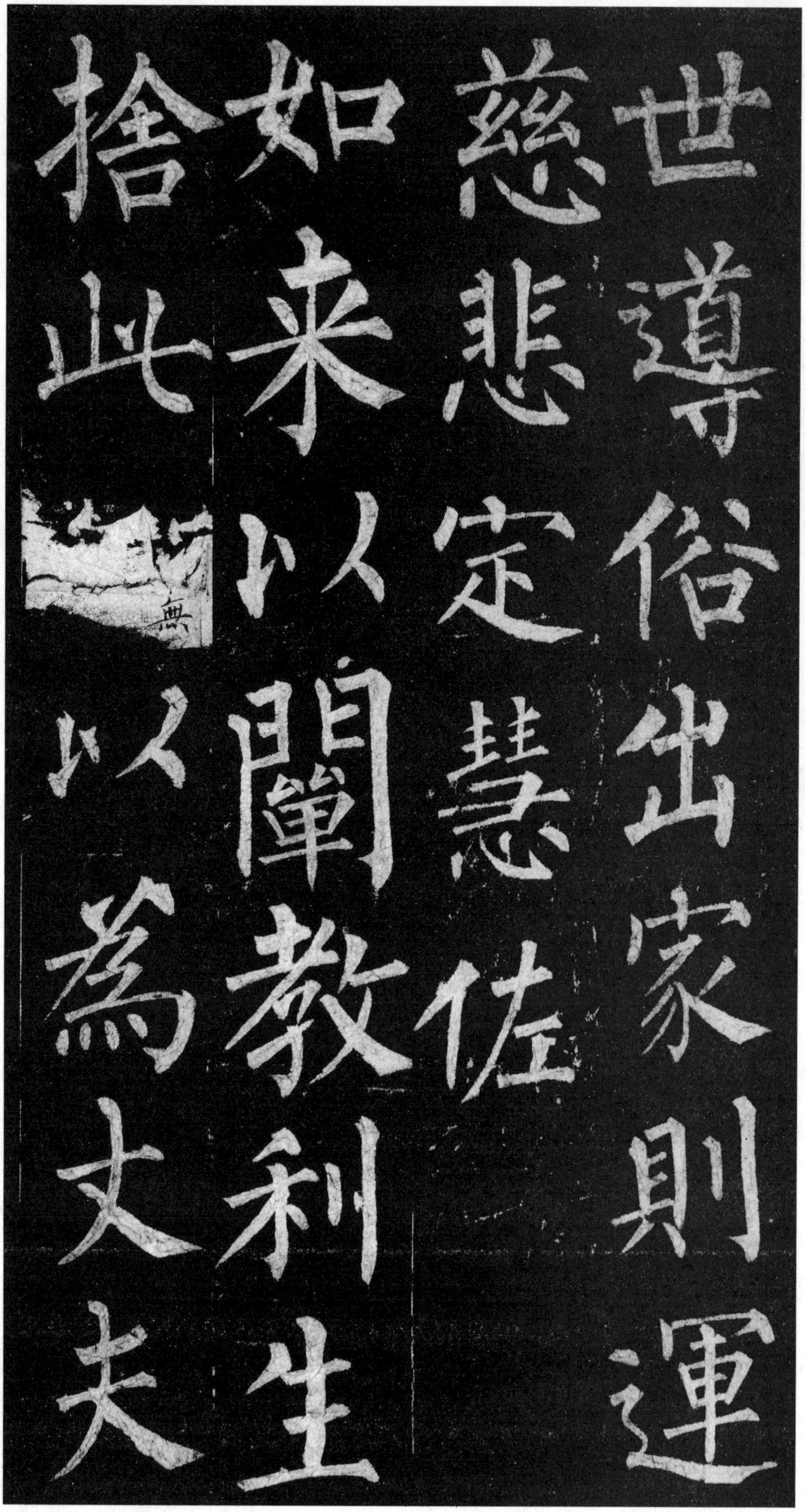

世导俗；出家则运慈悲定慧，佐如来以阐教利生。舍此无以为丈夫

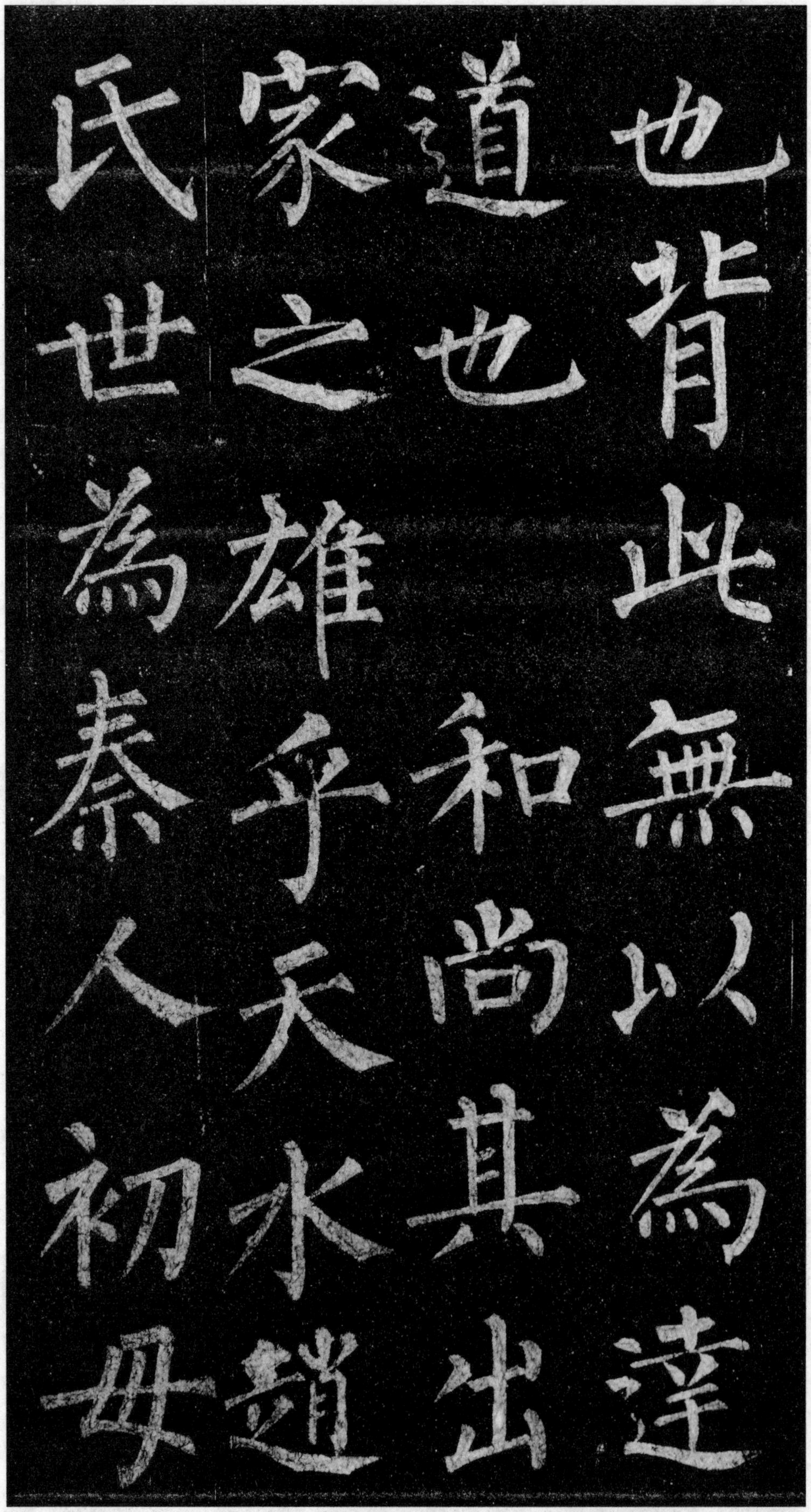

也背此無以為達
道也和尚其出
家之雄乎天水趙
氏世為秦人初母

也，背此无以为达道也。和尚其出家之雄乎！天水赵氏，世为秦人。初，母

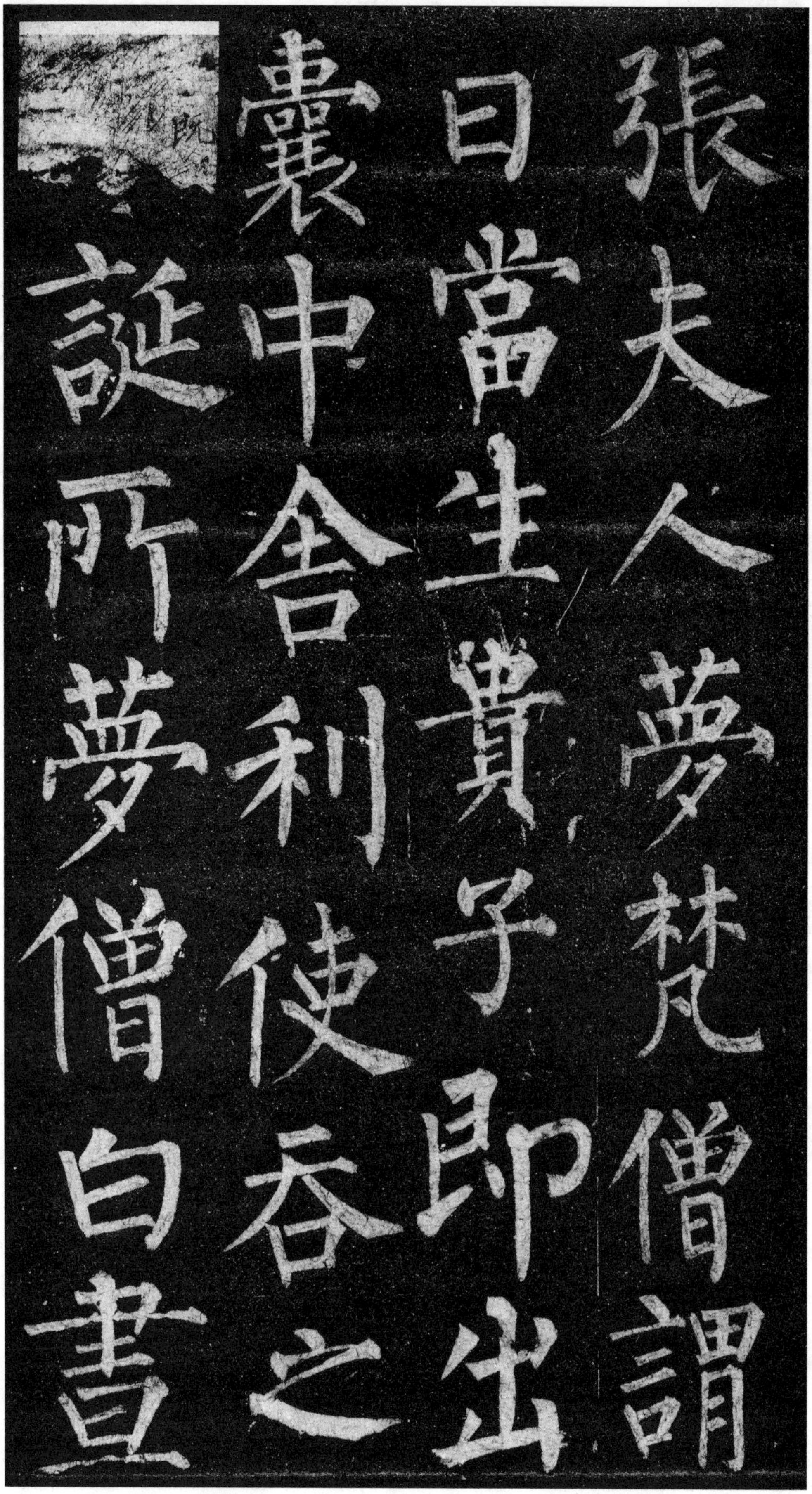

张夫人梦梵僧，谓曰："当生贵子。"即出囊中舍利，使吞之。及诞，所梦僧白昼

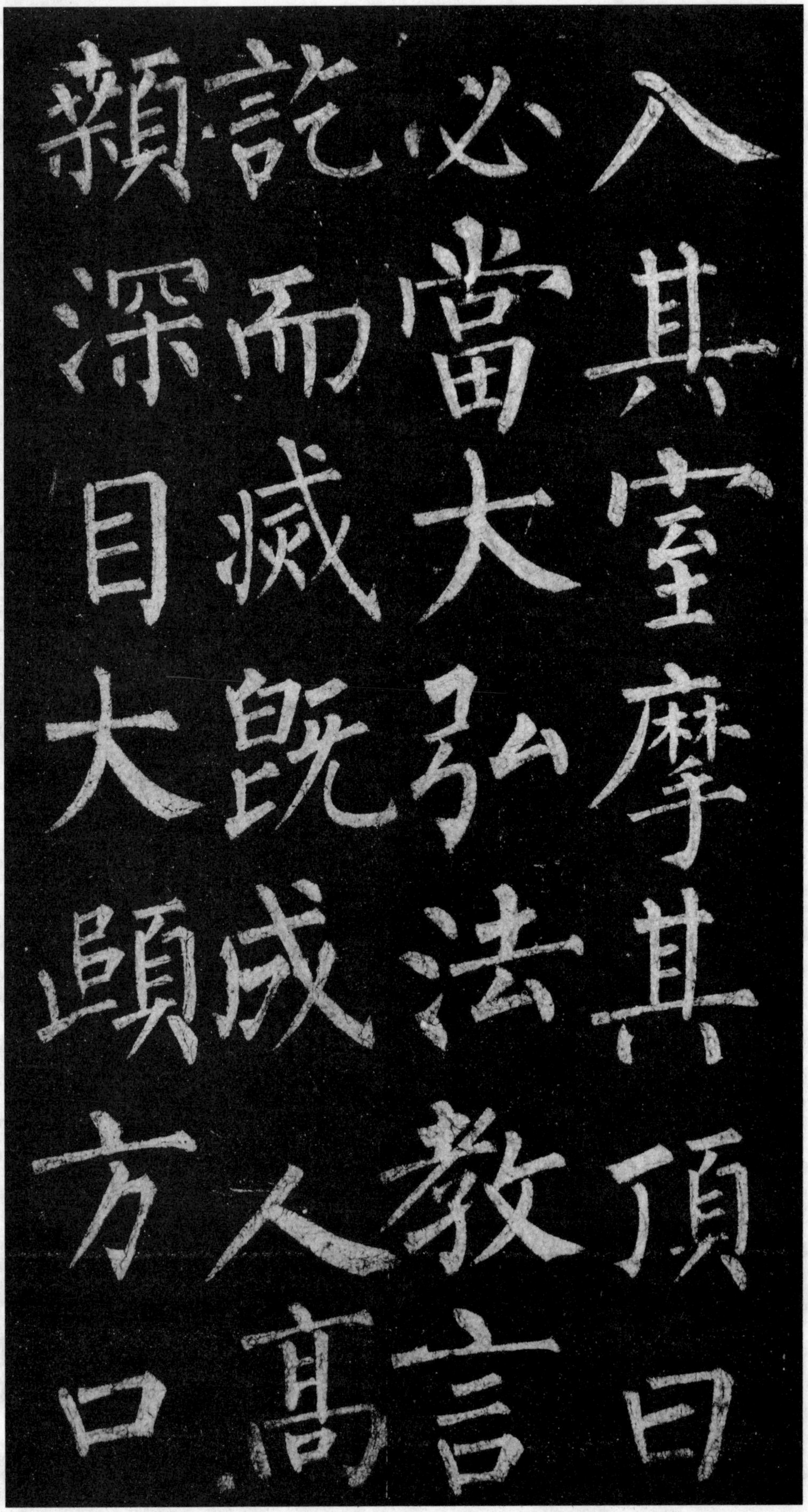

入其室，摩其顶曰：“必当大弘法教。”言讫而灭。既成人，高颡深目，大颐方口，

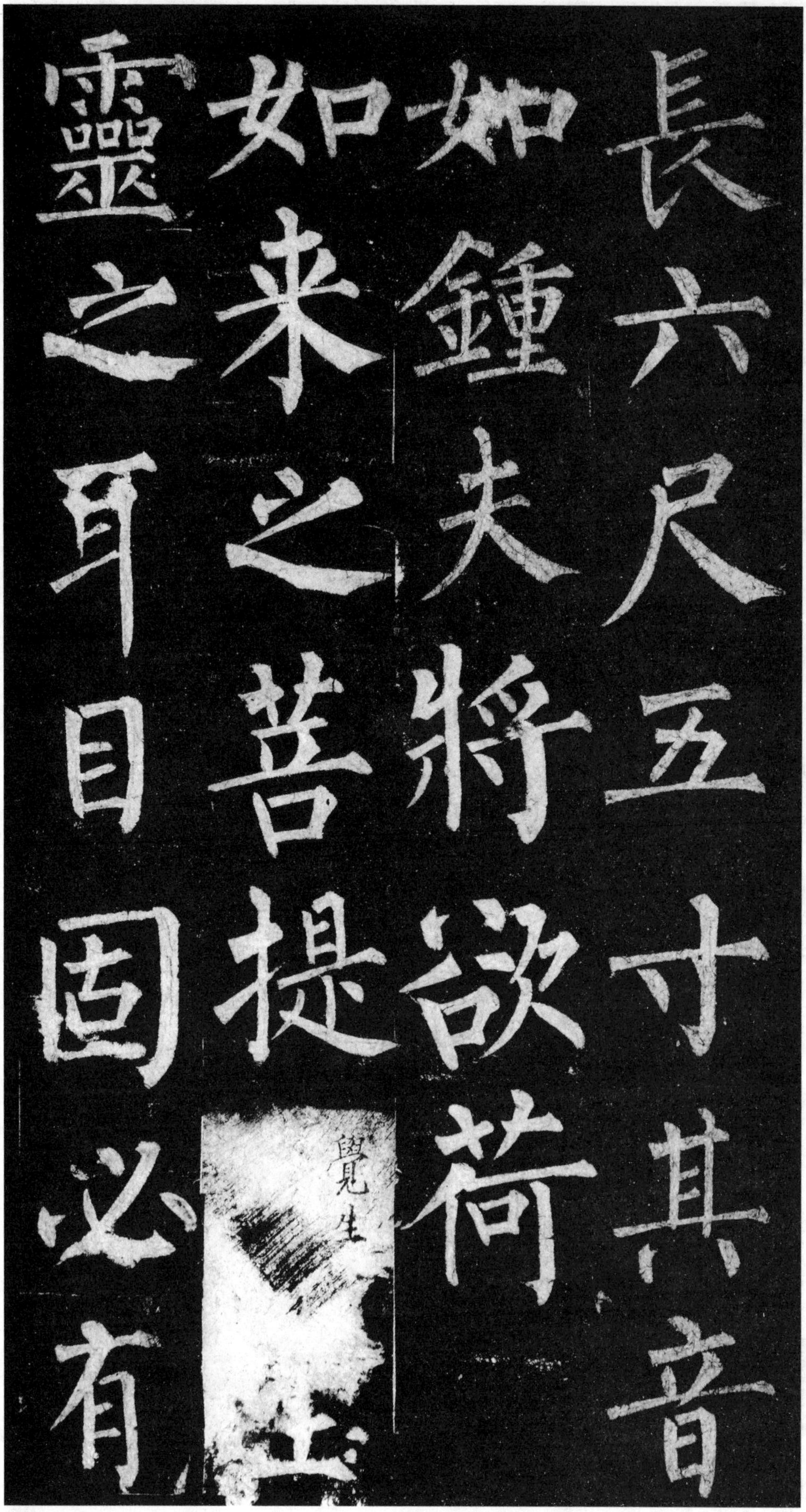

长六尺五寸，其音如钟。夫将欲荷如来之菩提，凿生灵之耳目，固必有

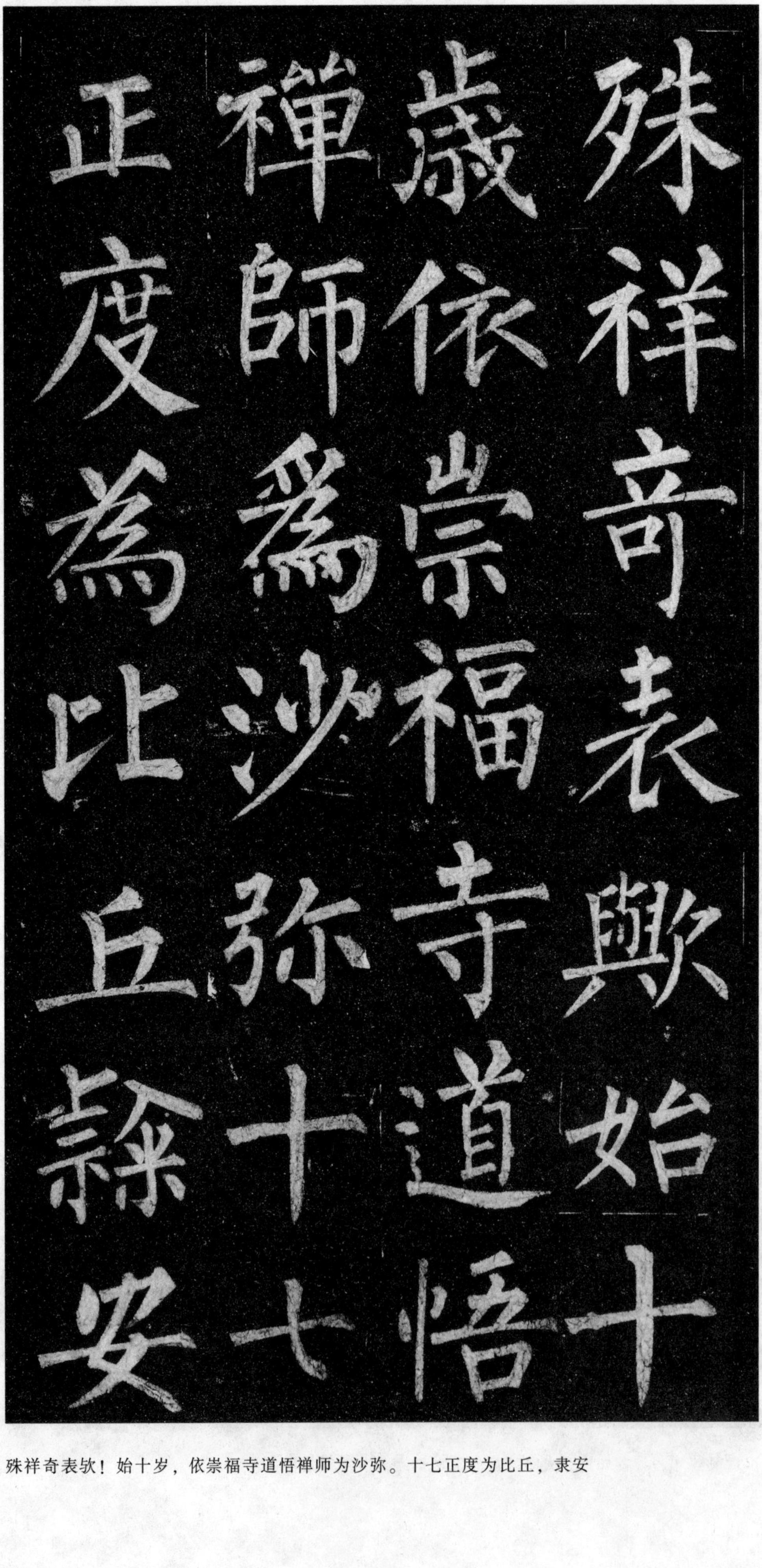

殊祥奇表欤！始十岁，依崇福寺道悟禅师为沙弥。十七正度为比丘，隶安

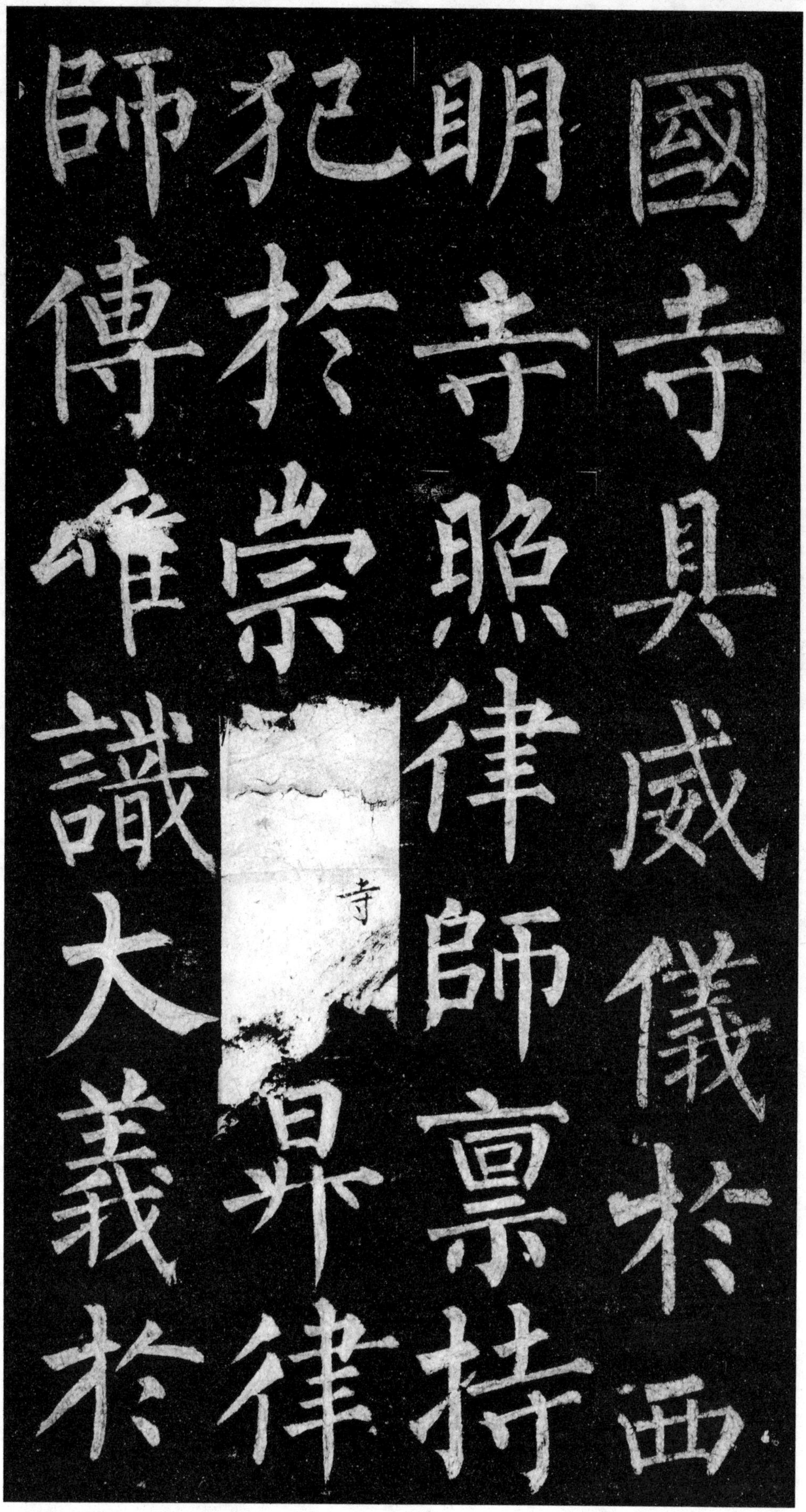

国寺。具威仪于西明寺照律师，禀持犯於崇福寺升律师；传《唯识》大义於

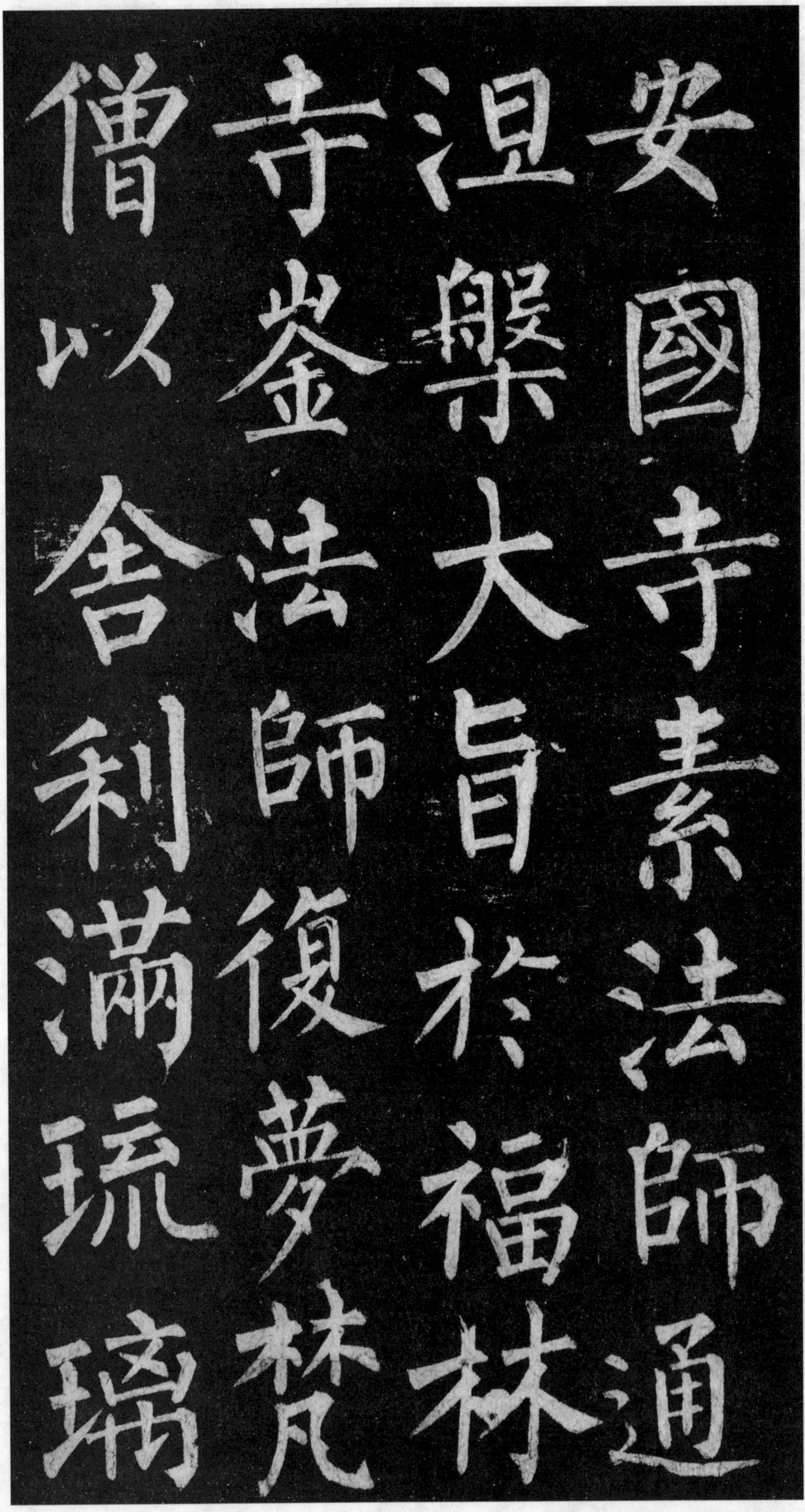

安国寺素法师，通《涅槃》大旨于福林寺崟法师。复梦梵僧以舍利满琉璃

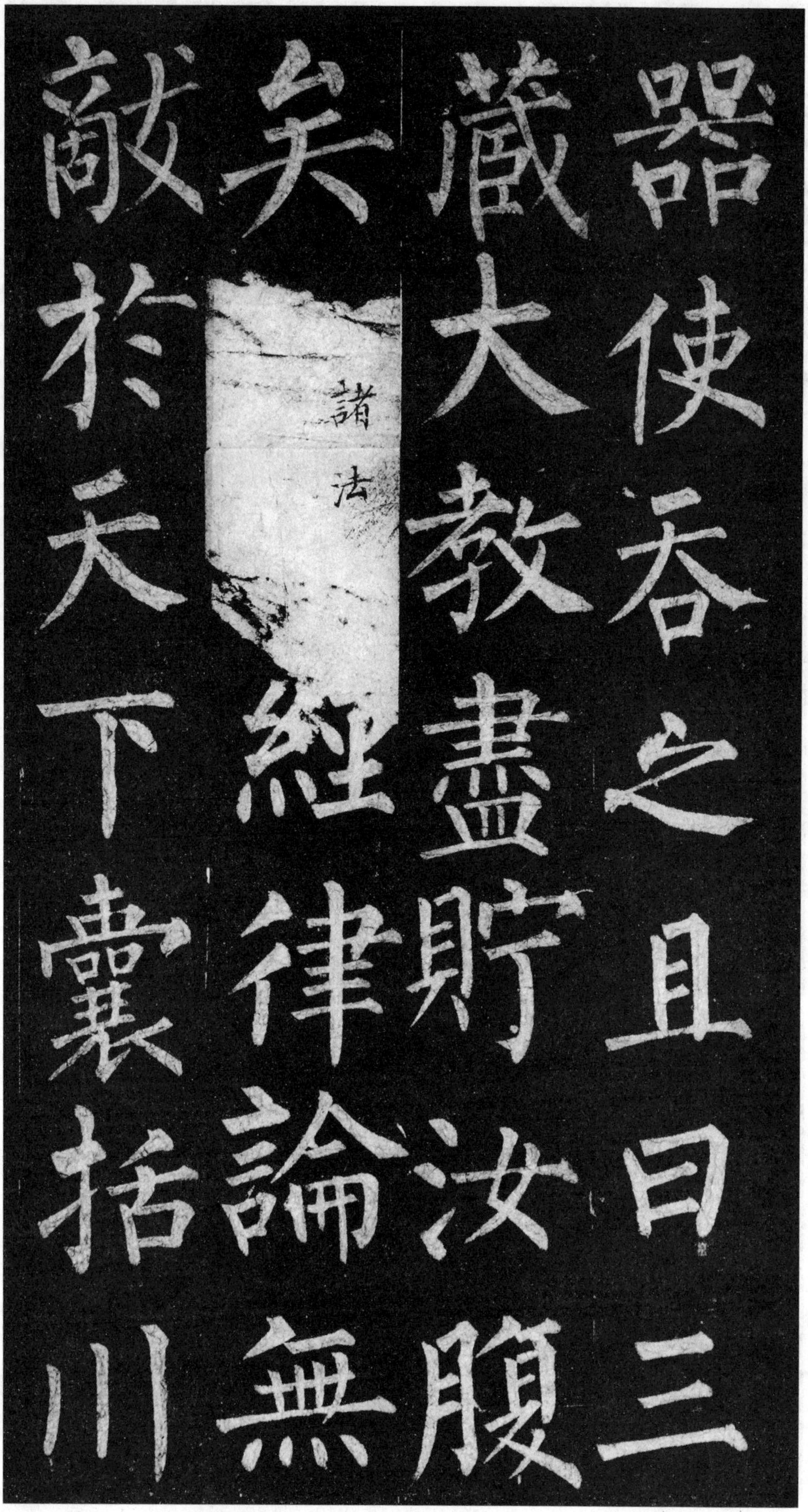

器使吞之，且曰："三藏大教，尽贮汝腹矣。"自是经律论无敌于天下。囊括川

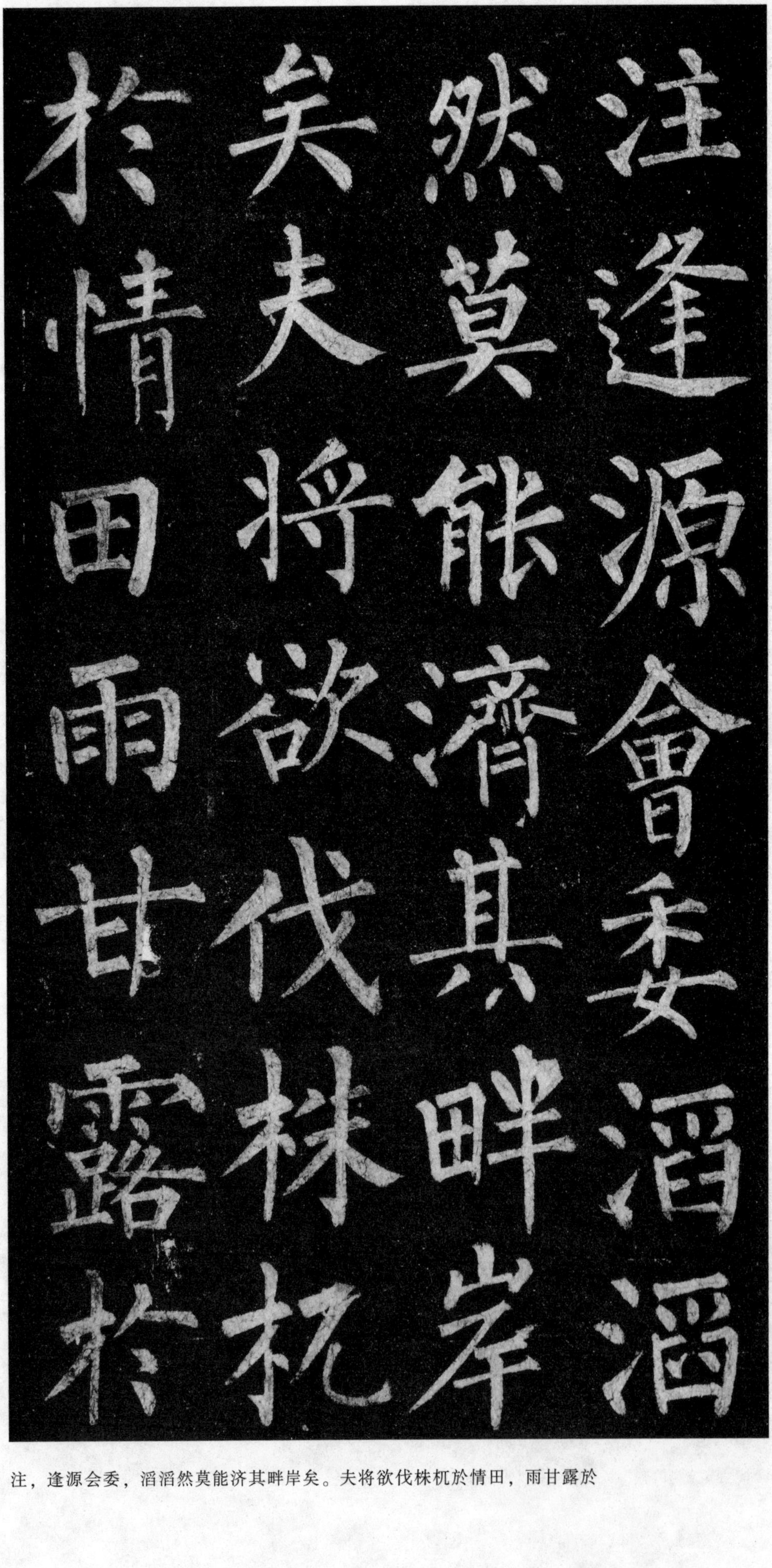

注，逢源会委，滔滔然莫能济其畔岸矣。夫将欲伐株杌於情田，雨甘露於

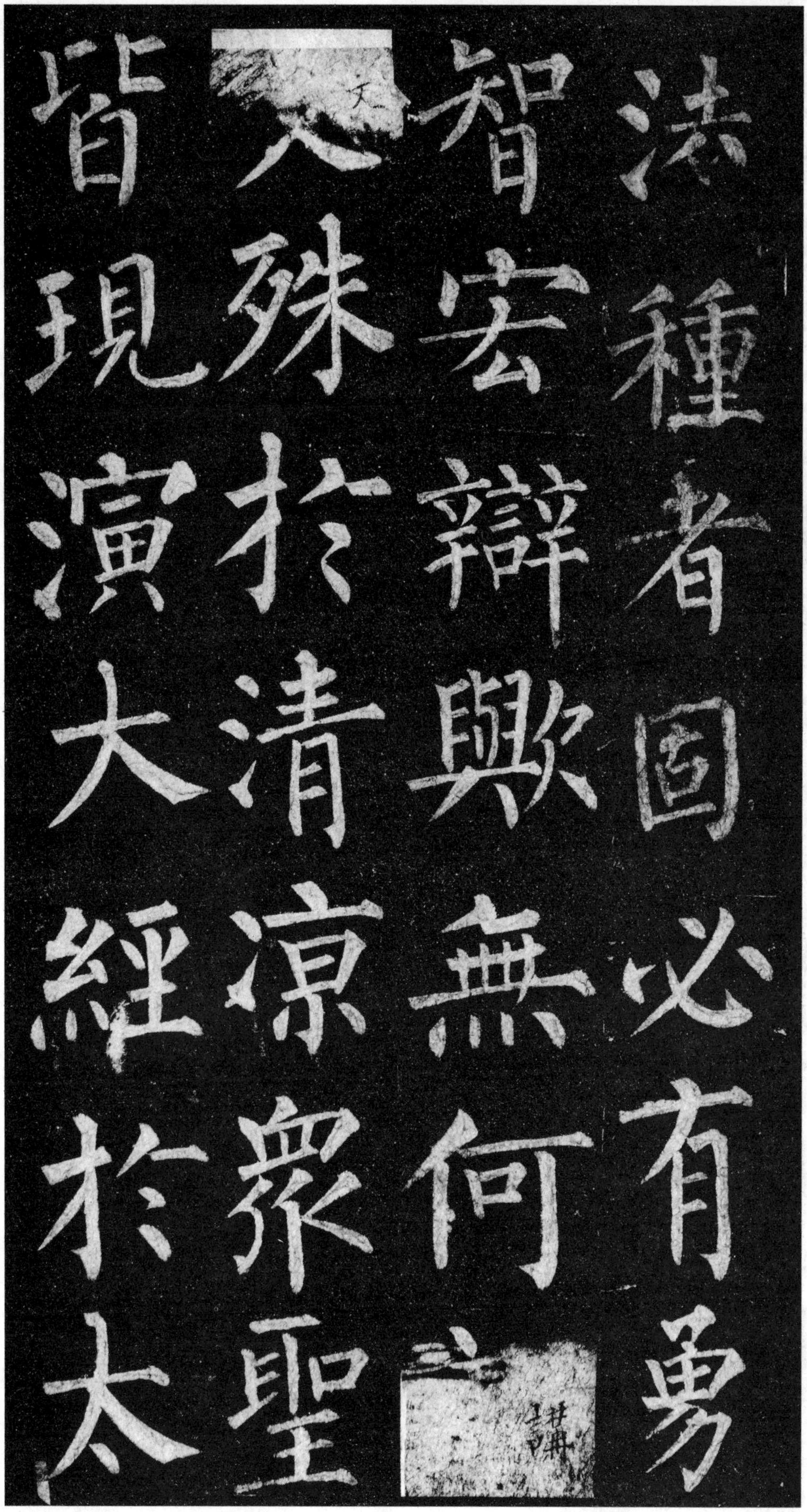

法种者，固必有勇智宏辩欤！无何，谒文殊於清凉，众圣皆现；演大经於太

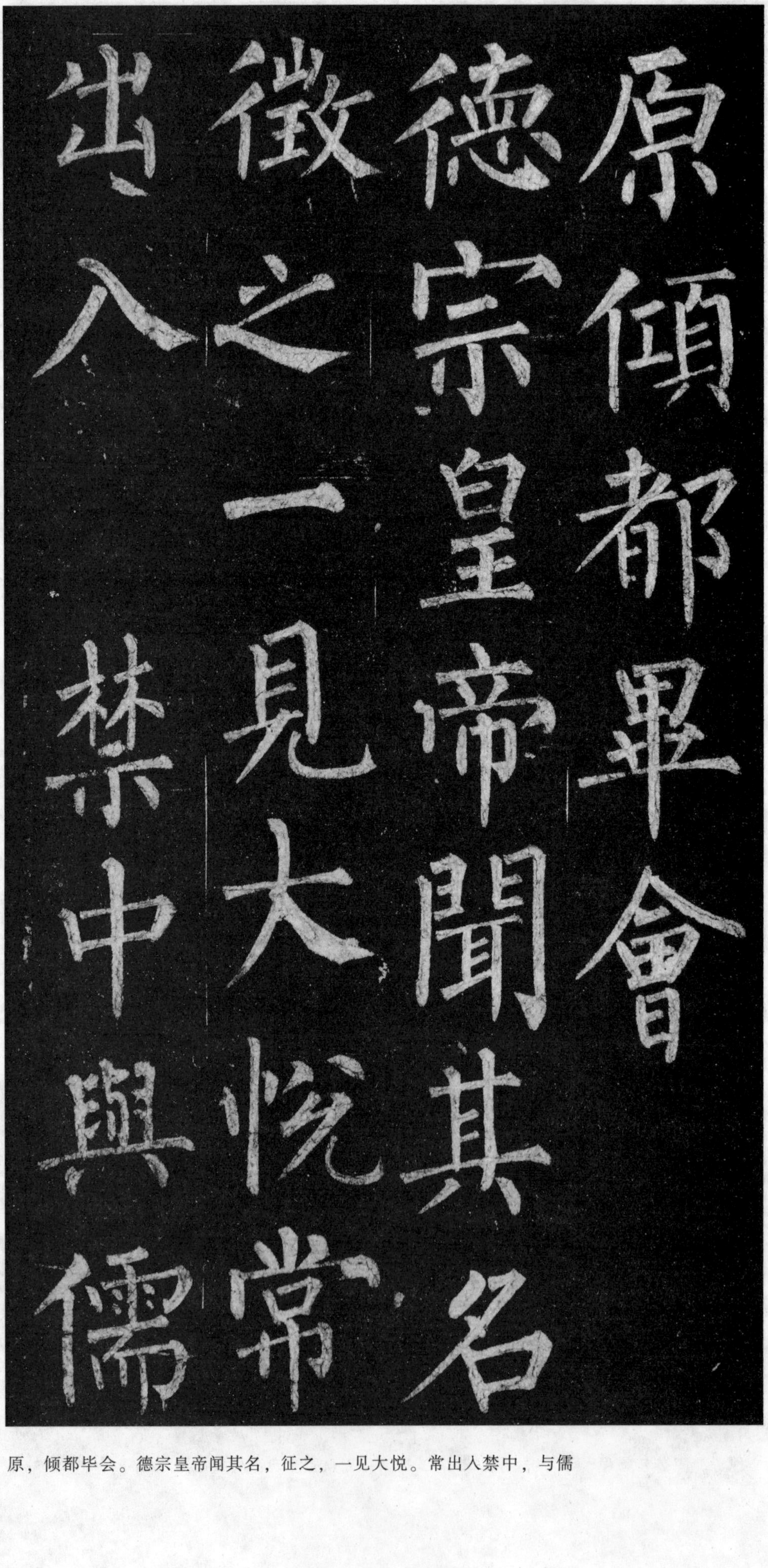

原，倾都毕会。德宗皇帝闻其名，征之，一见大悦。常出入禁中，与儒

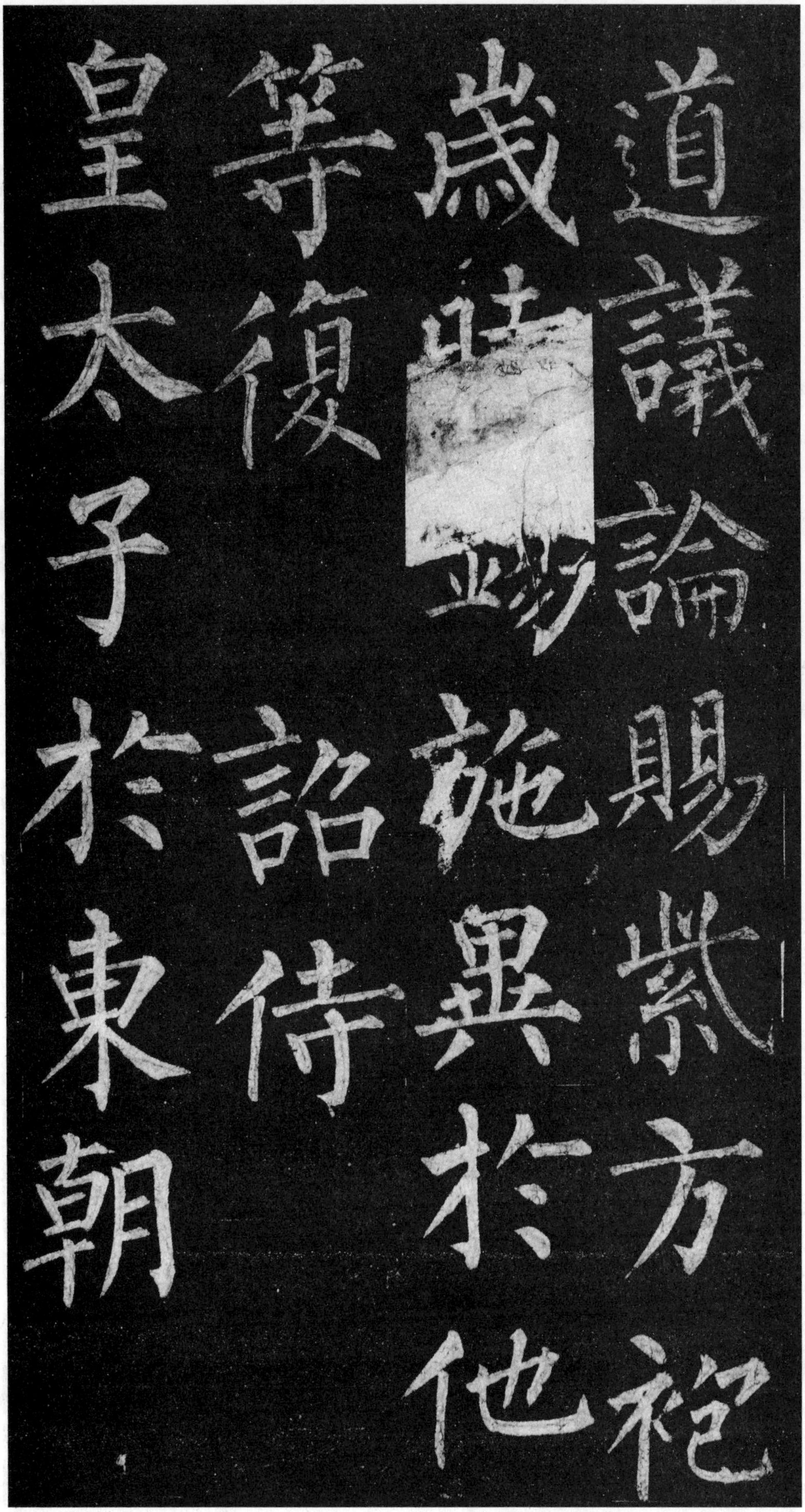

道议论。赐紫方袍，岁时锡施，异於他等。复诏侍皇太子於东朝，

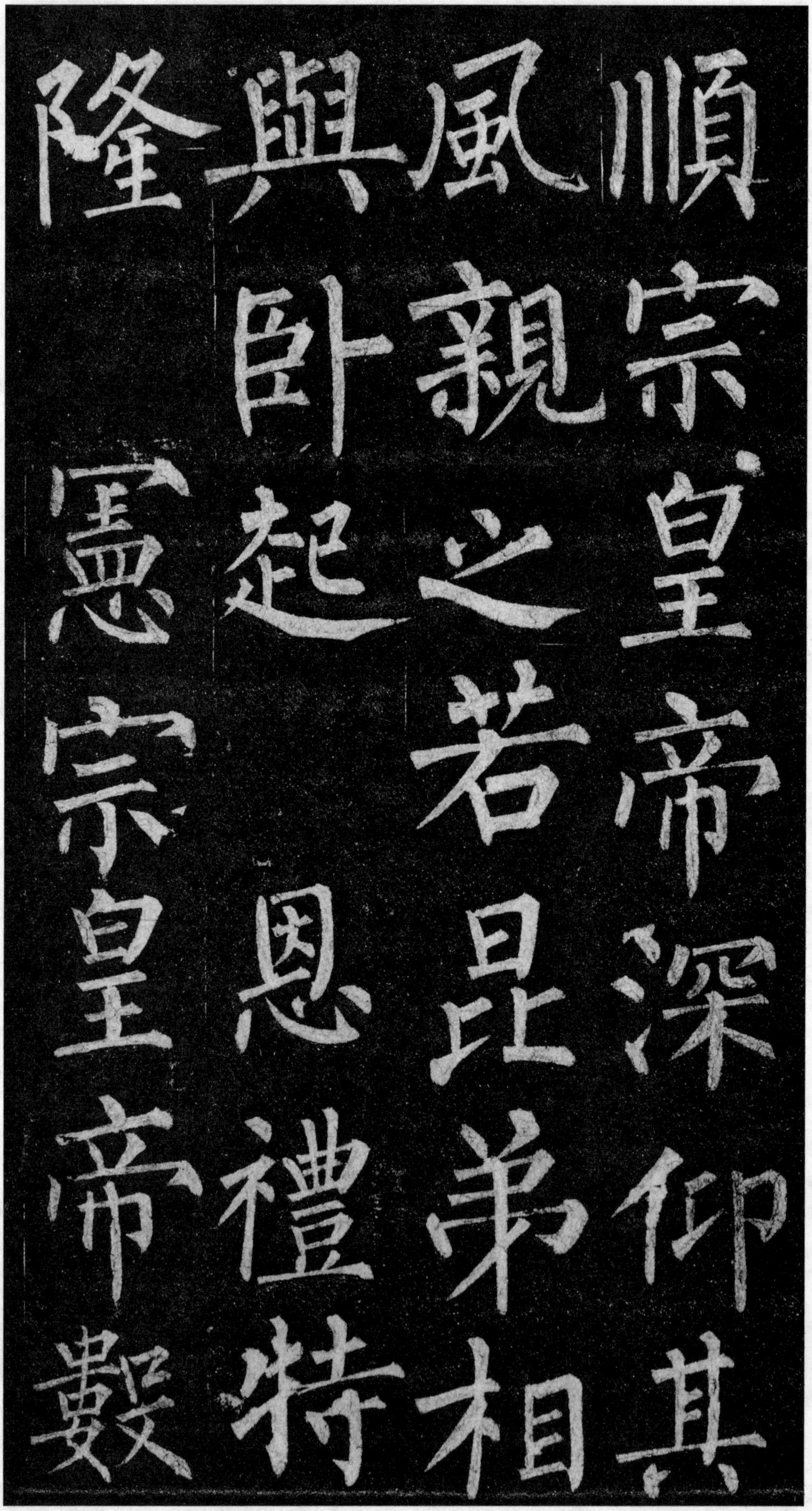

顺宗皇帝深仰其风，亲之若昆弟，相与卧起，恩礼特隆。宪宗皇帝数

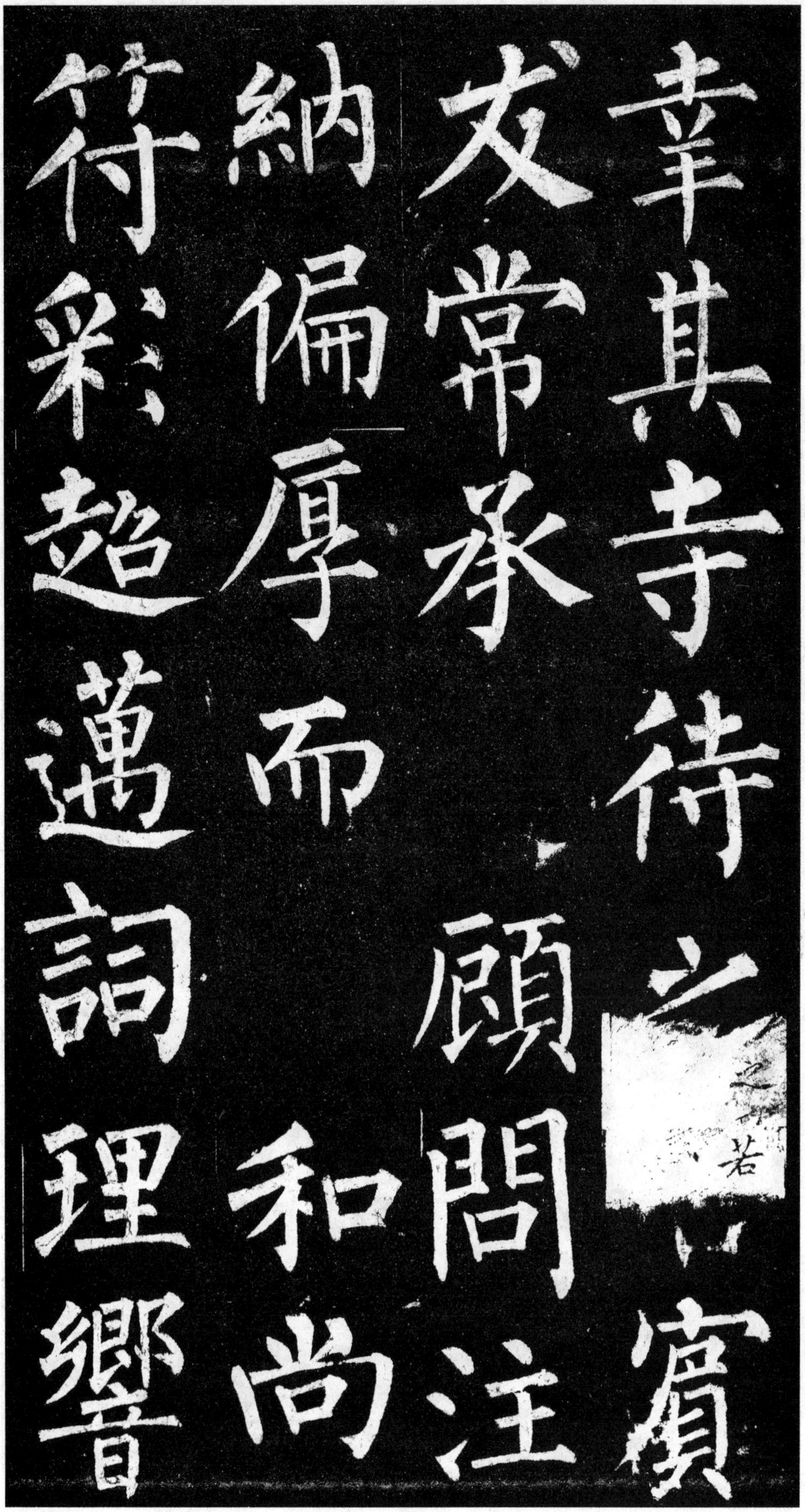

幸其寺，待之若宾友，常承顾问，注纳偏厚。而和尚符彩超迈，词理响

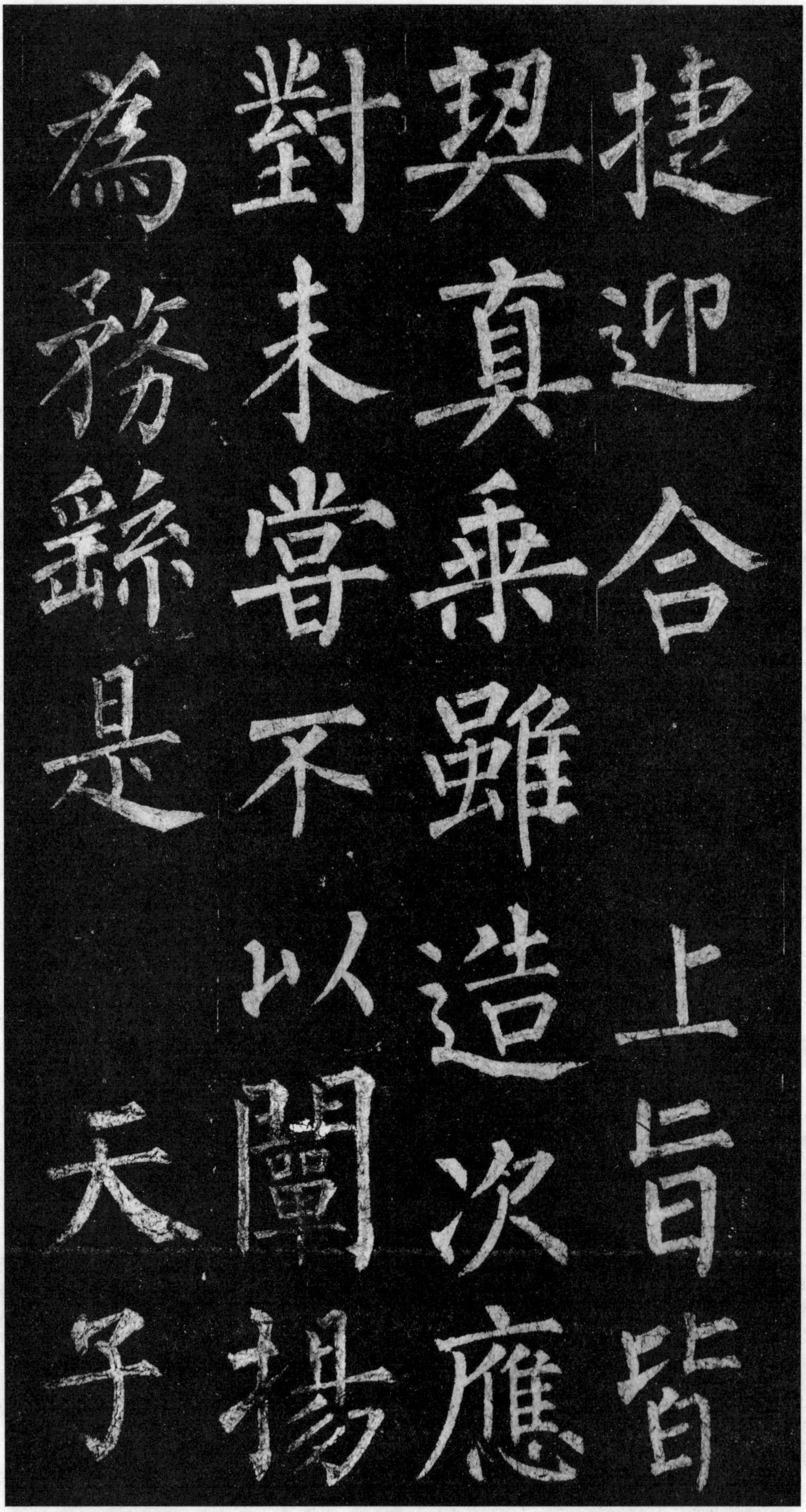

捷，迎合上旨，皆契真乘。虽造次应对，未尝不以阐扬为务。繇是天子